深圳市人文社会科学重点研究基地成果

全球与深圳

城市文化的视角

王为理 — 主编

THE GLOBAL
AND SHENZHEN

A Perspective of Urban Culture

社会科学文献出版社
SOCIAL SCIENCES ACADEMIC PRESS (CHINA)

前　言

　　文化对于深圳而言，一直是个令人关切的问题。即使是在以经济特区为主要身份认同的时代，深圳在文化上都不乏惊人之举。如 1983 年起连续三年将财政收入的三分之一用于文化建设，那时深圳建市才三年时间，"卖掉裤子也要把大学建起来"是深圳早期文化追求的生动写照。2003 年，深圳决策者毅然启用 1999 年的专家建议，确立"文化立市"战略，那可是在《深圳，你被谁抛弃？》引起热议的岁月，对一个经济特区来说，提"文化立市"是多么需要勇气、魄力和想象力。即使是放在今天，国内任何一个城市要提"文化立市"，都是需要认真思量，且未必能落地的。2008 年深圳被联合国教科文组织全球创意城市网络认定为"设计之都"，2013 年被联合国教科文组织授予"全球全民阅读典范城市"称号，这些绝非用"偶然"所能解释。实际上，其中所透露出的信息是深圳文化的硬实力和软实力正在不断提升中。

　　2019 年是深圳建市四十周年，这座年轻的城市进入经济特区和先行示范区"双区"叠加的时代。如果说在经济特区时代文化发展在一定意义上只是经济建设的副产品，那么在先行示范区语境中，文化就应该是深圳发展中的题中应有之义了。因为深圳先行示范区的战略定位是高质量发展高地、法治城市示范、城市文明典范、民生幸福标杆、可持续发展先锋，其发展目标是到 21 世纪中叶成为全球标杆城市。

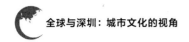

相对于这一定位和目标，相对于深圳的经济体量、城市规模和市民需求，深圳的文化短板又是一个不争的事实。目前，深圳正在规划建设新时代十大文化设施和十大文化街区，这是补齐短板的重要努力。这是必需的动作，但仅仅这些是远远不够的。面对全球化时代的文化发展，如果说深圳以自己四十年的实践较好地回答了如何处理传统与现代的关系问题，那么在全球与地方的冲突与融合问题上，深圳还需要做出更多和更深入的探索。本书正是基于这样的认识，从不同的层面对深圳文化的未来发展提出专家意见。

陈长治所长在第一章中重点分析当今世界文化大势，认为在世界文化的新发展中，西方文化中心格局将变成世界文化多中心格局，文化的单向传播将变成多向、交互的传播，各民族文化的单质形态将进一步发展为复合形态和创新形态，在这个变革过程中，世界各国文化都将迎来发展机会。在此认识基础上，从引领以人为本的现代生活、在创新中彰显城市特色、化解城市文化矛盾和东方文化讨论等层面分析了全球城市文化发展的主题和方向。

任明副研究员和任珺研究员在第二章中从重视社区、面向世界的文化设施网络，扎根日常、打造亮点的文化活动体系，注重平等、包容发展的城市文化价值观念，专业引领、开放前瞻的国际文化交流，深耕传统、大胆创新的城市文化产业等五个层面总结了伦敦、巴黎和纽约等全球一线文化城市的发展现状与经验。

唐霄峰博士的第三章分析了深圳文化发展的现状，尤其是对深圳城市文化发展中存在的突出问题和差距提出了自己的看法和意见，认为深圳在城市文化定位、精神文明建设、哲学社会科学发展、城市精神特质、公共文化服务体系、城市文化创新体系等方面存在各种亟待解决的问题。

关万维副研究员在第四章中讨论了文化的先进性问题，从资源精准引导的文化价值、产业诗意与城市文化精神、城市文化体系中的文学价值、现代性反思中的深圳价值等四个层面探讨如何塑造先进的城市文化价值观念。

杨立青副研究员的第五章以伦敦、巴黎、纽约和上海为参照分析了深圳在文化设施上与国际一流城市的差距，从树立文化集群理念依托文化地标打造核心文化城区、空间规划更加科学合理实现文化设施的均衡化、推动城市更新中的社区文化空间再造、促进投融资的多元化和管理运营的专业化国际化、打造可接近的文化设施等五个方面提出了深圳文化设施未来建设的思考和建议。

钟雅琴副教授在第六章中将文化活动纳入城市文化政策变迁中考察，从活化城市空间、构筑城市形象、促进城市经济发展、构建文化认同四个方面分析了文化活动的意义与目标，并分析了爱丁堡、伦敦、新加坡、东京、米兰、罗马等城市的代表性文化活动，在分析深圳现有文化活动的基本情况基础上，从文化节庆活动、公共文化活动体系、标志性国际文化活动、文化活动数字化等四个层面就深圳构建多层次、多样态、国际化、高水准的城市文化活动体系提出了意见。

周笑冰教授的第七章分析了全球文化产业发展的新趋势，对深圳文化产业的优势与不足进行了细致剖析，从大力发展数字文化产业和创意文化产业、着力发展创意教育构建创意人才培养体系、搭建更具全球视野的大型文创展览展示平台、推动文旅融合发展建设世界级旅游目的地、深圳建设全球标杆城市的目标与愿景等层面提出了深圳加快发展更具竞争力的城市文化产业的对策建议。

王为理研究员和任珺研究员在第八章中重点思考了深圳如何打造具有全球影响力的创意名城问题，认为深圳与全球主要创意名城的差距在于城市文化设施网络与文化活动体系的质量水平和可达性不足、创意人才的吸引及培育机制与体系不健全、创意经济对经济的贡献率相对不足、文化话语权和影响力亟待提升，提出出台"创意深圳：战略与策略"、打造东部创新创意谷、实施"文化创意公共空间"计划、推动"设计之都"再造、建设深圳国际艺术品交易中心、创办国际生态艺术节、提高公园文化活动水平、建全多层次创意教育体系、引进国际一流博物馆在深圳设立分馆、提升城市创意指数等十大对策措施。

本书各位作者长期从事深圳城市文化的观察和研究，主持或参与过深圳多项与文化发展相关的重大调研和政策制定工作，从20世纪90年代文化立市发展战略的研究到近些年有关深圳建设区域文化中心、打造城市文明典范问题的调研。与过往研究有所不同，本次研究更加突出这样几个特点：一是强调国际视野，睁开双眼看世界，关注世界文化特别是全球城市文化发展的最新理念、特点、做法和经验；二是突出问题意识，将深圳文化发展放在全球标杆城市的标尺下观察，按高标准分析短板与不足，其中有些看法未必准确，甚至只是个别专家基于个体感受的片面认识，但不失为一家之言；三是注重对策建议的前瞻性、储备性和创新性，其中很多建议都是专家从自己的研究和观察出发所发表的个人意见，不追求系统性，也未必都能落地，但其探索性比较强。这些特点几乎存在于本书的每一个章节。

正因为如此，本书的系统性不足，各章之间在内容上未必完全连贯，甚至在同一个问题上有可能会有不同的认识和表述。全书引用数据较多，但数据可能来源不一，数据时间也不完全统一。各章的结构和文字风格也各有差异，本书不追求这方面的整齐划一。此外，本书各章所引用文献也比较分散，部分文献的权威性可能不足，其中还有不少非第一手网络材料的使用，这是一种遗憾，但总体上不影响观点的表达。

四十年对于一个城市的文化发展来说一般认为太短，因为积累对文化来说非常重要。但一个城市的文化崛起会有一个突变期，比如纽约用第一个三十年超越波士顿成为北美的文化中心，用第二个三十年成为世界重要的文化中心，前后也不过六十年。关键在于是否有目标、机制和良好的动力系统。在流动和网络的时代，文化生成、成长和壮大的条件已经发生革命性变化，希望深圳的下一个四十年在文化上能有令人惊异的表现。深圳的文化能像在纽约、伦敦那样，成为全球城市的重要支柱吗？让我们共同期待。

目　录

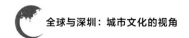

第一章　世界文化发展趋势

文化是国家综合实力的一个集中表达，当今世界的文化发展是世界格局发展变化的体现。当今世界文化发展大势对全球城市文化发展趋势有重要影响，因为全球城市是当今世界文化发展的汇集点、展示窗口和表演舞台。当今时代，只有全面了解世界大局，深入认识世界文化的新发展，才能把握全球城市文化发展的主题和方向。

一　当今世界的文化发展状况

建设"面向世界"的都市文化，首先需要了解当今世界，需要科学研判当今世界发展大势。当今世界发展大势决定着当今世界的文化发展大势，而当今世界文化发展大势的展示窗口和表演舞台就是世界大城市，因而当今世界文化发展大势对全球城市文化发展趋势有重要影响。那么，我们面对的世界是什么样的？这需要以新时代的全球视野，对人类历史发展和当今世界全局做出科学总结和总体判断。

世界多极化发展的大变局必然使世界文化多样性发展更加广泛、更加充分，形成世界各民族文化大交流、大传播乃至大交融的发展趋势。

伴随着当今世界格局的重大变化，各国的文化交流越来越广泛，日益多样化的生活方式也不断交流汇合。文化交流的方式也在发生重大改变，交流的载体和内容也十分丰富，电视、电影、展演、网络、书刊、旅游、参访、会议、比赛等等，既包括人员往来也包括许多消费品。在西方国家，中国饭菜、日本料理、韩国泡菜并不稀奇；在东方国家，比萨、汉堡包、肯德基炸鸡等也并不陌生。各国的消费品承载着生活方式和文化特色流动在世界各个角落，各国的文化活动在异国他乡闪亮登场。随着网络技术、通信技术和高速便捷的交通工具的迅猛发展，各国交流的时空空前广阔，各国人员交往也空前活跃，世界的交流呈现出强劲势头，尤其是周边国家、邻近国家之间的交往更加紧密。例如，2014 年中韩两国的旅游互访人数首次突破 1000 万，其中，到韩国的中国游客超 610 万，到中国的

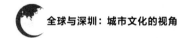

韩国游客约 420 万，也就是说，到中国的韩国游客占韩国总人口的 8.3%，几乎每 10 个韩国人就有 1 个人每一年都要到中国旅游，可见中韩两国人员来往的频繁程度。随着周边国家、邻近国家之间各方面的频繁交往和文化认同的不断增强，国家之间的关系更加开放和包容，并形成了特殊结构的共同体，如 1993 年 11 月诞生的欧盟就是这样。随着国家间人际交往的频繁，跨国婚姻的数量也不断攀升，通婚范围日益开放、广阔。人们的文化心态和审美观念更加开放包容，愿意接触和接受其他国家和民族的生活方式和文化习惯，乐于正面地对待来自不同国家和民族的外来影响。不同民族、不同国家的价值、审美、行为和生活交流融合在一起，呈现出缤纷斑斓的多样性特色；世界文化的交流融合促进了人类文化的新繁荣。

世界多极化发展使文化多样性发展更加突出。人类文明本来就是多元的，各民族文化都有自己的独到之处，并不具有优劣之分；人类文明又是变化不居的，任何一种文化都不可能永远主导世界。文化多样性发展是世界文化发展的基本特征。季羡林先生认为："文化、文明的起源是多元的，不能说世界上的文化是一个民族创造的，也不能说一个地方产生文化。否定文化一元论，并不是否定文化体系的存在。所谓文化体系是指具备'有特色、能独立、影响大'这三个基本条件的文化。从这一前提出发，世界文化共分为四个大的体系：中国文化体系、印度文化体系、伊斯兰阿拉伯文化体系、希腊文化体系。这四个文化圈内各有一个占主导地位的影响大的文化，同时各文化圈内各个国家和民族之间又都是互相学习的，各大文化圈之间也有一个互相学习的关系。承认文化的产生是多元的和承认有

文化体系是不矛盾的。"① 季羡林先生还说："文化一旦产生，其
交流就是必然的。我一向主张，文化交流能促进交流双方文学、
艺术、哲学、宗教的发展，能增进双方科学技术的兴盛。总之，
能推动双方社会的前进。""历史上最典型的乃是汉唐时期文化
的交流与发展，如中国与印度的文化交流，这是全部世界史上双
方获利的典范。"②

伴随着世界多极化发展，世界各民族文化尤其是"四大文
化体系"的传播更加兴盛。中国的互联网发展迅猛，已成为世
界上网民最多的国家；印度则在 2015 年成为全球第二大互联网
使用国家，③ 中印两国是世界上人口最多、发展最快的国家，而
且都是人类文明的发源地，传统文化底蕴深厚，影响广泛。网络
全球化已经为世界各地的网络用户提供了同步获取全球各地各式
信息的渠道，随着全球各国尤其是新兴国家互联网产业和信息供
给能力迅猛发展，许多国家的传播能力在不断增强，如中国、日
本、俄罗斯、伊朗、卡塔尔等国家的英语电视新闻，还有韩国、
印度、土耳其、巴西等国家的娱乐产业。在传播方面，过去 10
年全世界的全时新闻频道数量呈指数级增长，国际新闻业发展格
局正在发生着重大变化，非西方国家特别是新兴国家正在用全新
的观点和视角激发全球传播，挑战以美英为首的西方媒体统治的
传播格局。中国早已自主拥有了一套独具特色、功能强大的数字

① 秦维宪：《21 世纪：东方文化全面复兴的新世纪——东方学大师季羡林访谈
录》，《学术与争鸣》2002 年第 1 期。
② 秦维宪：《21 世纪：东方文化全面复兴的新世纪——东方学大师季羡林访谈
录》，《学术与争鸣》2002 年第 1 期。
③ 《对于全球第二大互联网市场"新"印度，你应该了解的一些数据》，搜狐
网，http://www.sohu.com/a/85373791_116132，最后访问日期：2021 年 8
月 18 日。

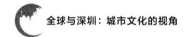

化经济发展架构，推出了中国版本的谷歌、脸书、亚马逊以及其他许多美国企业所拥有的数字化产品和服务。印度新媒体传播力量也在增强。印度是全球最大的手机销售市场之一。预计到2021年，印度互联网用户将超9亿。印度人特别是年轻人都有比较好的英语能力，新闻业发展也有一定历史积淀，这样，互联网在把印度人与世界联系起来的过程中，激发了印度人积极使用网络生产、传播和消费，也为印度内容产品在电子高速公路上的广泛传播提供了便捷途径，从而扩大了印度观点在国际上的影响。印度媒体在全球传播中也面临许多机会。

在世界各民族文化的交流、传播和交融的过程中，西方文化仍会继续发展。尽管美国的互联网用户人数占全球总数的比例相对严重缩水，从1995年的60%下降到2014年的10%。但美国的科技公司仍然主导着互联网架构、技术研发；尽管全球传播格局也正经历调整和变革，但美国等西方国家的价值观及其传播在世界上仍处于主流地位。西方文化的强势地位不仅来自西方国家综合实力的强大，而且来自其对文化需求的满足和对文化市场的占有。2018年好莱坞占到了全球电影票房收入的约70%。美国迪士尼、时代华纳代表的全球50家最大媒体娱乐公司，占据了当今国际娱乐市场的约95%。在文化设施建设方面，西方国家也占有明显优势。据GDCN的全球文化设施研究报告显示，2017年全球新建的文化设施有107个，新建成项目数量处于前五名的城市是：纽约8个、伦敦8个、巴黎7个、芝加哥6个、上海6个。从世界各洲来看，2017年，北美已建成文化基础设施项目43个，欧洲33个，亚洲21个，大洋洲1个，中东4个，拉丁美洲3个，非洲2个；宣布启动的项目情况是，北美57个，欧洲40个，亚洲17个，大洋洲6个，中东2个，拉丁美洲1个，非洲为 0。西方国家在发展文化方面依然有强大实力和活力，有许多先进的做法和经验，这也是各国文化交流的重要内容。

在世界各民族文化大交流、大传播中，民族特色文化将成为抢眼的亮点，尤其是原汁原味的民间特色文化也将迎来发展机遇。在全球联通的时代，民族的特色和个性是文化的生命源泉和发展优势。"越是民族的就越是世界的"，只有尊重自己的民族文化，实现本民族文化的独特性，才能赢得世界的尊重和欢迎，才能获得在世界上交流、发展的文化权利；而一个国家的民间文化一般保持了比较浓郁的民族传统。例如，中国民间文化的传播者李子柒曾走红海外，许多媒体进行了报道。《光明日报》是这样评论的："近日，知名短视频博主李子柒，又迎来了舆论广泛关注。一则因为她在推广非物质文化遗产方面的贡献，荣膺由成都文旅局颁发的成都非遗推广大使；二则因为她田园牧歌式的生活在海外圈粉无数，在 YouTube 上获得了逾 730 万粉丝，激起了许多国家的人们对中华传统文化的兴趣和热爱，甚至还引发了许多网友对文化输出的讨论。毋庸置疑，李子柒的作品具有浓浓的中国风，三月桃花开，她采来酿成桃花酒，五月琵琶熟，她摘来制成琵琶酥，还有养蚕、缫丝、刺绣、竹艺、木工等等，无不具有鲜明的中华传统文化意象，加之视频后期制作采用的低沉悠扬的传统曲风，成功塑造了一种诗意的山居生活情境。这些作品可以让人们回味中国古人的衣食寝居，畅想一种超脱于消费社会的亲近自然的生活方式，在全球化裹挟的现代性问题席卷世界之时，这种生活方式很容易引起各国网友的共鸣。""李子柒只是一个普通的农村女孩，她没有可能承担起'文化输出'的重任，事实上，她只是抓住了短视频发展历史机遇的一个内容创业者，用自己的勤奋和纤巧展示山村生活的美好部分，以期获得观众的

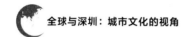

认可和关注。当然，从结果上看，李子柒的作品很好地让中华优秀传统文化落地不同文化语境，传递出精致的、文明的、可亲的、具有烟火气和人情味的中国形象，这是一个全媒体时代传承与传播中华文化的生动案例，其中具有值得总结的文化传播规律。"① 除了李子柒，还有一位来自广东台山的 70 多岁的林奶奶（林兰），也走红美国网络。这位在国外社交软件上火起来的林奶奶只是一名普通老人，完全没有料到自己会成为美国"网红"。林奶奶去纽约之后，她的女儿经常将她做菜的过程全拍摄下来，然后传到社交软件上。林奶奶做的菜都是地地道道的中国美味。起初，林奶奶还很不以为然，觉得女儿这样做有些无聊，但没想到，这些色香味俱全的中国美味经过上传，引起了美国人特别是美国各地的中国移民们在网上的广泛关注。据说，林奶奶在 Instagram 拥有 8.6 万粉丝。② 李子柒和林奶奶的例子说明，在网络时代，随着智能手机的普及和社交软件的发展以及大众对世界社交媒体的关注，那些真正具有民族特色的文化会很快走红世界，不仅速度快、生产成本低，而且深入人心，成为推进民族文化走向世界的重要传播力量。

在当今的文化交流、传播和交融过程中，互联网新媒体扮演着越来越重要的角色。互联网新媒体的迅猛发展改变了文化交流、传播的方式和格局，推动着文化交融不断加深。互联网新媒体促进文化沟通，文化融合多向性和主动性日益凸显。文化融合是人类文化发展进步的重要趋势。新媒体的普及，使文化融合在内容、范围与效果上进一步拓展和增强。这主要表现在两方面。

---

① 钟超：《李子柒为何能走红海外》，《光明日报》2019 年 12 月 9 日。
② 美国中文网：《73 岁中国奶奶在纽约成了 ins 网红她的视频暖了无数中国胃和中国心》，2019 年 2 月 8 日。

一是从单向融合向多向融合转变。新媒体环境中，各种文化信息在世界范围得到传播与共享，人们获得了学习、了解、比较、接受各种文化的便捷条件；各种文化都在不同程度地吸收其他文化的有益成分，并以其不可替代的特征和优势汇入世界文化的洪流，在不断激荡中逐步走向融合。二是从有形融合向无形融合延伸。在传统媒体环境下，人类文化的融合以物质、有形的文化融合为主体，如语言文字、文艺、服饰、生活用品等的融合；诸如价值观等精神文化的融合则相对难以实现。新媒体环境下，不同文化之间的沟通和交流更加便捷，因而精神层面的文化融合变得更加容易。新媒体打破地域文化边界，推动形成新的世界文化版图。在人类文明的历史进程中，不同国家和地区由于自然环境、生产资料、生产方式的差异，形成了不同文化类型。新媒体使人们可以超越地缘、血缘、业缘限制，依个人兴趣进行交往互动，并自愿结成社群。各种趣缘群体在虚拟空间蓬勃生长，突破时空结构壁垒和社会结构束缚，形成新的文化群体和文化现象。与此同时，诸如民族文化、宗教文化等在人类发展中形成的既有文化形式，也借助新媒体突破地域限制，在全世界传播。这些都使原有的文化边界被打破，推动形成新的世界文化版图。新媒体"去中心化"特质，孕育了更加多元的世界文化生态。新媒体大大降低了人们获取、利用、传播文化信息的门槛，使每一个网络终端的个体均可创建、上传、更新、分享内容。个体在文化信息接收与传播、文化选择与认同上的自主性得到极大增强。新媒体环境中，"用户中心论"取代传统社会中的"权威中心论"，文化的形成与发展不再被少数精英阶层所垄断。理论上，新媒体环境中每一个体都可以直接发出自己的声音。这种"去中心化"特质使世界文化更具多样性、平等性、交互性和包容性，主流文

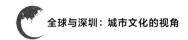

化与亚文化、边缘文化共生共存。新媒体使世界文化的形态更加色彩斑斓，同时进一步推动各国经济、政治、社会系统重构，如企业组织结构越来越趋向扁平化，商业运营日益强调柔性化和个性化，全球政治体系越来越体现民主、平等、自由等特征；等等。①

　　世界各民族文化的交流、传播和交融使世界文化的多样性、创新性空前绽放，使"地球村"的色彩更加绚丽缤纷。在世界文化的新发展中，西方文化中心格局将变成世界文化多中心格局，文化的单向传播将变成多向、交互的传播，各民族文化的单质形态将进一步发展为复合形态和创新形态。在这个变革过程中，世界各国文化都将迎来发展机会。

　　当今世界的文化发展趋势为全球城市文化发展提供了重要启示。第一，世界各民族文化的大交流、大传播，将使全球城市的文化性质更加亲民、更加注重以人为本。各国文化的广泛而深入交流会进一步使各个国家的人们更加亲和、友好，只有亲民的文化才具有感染力和凝聚力，才会受到各国的尊重、接受和欢迎。第二，世界各民族文化的大交流、大传播，将使全球城市的文化关系更加平等、更加开放包容。随着世界多极化、文化多样化发展，世界文化霸权将让位于各国文化平等，世界各国各民族文化都会在交流中绽放光彩。第三，世界各民族文化的大交流、大传播，将使全球城市的文化内容更具个性、更有民族特色。只有本真的民族文化才是世界上唯一性和不可替代性的人类资源，才能成为各国文化创新发展的基础和依据。第四，世界各民族文化的

---

① 谢新洲：《新媒体推动世界文化变革与重构》，《人民日报》2015 年 9 月 20 日。

大交流、大发展，将使各民族文化的差异、矛盾更加显现。因此，如何化解城市文化矛盾将是全球城市发展的一项重要课题。

二　全球城市文化发展的主题和方向

（一）引领以人为本的现代生活

在世界各民族文化大交流、大传播的潮流中，全球城市的发展主题和趋势更加贴近城市的本质。城市是市民的家园，也是市民的作品；市民是城市的主人翁，是城市发展的目的和归宿。城市发展归根结底就是市民自己的事，是为了让市民的生活得到满足、更加美好。当今世界大都市文化发展都是以尊重市民为根本，把市民生活质量的提升作为衡量城市文化发展的基本尺度，推动城市文化的全面繁荣和可持续发展。

不同国家和民族的城市文化风格迥异，但其城市文化都是为了适应和满足其市民的需要和习惯，美国的城市文化也是这样。美国的城市文化属于大众文化，也就是说，它是社会大众人人都能参与和享有的文化。由于门槛低，所以也是一种快餐式文化，但并不等同于庸俗文化。这种大众文化在许多情况下会有文化专业人士甚至名人明星的参与，因而也吸收和融合了一些精英文化的成分。这种大众文化以满足大众心理需求为目标，由各类文化艺术专业人才进行生产运营，通过网络媒体等现代科技手段广泛而快速的传播。这种大众文化在产业化发展的过程中，满足了不同市民的多样化精神需求，培育和开拓了文化消费市场，增强了大众文化的自信，是美国输出价值观和推销文化产品的重要方式和载体。

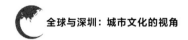

美国城市大众文化具有人本性要求，这首先体现于其适应了城市人口的基本需求，并在满足其需求的过程中不断促进城市的现代生活。这一点在美国城市发展的初期就可略见端倪。

始于18世纪末到19世纪中期的美国城市化进程到20世纪20年代的时候，全国城市人口已超过全国人口的50%，全国范围的城市体系已经形成。美国城市人口的一个重要来源是农民。新到城镇的美国乡下人舍弃了原来的田园乡村生活，怀抱着对城市生活的新希望，闯入了新的社会群体结构之中。但问题是，这些来自乡下的新市民并不能适应城市尤其是大城市错综复杂的生活秩序和紧张忙碌的生活节奏，他们面临许多生活和工作的矛盾和冲突而感到不适和困惑，因此，他们迫切需要通过某种方式，重新塑造自己的精神、行为和习惯以适应新的城市生活方式。美国城市并不像欧洲城市有文化基础，是从零开始的，因而城市文化也是从零开始的。除了乡下人，美国城市人口的另一个重要来源就是移民。外国移民不断大规模涌向美国以后，到1920年，他们在美国城市和城镇中所占的人口比例相当高，如当时的纽约、旧金山、芝加哥等城市都达到80%左右，这些城市成了名副其实的移民城市。这些来自世界各地的移民在种族、语言、行为、习俗、宗教以及社会历史背景等方面各不相同，争议、矛盾、冲突和流血事件屡见不鲜，这时的城市成了不稳定的混乱的"大杂烩"，而当时的劳工运动则进一步加剧了城市动荡。美国城市的这种局面说明各种居住者的文化还没有很好地交融，美国城市还没有成为市民的共同体，这种局面不仅会损害居住者的利益，而且会破坏社会正常发展，阻碍美国城市的现代生活之路。因此，如何通过某种方式或某种文化形式来消融矛盾、同化外来移民，并使他们乐于在这个过程中转变为真正的美国市民，就成为美国城市面临的一个重大命题，在这种时代召唤中，美国现代城市文化应运而生。

美国城市文化不同于欧洲城市文化。欧洲的古老文化属于雅文化，其交响乐、文学、戏剧、绘画、雕塑等如阳春白雪一般具有高雅的文化气质和精神境界，陶冶情操，增加涵养。而美国城市文化则属于"俗文化"，与这种俗文化相匹配的新兴的经济设施主要有公寓住宅、百货商店，文化设施和形式主要有报纸杂志、体育运动、轻歌舞剧院和城市公园等。

报纸杂志是城市社会文化发展的产物。这种新的大众传媒是广大移民了解世界、获取各种信息的一个窗口。19世纪，随着印刷技术的改进、铁路交通的快捷便利、邮费的大幅下降以及电报的广泛使用，美国报刊业迎来了兴旺繁荣的发展时期，报纸种类和发行量都不断增加。美国报纸在一开始只是政党斗争的喉舌。随着城市规模的扩张和城市大众社会的形成，城市居民迫切期望了解自己的城市情况，了解城市的各种人和事，并获得启发和指导。于是，报纸迎合了这种社会需要，逐步聚焦"现代城市生活"，聚焦城市居民的关注和诉求及其喜怒哀乐、人生百相。报纸内容与城市生活的各个点位紧密地联系起来了。通过看报，市民可以掌握城市的政治导向、经济新闻和社会状况，借鉴各种经验，追随新的生活方式，增进文化理解、消融文化冲突，从而更好地把握自己的城市生活。这些报纸尽量把握民情、贴近民意，使市民感到报纸是为他们服务的，是可以信赖的。应该说，报纸在把外来移民塑造成美国现代城市市民、推进城市现代生活中发挥了重要作用。

观赏性体育运动是在城市生活中产生和发展起来的。在工业时代之前，许多清规戒律束缚了娱乐活动和观赏性体育运动的发

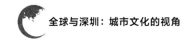

展，开展观赏性体育活动需要经统治者批准授权，或需请牧师在活动前先做某种仪式。19 世纪的美国仍然有一些地方有"星期日法令"，不允许在星期日举办各项娱乐活动和体育活动。在工业时代之前的农业社会，农业生产的季节性使休闲娱乐也具有季节性特点。而现代工业生产占主导的城市生活中，娱乐活动和体育活动都可以全年展开，个人闲暇的增加也逐渐冲破了各项禁忌，人们越来越感到在紧张的工作和生活中需要一些休闲娱乐活动和体育活动来调节，于是各项观赏性体育运动，如赛马、赛艇、球类比赛、拳击、田径等都开始迅速兴起。其中最受欢迎的莫过于棒球运动，这项在美国生长起来的体育活动在美国各地蓬勃发展，已成为一项全国性的体育运动。体育比赛在给人们带来享受的同时，也把某种精神文化激活了。体育运动在共振的情感表达中所达到的精神满足，是其他场合、其他活动形式所不能替代的。体育比赛的竞争性体现了不畏艰难、敢于拼搏、苦练技艺、互助合作、严守规则等精神，这种赛场上的精神延伸和渗透到城市生活中，有利于增加城市生活的活力、维护城市的秩序和激励市民获取成功。在体育比赛中，尤其是在棒球比赛中，来自世界各地的球迷为同一支球队呐喊助威，他们在这种氛围中产生了一种归属感，产生了一种属于一个群体的共同感受。因此，也可以说，这种体育比赛的热烈氛围也是美国精神的一种表达。

　　轻歌舞剧院作为一种崭新的艺术形式，是美国城市文化的一个组成部分。从 19 世纪 70 年代至 20 世纪初，轻歌舞剧院经历了形成和蓬勃发展，并形成一个巡回演出的大产业。轻歌舞剧院的价值和魅力就在于它把现代城市生活搬上了舞台，剧目的内容就是现代城市生活，剧目中的角色就是市民自己。观众认为这样的剧院和节目属于他们自己。轻歌舞剧院吸引着各类不同的人聚在一起，并把他们自己生活的多样性、特色和复杂性透彻而痛快地展现于他们面前，从而促使他们领悟到各族裔群体的人性的相通性，领悟到各个群体的共同感受、共同诉求和拥有的共同命运。通过这样一种艺术和娱乐的方式，不断培育和强化共同体的心理和意识。轻歌舞剧院的气氛轻松愉快，给人一种民主的感觉。因此，轻歌舞剧院兼具娱乐和教化的功能，对营造社会和谐稳定、改善社会道德起到了重要作用。

至于绿色城市，在19世纪的美国还没有这个概念。美国城市是工业化、商业化的产物，产业和市场是城市的主宰，政府几乎没有什么城市发展规划，也很少干预城市发展。城市建设是围绕产业发展的利润来设计和推进的，美国城市街道之所以多采用网格状布局，也是因为这样可以节省土地、便于运行。这种实用性在一定程度上压制了城市的审美，给人一种乏味而刻板的感觉，而不像欧洲城市般多彩多姿。在当时的城市中，人们看不到城市中的美丽风光，得不到自然界带给人们的喜悦和享受。这个问题引起了有关城市专家的呼吁，城市美化行动由此开启。不过，19世纪30年代，美国的大城市还没有城市公园，最开始出现的是城市附近的一些花园式公墓，花草树木的自然景观就这样被引入了美国城市。这样，绿色迎合市民的需求终于来到了城市中。

从生发的机理上看，美国城市文化是以大众需求为导向的，也可以说是以人为本的，得到了广大市民的积极响应和参与。而达到这个目的的方式是市场和商业，因而也可以说，美国城市文化是商业文化。正是美国城市的这种大众文化、商业文化推动实现了市民的现代生活。在这种现代化的转变过程中，以

15

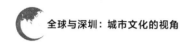
新兴的城市经济和文化机构为代表的新型城市文化发挥了重大作用。①

美国城市文化的这种传统特色一直延续至今。今天的美国大都市文化仍然属于大众文化、商业文化。它深入大众日常生活，反映大众需求，尽量降低文化参与和文化消费门槛，十分注重研究城市生活和大众文化消费心理的细节，由细微中显示真实性、可靠性，从而打动人、感染人，给人带来精神享受和价值启迪。它通常是亲民的，一般不用说教形式，而是通过艺术化的亲近方式促进消费。好莱坞的电影制作是竭尽全力围绕观众需求展开的，迪士尼乐园则以游客尤其是青少年的快乐和休闲为立足点和出发点，芝加哥千禧公园每年举办活动的口号是"吃好、玩好、爱芝加哥"。美国的宗教化程度虽然很高，但其影视作品中很少正面灌输基督教教义，而是通过人物的善恶故事来启迪和培育这种宗教精神。

美国城市文化十分注重市民的创造力需求，并通过各种方式满足这种需求。美国是移民国家，移民的天性是追新求变，喜欢猎奇、寻求刺激、标新立异，这种民族特点要求城市文化尊重和激发社会大众的创造力和想象力，美国城市文化在应和这个特点时发挥得淋漓尽致，无论影视作品还是文艺活动都迸发着创新创意能力。美国城市文化同样十分注重市民的共同体需求，注重城市文化交融的需要。美国是一个多族裔的移民国家，多元文化并存。各族裔群体的包容和融合是人们生活稳定和谐的基本需要，包容、吸收世界各民族文化是美国城市文化的优势和特色。比

---

① 参阅孙群郎《美国城市文化的兴起与城市居民的现代化》，《社会科学战线》2001 年第 3 期。

如，芝加哥的饮食节，就要求能够体现世界各地原汁原味的饮食文化特色，充分展示包括中国、希腊、意大利等国在内的世界各民族的饮食厨艺。美国城市文化也十分注重推行体验式、参与式的消费方式，满足消费者的享受真实刺激和零距离互动的需求，开拓了文化发展空间。举世闻名的环球影城、迪士尼乐园都把这种文化消费做到了极致。

（二）在创新中彰显城市特色

在世界各民族文化大交流、大传播的潮流中，全球城市的发展主题和趋势更加突出城市的个性和特色。每一座城市都有属于自己的历史、人文和自然景观，都有不同于其他城市的鲜明特色。这种特色既来自城市发展的长期积淀，也来自城市横向开拓。城市特色体现了城市文化蕴含的独特魅力，是城市的文化名片；城市特色凝结了城市的精神气质和价值追求，从而形成了城市文化的主题，确立了城市文化发展的方向，是城市文化繁荣发展的生命线。2007 年 6 月由 23 个国家和地区的 1000 多位市长、专家学者和各界人士共同发表的《城市文化北京宣言》强调指出："特色赋予城市个性，个性提升城市的竞争能力。继承的基础上的创新是塑造城市特色的重要途径。要拒绝雷同，彰显个性，也要反对有损于传统、有碍于生活的荒诞媚俗。"[①] 没有特色和个性的城市是没有文化生命力的。在工业化时期，受经济成本和工业规划的支配，实效功能导致了城市面貌趋同、千城一面的现象，工业城市的单调乏味和低品位生活使城市失去了生机、

---

① 《城市文化北京宣言》，中华人民共和国住房和城乡建设部官网，http://www.mohurd.gov.cn/zxydt/200804/t20080424_ 162756.html，最后访问日期：2021 年 8 月 18 日。

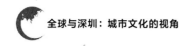

美感和发展动力。

但是，城市是人的创作，城市特色是可以创造出来的。美国的城市文化丰富多彩，具有比较鲜明的个性特征。无论大小、贫富，每一座城市都有属于自己的城市文化，都有自己的城市文化主题。有不少城市特色已经成为人的某种消费或需求的代码和符号，融入人的心灵深处。比如，一看美国大片就会联想到洛杉矶的好莱坞，一说到摩天大楼就会联想到纽约的曼哈顿，一听到博彩业就会联想到拉斯维加斯。这些特色主题城市在世界上几乎成了一种文化需求符号。

拉斯维加斯是美国著名的赌城，以其博彩娱乐业而享誉全球。它原本只是一小块沙漠绿洲，1830 年由西班牙探险队命名，而现在这里则是灯红酒绿、一片繁华，拥有全球一流的娱乐设施、大型表演和假日酒店。从文化的角度说，它是美国移民文化的一个产物，是探险求变精神的一种体现。拉斯维加斯最初只是冒险者、旅行者的歇脚之地，这些人为打发无聊生活而赌博寻乐，逐渐发展成博彩业。1931 年，胡佛水坝在这附近修建，使这里人潮涌动、金浪翻滚，博彩业、娱乐业空前繁荣，新建了许多赌场、酒店，赌城之名远扬四海。应该说，从城市发展条件看，拉斯维加斯原本并不具有明显优势，这里资源匮乏、人口稀少、经济薄弱、科教文化不发达，但它的文化极具个性，正是凭着这种博彩文化的特色主题引领城市发展，打破常规，在荒漠之地筑造辉煌，创造了美国城市发展的奇迹。这表明，城市文化特色最初起源于城市胚胎的某些功能，而一旦那些功能提升为城市文化特色，就会远远超越自身的内容，发展成为一个城市主题，推动城市迅猛发展。当然，从根本上说，这种城市功能和城市特色文化的产生与形成，终究是美国民族文化个性在特殊环境中的一个特殊体现。

　　美国城市文化并没有悠久的历史，却有鲜明的特色和个性，并在快速发展中走向成熟。相比之下，欧洲城市文化的历史积淀则要深厚得多。欧洲的许多著名城市建于中古时期，有的甚至起源于古罗马帝国时期乃至更远，而大多数城市是在工业革命中发展起来的。欧洲人具有崇尚传统和高雅的文化个性，这一点体现在城市中的鲜明特色就是欧洲城市街区常常保存着连片的古建筑，散发着浓厚的中世纪气韵。欧洲城市的古建筑群面积广、规模大、保存完整、壮观而精美，呈现出不同历史时期的文化特色，使人感觉到完整的中古城市的气势。这样大片的古建筑群常常坐落在市中心或闹市区，形成了欧洲城市独具魅力的景观。即使在许多高度发达的当代欧洲国家，城市中心或闹市区依然矗立着成片的完整的古建筑群，有庄严耸立的中世纪教堂、栩栩如生的高大雕塑、精巧美丽的喷泉等。周边的步行街也保留古代的原貌，形成了古建筑文化的片区。这里商家云集，古色古香，游客如织，繁华而典雅。欧洲城市的鲜明特色并不是现代化的高楼大厦，而是与现代城市生活水乳交融的古建筑群。

　　巴黎是一座拥有千年发展历史的世界大都市，是世界顶级的艺术之都、欧洲的油画中心，印象派发源于此。巴黎也曾是欧洲启蒙运动的领航者，是欧洲的思想文化中心。巴黎历史悠久，最早可以追溯到旧石器时代。后来封建时代的历代王朝为了炫耀王权的神圣庄严，都非常注重巴黎城市建设，建造了众多的博物馆、戏院、图书馆。20世纪后特别是二战后，历任法国总统大都在推进巴黎城市文化建设，建造了蓬皮杜文化艺术中心、大卢浮宫工程、自然历史博物馆、科技博物馆工程，等等。巴黎城市文化的一个特色是整体建筑风格的协调性，凡尔赛宫、巴黎歌剧

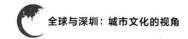

院、巴士底歌剧院等虽建于不同时代，但风格绵延，没有突兀断裂之感。在城市中，12 世纪的哥特式建筑与文艺复兴时期的建筑浑然一体，与现代建筑相映生辉，展示了独到的城市规划和高超的建筑设计水平。

巴黎这座全球闻名的浪漫之都，其建筑设计理念的独特和创新体现于不同时代的建筑之中。它既尊重、继承和保持历史传统的精华，又积极运用现代的新理念、新技术，大胆创新，实现了传统与现代在理念、设计、方法、技艺上的完美融合。著名的巴黎歌剧院就是融多种建筑风格于一体的典范。巴黎的现代建筑特别是文化基础设施的建设都采用当时最先进的高新科技来保证品质和水准，例如，位于塞纳河畔的法兰西国家图书馆设计新颖，建设中运用的工程技术，服务设施、信息化管理都是当时最先进的、世界一流的。法国政府、巴黎市政府历来高度重视文化设施建设，在项目审批、方案征集、工程建设等个各个环节上慎之又慎、优中选优，恪守品质至上，严格把关，建设期都要用 10 年左右。

欧洲城市建筑特色是欧洲文化个性的一个体现。欧洲人喜欢雅致的古典美，许多富人认为居住在古色古香的古宅中是一种身份的象征，不管这种住宅的各种费用如何高昂，他们宁愿选择住在古建筑中，而不愿住在现代化的公寓楼里。这与世界上许多国家的有钱人偏好住新建楼房、穷人住在古老建筑中的情形大不相同。欧洲的这个文化个性，一方面表现为政府对古建筑保护的高度重视，政府制定了系统的严格的法律和维护措施；另一方面也表现为市民对古建筑保护法律的自觉遵循。正是这种文化自觉，才使得欧洲城市虽经过现代化发展和大规模开发，虽经过古建筑的不断重建和维修，但始终一脉相承，风采依旧。

（三）化解城市文化矛盾

在世界各民族文化大交流、大传播的潮流中，城市的发展主题和趋势更加注重舒缓和化解城市文化冲突。世界各民族文化的交流和碰撞总是相伴而行的。文化碰撞在人类历史上是经常发生的，是人类文化发展的一种常见的现象。随着各民族文化交流的增多，各民族文化开始从自我文化的相对封闭中走进了异文化的场境之中，新鲜、喜欢、好奇、惊讶、不适等感觉都可能产生。不同民族都带着彼此不同的文化心理、感受、习惯进行相互交往，很可能会产生一些分歧、摩擦甚至冲突。相比较而言，单纯个人之间的文化碰撞是比较简单的；但是，文化向来是与民族意识、国家意志密不可分、融为一体的，文化冲突向来都不会像自然人之间的自发冲突那样单纯，文化碰撞和冲突一般具有深刻而复杂的历史渊源和国际背景，文化冲突也可能演变为政治冲突、经济冲突乃至军事冲突。从这个意义上说，文化碰撞和冲突并非小事。

随着跨文化交往日益增多，各国之间的联系更为密切，有助于增进彼此之间的了解；但理解和适应不同民族的文化并不是一件简单的事，由于不同国家的人从小所经历的教育和舆论引导不同，思维方式、生活方式、行为方式不同，再加上各种陌生感，则交往中就有可能出现文化碰撞。一是宗教文化的碰撞。在不同国家，宗教信仰以及宗教在国家中的地位并不相同，有的国家把宗教确立为国家和社会的根本遵循，有的则把宗教看作社会生活和个人生活的重要组成部分，还有的不把宗教作为社会生活的主流、大部分人不是教徒。由于宗教信仰不同、对宗教的态度不同，在各国频繁的文化交往有可能出现文化分歧和碰撞。二是意

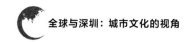

识形态的碰撞。从不同的历史和社会环境中走出来的各个国家的不同的意识形态都具有深刻的客观根源，而不是主观任意选择的。这就要求各个国家彼此能够尊重各自的发展道路以及用以指导国家发展的哲学社会科学，而不应以一己之见强加于人，否则就会导致国家之间的不和，进而必然产生意识形态领域的斗争。三是生活习惯的碰撞。比如，在隐私方面，有的民族习惯于集体生活，强调互相关心，往往注重了解别人的生活经历，隐私观念较弱。而有的民族特别是西方人则非常尊重个人隐私，注重保护个人空间，比较忌讳被问及诸如年龄、婚姻、收入等私人问题。如果被问及这些问题，他们会感觉这严重侵犯了他们的隐私权，会因此而产生文化碰撞。所以，在中国人眼里，初次见面询问一下对方的职业、儿女、婚姻、年龄乃至收入，是一种关心和热情的表现；但在西方人的眼里这是十分不礼貌的。再比如，在情感表达方面，有的民族表达情感的方式比较直接、比较强烈，而有的民族则比较含蓄、比较平淡。这些不同表达也需要彼此之间不断适应。

（四）东方文化的讨论

面对长期以来人类的文化碰撞，特别是近些年来世界上许多学者、科学家对此表示了忧虑，并进行了探索和展望。比较一致的观点是东方文化尤其是中国传统文化有利于人类的发展和进步，有利于消解人类面临的危机和挑战。这大概是因为他们看到了中华文化的仁爱、包容、和谐特质，看到了中华文化绵延五千年而从未断绝的强大生命力。

那么，东方文化究竟会不会复兴呢？如果说，高盛等权威机构都预测到了中国等亚洲国家的未来经济超常规发展，那么，许多思想家、学者也敏锐地预见到了中国文化的未来复兴。季羡林先生认为 21 世纪是东方文化复兴的世纪，他指出："人类跨入新世纪后，的确需要清理一下自己的思路，特别要反思曾经有过的一些不确切的概念。我们曾陶醉于'中国中心论'，明清以来，诸多封建帝王自诩'天朝第一'，结果却被时代潮流所淘汰；后来又有人提出'全盘西化'，其实这是'西方中心论'，也是要不得的。我们再来谈东西方两大文化的概念。从宏观上看，希腊文化延续发展为西方文化，欧美都属于西方文化的范畴。而中国文化、印度文化、阿拉伯伊斯兰文化构成了东方文化。'东方'在这里既是地理概念，又是政治概念，即所谓第三世界。东方文化和西方文化这两大文化体系之间也是相互学习的，但是在一个相当长的时间内，可能有一方占主导地位。就目前来看，占主导地位的是西方文化。但从历史上来看，东方文化和西方文化二者的关系是'三十年河东，三十年河西'。因为文化不是一成不变的，每一种文化都有一个诞生、成长、兴盛、衰微、消逝的过程，东方文化到了衰微和消逝的阶段，代之而起的必是西方文化；等西方文化濒临衰微和消逝的阶段时，代之而起的必是东方文化。"①

那么，东方文化崛起的依据是什么呢？季羡林先生指出："我断言'21 世纪必将是东方的世纪'，是有根据和学理基础的，因为历史上任何一个社会的发展，表面上看是经济、生产力的发展，其背后实质是个文化问题，也即归根结底是文化的发展，在推动社会的前进。从这一点出发，我们特别要注意文化的

---

①　转引自秦维宪《21 世纪：东方文化全面复兴的新世纪——东方学大师季羡林访谈录》，《学术与争鸣》2002 年第 1 期。

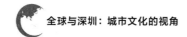

起源和交流问题。"① "在今天，西方文化已逐渐呈现出强弩之末的样子，大有难以为继之势了。具体表现是西方文化产生了一些威胁人类生存的弊端，其荦荦大者，就有生态平衡的破坏、酸雨横行、淡水资源匮乏、臭氧层破坏、森林砍伐、江河湖海污染、动植物种不断灭绝、新疾病出现等等，都威胁着人类的发展甚至生存。"② 在谈东方文化再度取得辉煌的思想基础时，他说："这可以从东西方哲学家不同的思维方式入手，进而梳理东西方不同的思维方式。概言之，西方文化产生我刚才所说的那些弊端的原因，是植根于西方的基本思维模式。因为思维模式是一切文化的基础，思维模式的不同，是不同文化体系的根本不同。总的说，东方的思维模式是综合的，它照顾了事物的整体，有整体概念，讲普遍联系，接近唯物辩证法。用一句通俗的话来说就是，既见树木，又见森林，而不是只注意个别枝节。中国的'天人合一'的思想，印度的'梵我一体'的思想，是典型的东方思想。而西方的思维模式则是分析的。它抓住一个东西，特别是物质的东西，分析下去，分析到极其细微的程度。可是往往忽视了整体联系，这在医学上表现得最为清楚。但是不能否认，世界上没有绝对纯的东西，东西方都是既有综合思维，也有分析思维。这可以从模糊学和混沌学上得到印证。然而，从宏观上来看，这两种思维模式还是有地域区别的：东方以综合思维模式为主导，西方则是以分析思维为主导。正是由于这个原因，我坚信 21 世纪是东方文化的世纪，东方文化将取代西方文化在世界上占主导地位。

---

① 转引自秦维宪《21 世纪：东方文化全面复兴的新世纪——东方学大师季羡林访谈录》，《学术与争鸣》2002 年第 1 期。

② 转引自秦维宪《21 世纪：东方文化全面复兴的新世纪——东方学大师季羡林访谈录》，《学术与争鸣》2002 年第 1 期。

而取代不是消灭。全面一点的观点是：西方形而上学的分析已快走到尽头，而东方文化寻求综合的思维方式必将取而代之。这种代之而起，是在过去几百年来西方文化所达到的水平的基础上，用东方的整体着眼和普遍联系的综合思维方式，以东方文化为主导，吸收西方文化中的精华，把人类文化的发展推向一个更高的阶段。所以，我的结论是：21 世纪是东方文化的时代，这是不以人们的主观愿望为转移的客观规律。"①

进一步讲，东方文化不仅有方法论上的整体观、和谐观、统一观，因而更适合现代社会的复杂性、多样性，而且在价值论上注重精神提升、道德修养、身心完善，因而更适应现代社会的方向引领和精神充实。它从人的本质内涵出发，强调仁爱、责任、和谐、公道，体现了人性、人格、人伦的本质塑造和美好追求，体现了人与人、人与物、人与自然乃至人与宇宙未来的深邃思考和理想境界。

东方文化的道德、仁爱、责任理念是具有普适性的。道德是人类独有的，仁爱和责任是人类社会得以维持和发展的内在底线。社会的存在离不开责任和义务，责任和义务是支撑社会大厦的支柱，是每个人的生存和成长的保障，是人与人之间相互回报从而形成相互促进、合理公道社会的基本要求。在一个正当的社会中，一个对社会尽心尽责的人，就是道德品行端正、为社会欢迎的人，也应该是得到社会回馈的人。一个人的爱心、责任心的形成，主要取决于家庭环境、社会环境、文化环境；一个人生来并没有好坏之分，但社会的善恶却可以将他塑造成好人、坏人。

---

① 转引自秦维宪《21 世纪：东方文化全面复兴的新世纪——东方学大师季羡林访谈录》，《学术与争鸣》2002 年第 1 期。

人在很大程度上是被文化、教育塑造出来的，好人、坏人都是社会的产物，有什么样的社会就会塑造什么样的人，文化、价值、道德的塑造是关键。从根本上说，人类社会要克服自身的恶，除了内斗而产生的抑制作用外，唯一的出路就是从心灵深处培植仁爱、责任的种子，并不断地滋养、浇灌、培育，使之成为参天大树、森林绿洲，只有这样才能真正呵护人类的未来。也就是说，人类只有善起来，才能好起来；而那种"以恶治恶"的思维和做法，事实证明只能带来更严重的问题，是没有出路的。在当今社会中，相比西方文化的利己主义、个人主义，东方道德不仅显得更加崇高和博大，而且也更加应时和实用。

东方文化的和谐、和平、合作理念是具有普适性的。和谐就是相互适宜、共处共生，是生存的基础，是人与人、人与天地万物相安相受、共同发展的状态，是人人追求向往的一种安宁舒适的美好生活境界。追求社会、自然、世界的和谐，是人性的自然反应，也是人类的共同理想。谁也不喜欢充满斗杀、危机、动荡的生活。和谐是东方文化的精髓，渗透于东方社会的哲学思想、社会制度、家国城乡、百行百业、衣食住行、言行举止、寻常日用之中。也正因为和谐之心不变、和合之力不衰，中华民族才得以维持和发展五千年而不绝。坚守和谐、和平、和睦的心灵和行为，是家庭、组织、国家和世界得以长久维持和发展的根本力量。如果世界各国都接受和坚持和谐、和平、和睦理念，那么，世界的可持续发展将充满希望和光明。当今世界，面对自然环境的破坏及其对人类的报复，面对各种潜在的危及人类生存的危险，更需要世界各国大力倡导和推广和谐、和平、和睦理念，以和平中正的心理心态对待起伏跌宕，以客观理性的态度探寻对策和出路，以互利共赢的理念和办法赢得未来。

东方文化的公道、公平、天下为公理念是具有普适性的。公道是人类共同认可的公理，公平就是以公道为准则平等对待一切人和事。坚持公道公平，是一种正常而健全的人格和国格，也是人们在为人处世时希望得到的评价。每个人都希望生活在一个公道公平公正的社会中；如果人们都能坚持公道公平公正，这样的社会就是天下为公的社会。天下为公是中国古代的理想，这个基本理念在当今经过新的引申理解仍然有重要价值。天下是天下人的天下，地球属于地球人。当今世界的经济全球化必然要求各国更加开放、更多交流，而不是奉行自我保护主义、单边主义和霸凌主义；世界多极化发展必然展示各国的精彩，新兴国家、发展中国家会在世界舞台上发出更加响亮的声音，改变西方大国以大欺小、唯我独尊、主宰世界的局面。国际上的事情应由各国商量着办，世界的命运将由多数国家、多数民众说了算。只有以这样的文化推行于世界，国际秩序才能变得更加公道、公平、公正。

东方文化的复兴不是复古，而是东方传统文化的创造性转化、创新性发展，是东方传统文化在超越自身局限的过程中而形成的新跨越，是东方传统文化积极汲取人类优秀文化精华而达到的新境界。

在当代，东方文化的复兴是促进世界文化和谐发展的重要力量，而且，这个重要力量越发展就越有利于世界文化的发展和繁荣，越有利于减弱世界各民族文化的碰撞和冲突。东方文化的立足点是促进共赢、共商、共同发展，而不是此消彼长、零和博弈。源于东方文化的人类命运共同体理念，是推动人类应对各种风险和危机、解决各种矛盾和冲突的根本性理念，各国各民族共处一个世界，命运紧密相连，谁也不可能与世隔绝、独善其身。不管文化碰撞如何频繁和加剧，世界多极化、经济全球化、社会

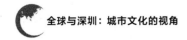

信息化、文化多样化的历史主流都不可阻挡。世界各民族文化在交流中相互借鉴、在碰撞中不断交融仍然是世界文化发展的大势。之所以这样，一是因为全球产业链已经把各国的实际利益紧密地联系在了一起，谁也离不开谁；不包容、不互鉴、不交融终究是没有活路的；二是因为互联网为世界文化的融合发展提供了基本通道和技术基础。

人类命运面临的共同挑战和问题推动各国必须走在一起。气候变化、粮食安全、自然灾害、环境污染、疾病流行、科研伦理、网络攻击、恐怖袭击、人口爆炸等全球性问题的解决只能依靠世界各国的共同努力，而文化碰撞的解决也不例外。人类命运共同体理念为人类解决包括文化碰撞在内的各种矛盾和问题提供了一个新的战略视角。随着东方文化的复兴和人类命运共同体理念在世界上被普遍接受，全球城市文化将实现新的跨越。

第二章　全球一线文化城市的发展现状与经验

国际竞争力强的城市，其竞争力不仅体现在经济、科技等硬实力上，更体现在社会、文化等领域的软实力上，体现在综合竞争力上，而文化发展是城市综合竞争力发展的突破口①。伦敦、巴黎、纽约作为在全球城市发展史中占据重要地位的城市，在资本主义上升阶段曾起到引领全球经济与文化发展的作用；在后工业主义时期，这三座城市凭借自己成熟的组织架构、深厚的文化与人才积累，依然走在全球城市发展的前列。本章以这三座城市为主要研究对象，梳理并概括它们在文化设施网络、活动体系、价值观念、国际交流及文化产业发展等方面的发展现状与经验。

---

① 陈超、祝碧衡、周玉红：《世界大都市的文化特征及发展路径》，《上海文化发展报告（2009）》，社会科学文献出版社，2009，第 56～79 页。

一 重视社区面向世界的文化设施网络

提起伦敦、巴黎和纽约，与这些名字同时浮现在我们脑海中的无疑还有这些城市的地标，譬如伦敦的大笨钟和大英博物馆、纽约的自由女神像和时报广场、巴黎的塞纳河和卢浮宫等。这些著名地标既代表了一座城市的文化与历史，也体现了城市的风格与特征——大英博物馆的严谨与厚重、时报广场的自由与活力、塞纳河两岸的文艺与浪漫——这些都是城市文化发展到一定阶段沉淀而成的结果。文化艺术场所能够促进人类精神文明与情感的提升和分享，因此世界级城市都很重视文化基础设施的建设。

（一）伦敦

偏居大不列颠岛上、却凭雄心与实力在全球政治、经济与文化发展中占据重要地位的国际文化大都市伦敦，其现有的文化设施是几个世纪以来累积的结果：伦敦西区剧院的历史可追溯到16世纪末、大英博物馆于1759年正式对公众开放、国家美术馆成立于1824年、维多利亚与阿尔伯特博物馆为1851年伦敦举办万国工业博览会而建、泰特美术馆创办于1897年、皇家阿尔伯特音乐厅于1871年开幕……除了这些体现了西方古典风格的文化建筑与场所，二战后，为彰显英国的现代主义，伦敦兴建了一批以"粗野主义"（Brutalism）为特征的、混凝土外露、体型庞大的文化建筑，如在1951年"大不列颠节"中崭露头角的南岸中心，1976年启用的国家剧院，1982年启用的融艺术中心、博物馆、学校和住宅为一体的巴比肯中心等。可以看出，伦敦的文

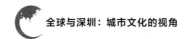

化建筑是特定历史的产物，建筑风格各不相同，但在尊重历史的基础上，通过打造具有权威性与吸引力的内容，这些文化场所成为很多人到访伦敦的必到之所。

伦敦的文化设施大多呈团块分布，可以说是在"产业集聚区"这一概念出现之前，就无意中体现了文化活动与文化机构的集聚效应。西区在方圆不到一公里的地盘上分布了40多家剧院，常年上演的经典音乐剧《猫》《悲惨世界》《剧院魅影》等吸引了来自世界各地的观众；索霍区有著名的特拉法加广场、皮卡迪利广场、莱斯特广场、唐人街，是商业娱乐中心，也有国家美术馆、国家肖像美术馆、圣马丁教堂等历史文化场所；考文特花园有著名的考文特花园批发市场、皇家歌剧院、伦敦交通博物馆等；南肯辛顿博物馆综合区包括维多利亚与阿尔伯特博物馆、科学博物馆、自然历史博物馆等；泰晤士河南岸有国家剧院、南岸中心、莎士比亚环球剧院、国家电影中心、伦敦水族馆、伦敦设计博物馆、泰特现代美术馆等著名艺术场所[1]……这些鳞次栉比的文化场所为伦敦人提供了丰富的文化生活，更为文化艺术领域培养了源源不绝的人才以及艺术的欣赏者与消费者。

除了拥有世界级的文化设施与机构，伦敦市政府也非常重视社区层面的文化建设，认为成功的文化设施可以增强社区凝聚力，为地区活动提供焦点。伦敦各自治镇政府40%的文化开支用在图书馆上。近年来为解决政府文化预算减少这一难题，自治镇政府开始将公共文化设施建设与商业发展项目相结合——2009年秋天，在欧洲最大的中心城区购物中心韦斯特菲尔德购物中心

---

① 任明：《耀眼的历史遗产与丰富的文化活动——伦敦公共文化一瞥》，《南方论丛》2014年第2期。

内开幕的、占地两层的"牧羊人灌木丛图书馆"就是这一举措所取得的成果；该图书馆造价 200 万英镑，没有花纳税人一分钱。①

与很多大城市一样，伦敦也存在各区文化设施分布不均的问题。威斯敏斯特等四个自治镇各拥有 30 多个受英格兰艺术委员会拨款扶植的艺术机构，而有几个自治镇只有一个或者连一个都没有；2010 年的统计数据显示，伦敦有 105 家电影院，但有两个人口超过 20 万的自治镇连一个电影院也没有。② 2012 年伦敦奥运会成功举办后，伦敦市长宣布投资 11 亿英镑在奥林匹克公园附近打造"东岸"，将原先衰败的东区发展成新的文化与教育区；UCL（伦敦大学学院）、沙德勒之井剧院、BBC、伦敦时尚学院、史密斯学院、维多利亚与阿尔伯特博物馆等众多文化机构携起手来，实现将该地区打造成世界级文化区域的雄心。可见，文化机构和文化设施在伦敦地区复兴中具有重要推动作用。

为控制和减少社区文化设施所受到的"士绅化"影响，伦敦市政府目前在起草伦敦首份文化设施计划，并将在网上推出一份"文化设施开源地图"，伦敦人可以在这份地图上主动添加自己身边的文化空间和设施，各自治镇政府和开发商可以根据地图上的信息，掌握伦敦文化设施及濒临危险的建筑遗产的整体情况。

（二）巴黎

在美国崛起之前，20 世纪世界艺术的中心是巴黎。巴黎是

---

① Mayor's Office，*Cultural Metropolis：The Mayor's Cultural Strategy – 2012 and Beyond*，2010.

② Mayor's Office：*Cultural Metropolis：The Mayor's Cultural Strategy – 2012 and Beyond*，2010.

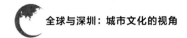

新古典主义、浪漫主义、写实主义、印象派、现代主义、后现代主义等各种思想与艺术流派的涌现与汇聚之地，文学艺术等各路新人在这里崭露头角，获得创新灵感和评论界的关注。作为艺术之都，巴黎拥有举世闻名的世界级博物馆卢浮宫、奥赛美术馆和蓬皮杜艺术中心，体现了从古典到现代的丰富收藏及先锋、前沿的文化品位与地位。始建于 1204 年的卢浮宫原是法国王宫，1793 年作为艺术博物馆对外开放，40 多万件来自世界各地的艺术珍品分六大展馆展出：东方艺术馆、古希腊及古罗马艺术馆、古埃及艺术馆、珍宝馆、绘画馆及雕塑馆。奥塞美术馆由废弃火车站改造而成的，于 1986 年开放，聚焦西方近代艺术，所展示的以莫奈、凡·高、雷诺阿等为主的印象派作品在艺术爱好者心目中享有特殊地位。蓬皮杜艺术中心是在法国总统蓬皮杜的倡议下兴建而成的，于 1977 年开馆，以收藏和展示法国及世界各地的现当代艺术品为主；其大胆奇特的钢骨造型体现了中心的文化追求，是现代建筑中"高科技派"的代表，强调科学技术与文化艺术的密切关联，被誉为"现代巴黎的象征"。

巴黎有两座著名歌剧院，一座古典，一座现代。全世界最大的歌剧院加尼叶歌剧院于 1875 年开放，每年上演众多经典剧目；后来，为庆祝法兰西建国 200 周年、减轻歌剧院的演出负担并与这座古典主义风格的歌剧院相区别，当时的法国总统密特朗下令在巴士底建造一座现代化的、为平民服务的歌剧院，以几何图形和玻璃门窗为特征的巴士底歌剧院于 1989 年 7 月 14 日开幕演出。巴士底歌剧院拥有一个可移动、收缩自如的可变式舞台，能容纳 2700 名观众，是巴黎第二大歌剧院。

法国私人基金会很早就开始赞助博物馆，在美国私人基金会大力兴建美术馆的带动下，法国私人基金会也纷纷开始建造艺术场馆。百代基金会总部 2014 年在巴黎一家 19 世纪旧剧院的基础上改造而成，用于保存和展示"百代电影公司"的电影遗产和摄影技术。路易·威登基金会艺术中心于 2014 年在巴黎布洛涅森林公园落成，基金会与市政府签了 55 年的土地占用合同，主要藏品为冥想艺术、波普艺术、表现主义艺术及音乐与音响艺术等，每年举办两次具有国际水准的展览。路易·威登集团于 2017 年宣布创立"LVMH 之家"，选址在原先的民俗艺术博物馆，邀请著名建筑师弗莱克·盖里进行设计改造，以展示应用艺术、手工艺作品、举办现场表演等，计划于 2020 年开业。巴黎春天百货的大老板弗朗索瓦·皮诺是当代艺术品的大藏家，他投资的巴黎商品交易所艺术馆于 2019 年开业，展出其收藏的价值 14 亿美元的当代艺术藏品。

在经历了一段时期的沉寂之后，巴黎开始推进一系列城市复兴项目，对城市文化设施与环境加以改善。始于 20 世纪 80 年代的巴黎左岸发展项目，是自 19 世纪奥斯曼改造巴黎以来，中心城区最大的城市更新项目，该项目在 80 年代注重设施投资，90 年代开始加强对环境质量的关注。1997 年初开放的法国国家图书馆新馆"密特朗国家图书馆"，由法国总统密特朗下令兴建，形状酷似四本打开的书，并精心打造了大面积的地下森林。曾是一座铁路高架桥的"艺术桥商业长廊"，是世界上第一座高架公园，翻新后改建为种满各种植物与花朵的高架人行道，下面的桥洞则租给精品店或手工艺人做工作坊。

2014 年，巴黎市长办公室开始主管巴黎的文化发展愿景，包括重大环境建设、拥抱新旧艺术形式等。在其推动下，巴黎新建了名为"广场"（La Place）的说唱文化中心，并在郊区为巴黎爱乐乐团建造了新家。

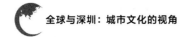

（三）纽约

纽约市文化事务局创立于 19 世纪 70 年代，是依托纽约自然历史博物馆、大都会艺术博物馆等项目成立的政府部门，负责文化场馆的建设，而场馆的展品筹备和运作等则由私营机构承担，这种公私结合的文化运作模式一直延续到今天。① 纽约市有 34 家市属文化机构，这些机构每年可从文化事务局获得一定资金，用于行政、维修、水电、安保等开支。因为接受市政拨款，这些机构要按照公共文化设施的模式运作，为市民提供公共文化服务。这 34 家机构所在建筑物是政府财产，分别位于纽约市五个行政区之内，其中曼哈顿区有 11 家，数量最多，包括美国自然历史博物馆、卡耐基音乐厅、林肯表演艺术中心、大都会艺术博物馆等机构；皇后区有 8 家，包括法拉盛市政厅艺术中心、牙买加艺术与学习中心、移动影像博物馆等机构；布鲁克林区有 5 家，包括布鲁克林音乐学院、布鲁克林植物园等机构；布朗克斯区也有 5 家，包括布朗克斯艺术博物馆、纽约植物园、波山公园等机构；斯坦顿岛同样有 5 家，包括斯纳格港植物园与文化中心、斯坦顿岛儿童博物馆、斯坦顿岛历史协会。② 这些机构搭建了纽约市文化发展的骨架。据调查，有 40% 的游客到纽约是冲着文化去的。③ 与伦敦类似，纽约的文化设施也体现出团块化特点，譬如环绕大都会歌剧院的林肯表演艺术中心与国家歌剧院、

---

① 任一鸣：《纽约二十一世纪以来城市文化发展观测》，《上海文化》2014 年第 5 期。

② 纽约市政府网站，https：//www1. nyc. gov，最后访问日期：2020 年 3 月 21 日。

③ Donna J. Keren：《如何更好地推销城市?》，2013 全球城市（上海）文化论坛会议记录，http：//shcci. eastday. com/c/20130829/u1a7626836. html，最后访问日期：2021 年 6 月 16 日。

以大都会博物馆为核心的博物馆街、时报广场周围的 30 多家百老汇剧院等。

　　纽约文化机构的发展与其市民社会的发展联系紧密。以"四大艺术馆"——美国大都会艺术博物馆（Met）、纽约现代艺术博物馆（MoMA）、惠特尼美术博物馆、古根海姆博物馆——为例，其背后都与富可敌国的私人收藏家或家族有着密不可分的关系。这些人将商场上力争上游、勇于竞争的精神投入文化事业中，打造了二战后美国由文化上的"二流国家"一跃成为西方现代艺术中心的局面。美国最大的艺术博物馆大都会艺术博物馆由一群银行家、商人和艺术家在 1870 年倡议建立，他们起草了《大都会艺术博物馆宪章》，通过与政府协商，形成政府提供场地、民间筹集展品的办馆模式，于 1872 年正式开馆。纽约现代艺术博物馆建成于 1929 年夏天，由三位女士创建，其中有一位是洛克菲勒家族的夫人，博物馆的营建和藏品管理主要由洛克菲勒家族提供支持。20 世纪初，热爱艺术的葛楚·惠特尼夫人开始购买并展示美国艺术家的作品，大力宣传美国现当代艺术，并于 1931 年成立惠特尼艺术博物馆，率先收藏装置艺术和行为艺术，并从 1973 年开始举办惠特尼双年展。作为热心的艺术赞助人，所罗门·古根海姆及其妻子收藏了大量艺术作品，并于 1937 年成立了古根海姆基金会，之后又历经十多年，建造了一座可以容纳他不断增加的藏品的博物馆，这就是以罕见的弧形造型在当时引发巨大轰动的古根海姆博物馆。纽约能在短时间内建起规模庞大、藏品众多的博物馆，得益于成熟的捐赠机制及对多元文化的兴趣。

　　草根文化和社区文化是纽约市的肌理。纽约市政府意识到创意生态的重要性，将市政府一半左右的文化资金拨给小型机构；

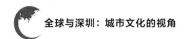

目前正在投入 9.34 亿元美元，为全市 250 个文化团体改善基础设施，进行升级维护和更新。在经历了一定阶段的经济衰退之后，纽约目前以新一轮都市复兴来向世人展示新的城市风貌。吸取了历史上的华尔街及下城区晚上犹如"黑洞"的教训，纽约市政府在中城引入大量文化娱乐设施，包括现代艺术博物馆、卡内基音乐厅、自然历史博物馆及外百老汇剧场等。围绕位于曼哈顿西部老工业区全长 2.4 公里的空中花园"高线公园"（High Line Park），有 30 多个新项目正在规划建设。① 位于纽约最新开发的文化中心哈德逊广场上的"大棚"（The Shed），面积为 20 万平方英尺，2019 年春季在曼哈顿西区开张，以前所未有的灵活空间处理方式，展示、委托制作并自主出品各种流行文化、表演和视觉艺术作品。布鲁克林文化区南区则将发展成为当代非洲流散艺术博物馆的新家，里面包括布鲁克林公共图书馆的分支、舞蹈、艺术家工作室和一个表演空间。布鲁克林文化区目前入驻了 60 多家文化机构，州政府和市政府共同投资 1 亿美元，建造了 9 栋独立的艺术场所和超过 2000 套居住单元，其中 1/3 为满足艺术家居住需求的低价住宅。布鲁克林艺术节及国外团队的街头表演是该区的文化亮点。

城市文化设施集群规划的倾向有利于形成浓厚的文化氛围，提高各场馆之间的业务交流和专业水平，便于吸引公众来访和集中参观，在聚集人流、提升人气的同时也提高了社会效益。② 但在大城市文化资源分布不均、影响城市各区域协同发展的担忧

---

① 王振、花建、徐清泉、于蕾：《上海全球城市坐标的文化战略》，上海社会科学院出版社，2018，第 183～184 页。

② 佘向军：《美国公共文化设施建设管理的主要特点及启示》，《中外文化交流》2019 年第 1 期。

下，伦敦、巴黎和纽约目前正在采取措施将文化设施分布到此前被忽略的地区。就现代城市尤其是大城市的发展来说，城市文化空间布局的"多中心化"趋势似乎不可逆转。①

表1　伦敦巴黎纽约文化设施数据

文化设施＼城市	伦敦	巴黎	纽约
公共图书馆（座）	352（2016）	1047（2015）	207（2015）
国家级博物馆（座）	13（2017）	28（2015）	7（2015）
国家级以外博物馆（座）	179（2018）	269（2018）	135（2018）
主要音乐厅（座）	10（2018）	16（2018）	16（2015）
现场音乐表演场地（处）	1056（2018）	452（2018）	453（2015）
剧院（座）	270（2018）	836（2018）	637（2018）
绿色公共空间（公园与花园）所占比例（%）	33（2015）	9.5（2013）	27（2010）
历史遗产（处）	20557（2017）	4114（2018）	34000（2018）
联合国教科文组织世界遗产（座）	4（2018）	4（2018）	1（2018）
艺术画廊（家）	478（2018）	1142（2018）	1475（2015）
电影院（家）	163（2017）	312（2016）	98（2018）
电影银幕（块）	911（2017）	1107（2016）	374（2015）
每十万人拥有银幕（块）	10.1（2017）	9（2016）	4.3（2015）
书店（家）	360（2015）	1251（2018）	814（2018）
每十万人拥有书店（家）	4.3（2015）	10.2（2018）	9.4（2018）
每十万人拥有公共图书馆（座）	3.9（2016）	8.5（2015）	2.4（2015）
博物馆（座）	192（2017）	297（2018）	140（2018）
表演艺术、舞蹈彩排场地（处）	86（2018）	1100（2018）	—
社区中心（座）	234（2018）	280（2018）	—

注：括号内数字为年份。

资料来源：英国BOP运营的网络平台 http://www.worldcitiescultureforum.com/中的城市数据（City Data）。

---

① 陈超、祝碧衡、周玉红：《世界大都市的文化特征及发展路径》，《上海文化发展报告（2009）》，社会科学文献出版社，2009，第56~79页。

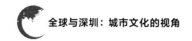

二 扎根日常打造亮点的文化活动体系

城市中的文化机构、文化人以自身的文化经营支撑起城市文化生活的骨架。世界级文化城市因其文化机构的权威性与前沿性，能够为生活在城市里的人带来丰富多彩、富有教益的文化活动，这是世界级城市吸引人们前去工作、生活与游览的重要原因。考察伦敦、巴黎与纽约的文化活动体系，可以发现在日常生活与打造亮点两方面各有专攻。

（一）伦敦

"当一个人厌倦了伦敦，他就厌倦了生活，因为伦敦拥有生活所能提供的一切。"这是 18 世纪英国著名作家塞缪尔·约翰逊（Samuel Johson）经常被人引用的名言，道出了城市生活所能给人带来的丰富享受与感受。伦敦在这一点上名不虚传。伦敦拥有由博物馆、美术馆、图书馆、剧院、电影院、画廊、公园、艺术节、电影节、狂欢节、各色展览等所能提供的精彩活动，这些活动有的以商业性质运营，有的则是市政府作为公共文化提供。

伦敦每年有 197 项节庆活动（2017 年），[①] 为市民提供了大量室外文化活动的机会。每年举办的大型庆祝活动如中国春节、"自豪伦敦"等分别能吸引超过 25 万、50 万名观众，其他一些大型节庆活动包括圣帕特里克日、圣乔治日、伦敦市长大人巡游典礼等。为解决伦敦各自治镇文化资源分布不均衡的问题，大伦敦政府积极推动一些文化项目在全市展开，如"伦敦爵士音乐

[①] https://visitlondon.com/，最后访问日期：2020 年 3 月 21 日。

节"全民热舞""伦敦故事""泰晤士河发现之旅"等。通过这些活动调动各界力量，在当地举办市民消费得起的或免费的文化活动。始于 2006 年的"全民热舞"，如今已发展成为全世界规模最大的舞蹈活动，在 2012 年伦敦奥运会期间举办了 3500 场，地点包括英国各地的公园、商店、地铁站、学校、剧院、博物馆、街道等，有 500 多万人参加。从 2009 年开始举办持续到奥运会结束的"文化奥林匹克"活动，投入超过 1.27 亿英镑，在全英国举办了 17.7 万场规模不等的活动，有 4300 万人次参加。在奥运会期间举办的"2012 伦敦文化节"，提供了大量免费的文化活动，有 2020 万观众参与。①

伦敦市政府致力于将文化艺术活动渗入市民的日常生活及城市细节之中。伦敦交通署持续多年举办"地铁中的艺术"文化项目，内容包括诗歌、当代艺术、音乐和录像等。始于 1992 年的"伦敦建筑物开放节（Open House Weekend）"，在每年 9 月的一个周末开放 800 多处通常不对外开放的建筑，人们可以免费参观。"第四基座校园艺术奖"（the Fourth Plinth Schools Awards）鼓励学生在伦敦著名的"第四基座艺术"的激发下创作自己的艺术作品，将具有全球引领性的艺术活动与市民的创意结合在一起。伦敦最新推出的"点亮河流"（The Illuminated River）大型装置艺术，是世界上跨度最长的公共艺术委托项目，用各色灯光装点位于市中心的 15 座桥，跨越达 2.5 英里（约 4022 米）。

伦敦的各大文化场所，以强大的资源聚集能力、组织能力和责任心，为市民提供了丰富多彩的文化活动。以南岸中心为例，

---

① 任明：《耀眼的历史遗产与丰富的文化活动——伦敦公共文化一瞥》，《南方论丛》2014 年第 2 期。

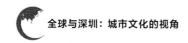

秉承"艺术具有助力社会进步的能量，艺术需要向大多数人开放而非仅供少数人享用"的宗旨，努力为各年龄层的人提供免费活动。其具体做法是发挥"节庆精神"，用多元主题的演出和艺术活动将阶层和背景不同的人聚在一起。经过多年探索，南岸中心目前有固定年度艺术节项目18个，是全球最大的艺术节目的地，每年举办5000多场活动和演出。其活动类型可分为三类：①全空间的艺术节，②单一剧场或画廊的演出或展览，③利用公共空间举办的开放参与活动。通过将50%以上的活动和演出免费向公众开放，结合商店、快闪餐厅、圣诞市集、农产品市集、食品市集等各种活动，南岸中心将自身打造成一个全年无休的都市文化主题乐园。①

大伦敦政府积极申办和主办世博会、奥运会、伦敦时装周、伦敦建筑艺术节、伦敦设计艺术节等能向全世界展示伦敦城市形象及创意水平的大型活动。伦敦有丰富多彩的电影文化，每年有50多个电影节在伦敦举办，包括英国规模最大的伦敦电影节。

（二）巴黎

巴黎的大型文化活动主要分为两类，一类是展览展示类活动，另一类是音乐、演艺等艺术活动。巴黎的展览业在世界上排名第一，拥有一流的展馆设施和服务水平，很多展览活动享誉全球。譬如1974年创办的国际当代艺术博览会、巴黎时装周、欧洲研究与创新展、女装成衣博览会、时装配件国际贸易展览会、

---

① 李婧：《"目的地式"表演艺术中心运营模式探索——伦敦南岸中心》，东方资讯网，http://mini.eastday.com/bdmip/180925144215539.html，最后访问日期：2020年3月21日。

巴黎国际美容展等。在专业会展活动之外，能够体现巴黎市民文化生活的是每年近 500 个艺术节庆活动（2018 年），[1] 包括巴黎狂欢节、肖邦音乐节、法兰西岛地区音乐节、欧洲优秀青年艺术家音乐节、穿越古典音乐节、巴黎沙滩节、"巴黎不眠之夜"（Nuit Blanche）等。"巴黎不眠之夜"由市政府在 2002 年发起，是近年来炙手可热的文化活动品牌，具体内容为每年 10 月第一个周六夜间，巴黎各大博物馆和艺术馆彻夜免费向公众开放，并以巴黎街头为舞台，邀请世界各地艺术家创作街头艺术、表演、听觉和视觉装置等，将其作为城市景观，为巴黎人带来艺术的饕餮盛宴。该活动推出以后大受欢迎，欧洲其他城市如布鲁塞尔、马德里、罗马、阿姆斯特丹等与巴黎携手推出"欧洲不眠之夜"活动。[2] 始于 1972 年的"巴黎秋季艺术节"，通常从 9 月中旬持续到 12 月底，邀请全世界的艺术家在巴黎呈现舞蹈、歌剧、音乐、绘画、摄影和电影等多种艺术形式的创作，并以向艺术家"预定作品"的方式刺激实验与创新。

20 世纪 80 年代以来，法国城市在大幅度提高基础设施财政支出的同时，也加大了对各类文化活动的支持力度，以此扩大城市影响力，应对城际竞争。[3] 作为法国首都，巴黎在文化方面也推出各种新举措，2017 年由大区政府资助的夏季活动，有三大亮点。①"巴黎大区处处是电影院！"，该项目为四个休闲基地在夏季周末免费放映露天电影提供资助。休闲基地是巴黎大区自

---

[1] Pro Festivals/Le guide des festivals，http：//www. europe‑festivals. com/，最后访问日期：2020 年 3 月 21 日。

[2] 任一鸣：《巴黎公共文化发展及其启示》，《文化艺术研究》2012 年第 4 期。

[3] 车达：《法国"大都会‑城市"文化管理经验研究》，《文化科技创新发展报告（2017）》，社会科学文献出版社，2017，第 79~89 页。

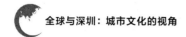

2014 年开始推出的大型户外休闲场所，目前共有 12 个，都是青山绿水环境宜人之地。②"巴黎大区爱看戏"，通过与国家戏剧中心和戏剧工作坊合作，在两个休闲基地向公众呈现 5 部戏剧作品，共进行 24 场演出。③"开放的花园"，邀请市民周末免费参观大区内的特色公园。巴黎大区政府还出资 15 万欧元成立"地区摄影和视听基金"，用于采购当地艺术家创作的、以巴黎大区为主题的影像作品。①法国学者的调查显示，城市用于提高居民文化生活质量的资金投入，是衡量当地经济活力的重要标志之一。②

巴黎有古典的博物馆与美术馆，也有现代与当代艺术，但巴黎文化通常给人的印象是以游客为中心，太高雅，不够有活力。为改变这一点，卢浮宫为未满 26 岁的各国观众提供每周五晚 18 点以后免费参观的机会，每周五晚迎接 3000 ~ 6000 名参观者，这些年轻人参观过展览后还可以参加由博物馆策划的文化活动。经过几年创新与完善，该活动已逐渐成为法国年轻人周五晚必备的文化盛宴。③

（三）纽约

纽约市的文化生活一直被看作该市所拥有的巨大活力的一个象征。纽约市的 5 个行政区合计有 59 个社区，知名的有格林威

① 施雯：《巴黎大区文化新举措》，上海情报服务平台，http：//www. istis. sh. cn/list/list. aspx？id = 11242，最后访问日期：2020 年 3 月 21 日。
② 车达：《法国"大都会 – 城市"文化管理经验研究》，《文化科技创新发展报告（2017）》，社会科学文献出版社，2017，第 79 ~ 89 页。
③ 《四招制胜，卢浮宫继续领跑世界博物馆》，艺术中国网站，http：// art. china. cn/haiwai/2012 – 04/06/content_ 4922251. htm，最后访问日期：2020 年 3 月 21 日。

治村、哈莱姆、唐人街、"小意大利"、西点社区等。这些社区每年举办丰富多彩的文化活动,如马可·波罗节、中国新年大游行等。[①] 纽约多元化的居民为城市活力与创造性提供了不竭的源泉,使其一直处于绘画、流行音乐等新艺术运动的中心,其对流行文化发展的革新性充分体现在社区文化之中。譬如下东区的犹太人剧院、布朗克斯区的说唱乐和涂鸦艺术、东村的流行艺术与朋克摇滚乐、哈莱姆区的爵士及文艺复兴、百老汇剧院区等。

纽约市每年举办的重大节庆活动有 263 项(2015 年),[②] 体现了以下四大特点:①国际性立场明确,搭建国际交流平台,很多活动直接以"国际""世界"为名,如国际海港音乐节、国际纪录片节、世界动画节、国际儿童电影节、世界科学节、全球 Hiphop 大游行等;②活动以影视、戏剧、音乐、舞蹈类为主,显示了纽约在该领域的艺术活力与领先性,譬如电影节就有近 60 种,如纽约电影节、翠贝卡电影节等;剧场活动包括喜剧大会、喜剧节、滑稽戏节、音乐剧节、小丑剧场节等;③不少节庆文化活动以其他民族冠名,譬如波黑电影节、菲律宾电影节、韩国电影节、波黑电影节等,还有一些是世界各民族的庆祝日,比如巴西日、瑞典日、多米尼加日、波多黎各日等,充分体现了纽约多元文化融合的氛围;④积极为少数族群及边缘文化提供活动平台,除了移民的民族节日活动之外,还为业余爱好者和边缘群体举办地下电影节,拉丁另类音乐大会,同性恋、双性恋和跨性

---

① 慕享宏:《"民间主导"的美国公共文化服务模式》,《中国文化报》2016 年 2 月 4 日。

② 世界城市文化论坛,http://www.worldcitiescultureforum.com,最后访问日期:2020 年 3 月 21 日。

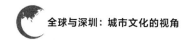

别者电影节等。①

艺术活动对城市文化发展的重要性，从现代艺术在纽约兴起的过程中可见一斑。从 1908 年开始，被誉为美国"现代摄影之父"的阿尔弗雷德·斯蒂格里茨连续四年在纽约举办欧洲现代艺术家马蒂斯、劳特累克、亨利·卢梭、塞尚及毕加索等的作品展和销售活动，美国人通过这些活动慢慢领略到现代艺术的魅力，开始大量收藏和经营来自欧洲和美国本土的现代艺术作品，现代艺术在美国生根发芽并结出自己的果实——抽象表现主义。可以说，没有当年那些艺术展示活动，就不会有美国今天在现代艺术中的尊贵地位。纽约今天的现当代艺术活动仍然很活跃，譬如"惠特尼双年展"、"新美术馆三年展"、"亚洲艺术周"以及现代艺术博物馆 PS1 展馆每五年举办一次的"大纽约"（Greater New York）展等。

纽约在公共艺术发展方面有相当历史。市政府早在 1898 年便设立"艺术委员会"（现在名为"公共设计委员会"，Public Design Commission）专事批准公共艺术。自 1982 年起实行的"艺术百分之一"（Percent for Art）项目，在全市的公共空间设计了 330 件公共艺术作品。纽约大都会运输署艺术和设计部（MTA Arts & Design）自 1985 年起便为地铁、公交、铁路等公共设施委托艺术制作。纽约市政府对文化艺术的支持不仅体现在资金上，各部门也各司其职，为文化艺术活动提供协助。纽约市公园与休憩部（Department of Parks and Recreation）、交通部（DOT）、街道活动许可办公室（Street Activities Permitting Office）

---

① 任一鸣：《纽约二十一世纪以来城市文化发展观测》，《上海文化》2014 年第 5 期。

等，对公共空间的临时艺术装置、节庆、表演等文化活动都给予支持。跨部门的合作也早已存在，譬如由文化事务局、教育局和卫生局合作展开的"艺术材料"项目。该项目为全城的艺术活动提供免费材料，以期减少废物、提高循环使用率、鼓励艺术创作活动。2016 年，纽约市住房局（NYCHA）和纽约市议会携手非营利组织 Groundswell，与"公共住房租户协会"（public housing tenant associations）合作，推出"公共艺术/公共住房"壁画项目，辟出 15 块墙壁，邀请几百名居住在 NYCHA 公共住房中的年轻人来设计创作壁画。[①]

除百老汇的商业戏剧演出活动之外，纽约还拥有庞大的非营利戏剧演出活动与机构。纽约市长媒体与娱乐办公室最新发布的报告显示，纽约市有 748 家以"外百老汇"及"外外百老汇"形式运作的小型戏剧机构，包括 600 家戏剧制作公司、97 家剧院、51 家隶属于大型机构的下属组织，96.8%（724 家）属于非营利性质，分布于各区，为弱势群体发声，服务于广大戏剧爱好者。这些小型戏剧机构催生了 13 亿美元的经济产出，提供了 8400 多份全职工作岗位。[②]

伦敦、巴黎和纽约的文化活动的丰富性与精彩性，既在于其主要文化机构在组织文化活动上体现出来的高水平、权威性与引领性，也在于这些机构积极与社区互动、向大众开放、重视为市民和学校提供教育资源的公共理念与实践。从这个角度来说，不仅是其博物馆与美术馆的"超级策展"观念值得我们学习，其

---

① 华子怡：《纽约文化规划八大议题》，上海情报服务平台，http://www.istis.sh.cn/list/list.aspx? id = 12237，最后访问日期：2020 年 3 月 21 日。

② All New York's a Stage: NYC Small Theater Industry Cultural and Economic Impact Study, 2019.

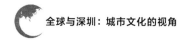

对社区文化的培养、市民观展习惯的养成所付出的日积月累的努力，更值得我们借鉴。

表 2　伦敦巴黎纽约文化活动数据

指标　　　　城市	伦敦	巴黎	纽约
每年音乐表演（场）	22828（2018）	31375（2017）	36192（2015）
每年剧院表演（场）	32032（2018）	—	30576（2015）
全国每年出版图书品种（万）	17.3（2016）	10.3（2016）	30.5（2013）
每年舞蹈表演（场）	2236（2018）	1651（2012）	6292（2012）
本国影院公映电影（部）	821（2016）	693（2017）	718（2015）
本国影院公映外国电影（部）	368（2016）	334（2017）	—
电影节（个）	53（2017）	190（2010）	57（2012）
劳动年龄人口每年至少去一次博物馆/美术馆的比例（%）	61（2016）	44（2016）	—
节日与庆典活动（个）	197（2017）	475（2018）	263（2015）
前五位最受欢迎博物馆/美术馆年度参观人次（万）	2596（2017）	2480（2017）	1600（2015）
年度五大最受欢迎展览日参观人次	4710（2015）	5607（2016）	4447（2017）
剧院年度整体观众人次（万）	1509（2017）	723（2016）	1379（2018）
剧院年度整体票房收入（亿美元）	10（2017）	—	17（2018）
每年电影观众人次（万）	4064（2017）	5520（2016）	—
主要电影节观众人次（万）	20.9（2017）	13.845（2015）	12（2014）
年度城市电影票房（亿美元）	10.6（2017）	4.67（2016）	—
主要狂欢节参加人数	150万（2017）以诺丁山狂欢节为例	55万（2017）以"人道节"为例	350万（2015）以梅西百货感恩节巡游为例

续表

指标　　　城市	伦敦	巴黎	纽约
狂欢节及庆典参与人口比例（占城市总人口数,%）	16.7（2017）以诺丁山狂欢节为例	4.5（2017）	42（2015）以梅西百货感恩节巡游为例
公共图书馆每年外借图书（万册）	2580（2017）	2830（2016）	—

注：括号内数字为年份。

资料来源：英国 BOP 运营的网络平台 http://www.worldcitiescultureforum.com/中的城市数据（City Data）。

三　注重平等包容发展的城市文化价值观念

"世界主义"是全球城市的重要特征，多元文化是全球城市的主要特点。这些规律性的特征，来自"城市文化向世界辐射的前提，是世界文化向城市的汇聚"① 这样一个逻辑前提。作为世界级文化城市的伦敦、巴黎和纽约，在城市规划、文化政策等领域体现出注重平等、包容与发展的文化价值观念。

（一）伦敦

伦敦现任市长萨迪克·汉将"文化"作为推动伦敦发展的最重要因素。伦敦市政府最新出台的"伦敦规划"中提出"良好增长"的理念，即伦敦的发展是要实现更能体现社会融合及

---

① 陈超、祝碧衡、周玉红：《世界大都市的文化特征及发展路径》，《上海文化发展报告（2009）》，社会科学文献出版社，2009，第 76 页。

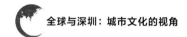

可持续发展的增长。这一理念贯彻在新的《市长文化战略》之中，体现为将"人民"和"可参与性"放在首位，以建设"所有伦敦人都可以享受的文化"为首要原则。"良好增长"的理念在伦敦最近推出的各种项目中都有所体现，譬如"创意创业带计划"，意在帮助艺术家和创意企业在伦敦越来越昂贵的街区中落户发展；"伦敦文化自治镇奖"，不仅是庆祝各自治镇所取得的文化成就，也鼓励地方政府重视未来的可持续性发展，在当地培养多元化的人才资源，将举办文化活动、扩大社区参与作为评选重点。《市长文化战略》对伦敦市的文化资产进行了更为广泛的摸底，将酒吧、滑板场地等与社区中心、博物馆、艺术场所等共同列为城市的文化资产；强调文化参与及文化活动的民主化，鼓励更多人参与文化活动。英国首相卡梅伦执政期间，启动了著名的"大社会计划"，推崇"小政府，大社会"，强调志愿精神和社会多元主体参与政府服务供给，其目的是通过改革，赋予社区文化发展更多权利和动力。① 这一理念已成为英国保守党与工党在社会建设上的共识。

事实上，自伦敦市开始出台《市长文化战略》以来，历任市长都高度重视文化对城市发展的价值，一致认为"是文化造就了伦敦的成功"。② 增加民众与优秀作品接触的机会、培养市民的创造性与技能始终是历任市长共同重视的重要工作。现任市长萨迪克·汉将提升创意产业工作机会的平等性，作为其工作重

---

① 王振、花建、徐清泉、于蕾：《上海全球城市坐标的文化战略》，上海社会科学院出版社，2018，第 149 ~ 150 页。

② 伦敦市长办公室：《文化大都市：市长文化战略——2012 及其后》，参见《伦敦第二份文化战略报告 再瞄准"文化大都市"》，上海情报服务平台，http：//www.istis.sh.cn/list/list.aspx？id = 8507，最后访问日期：2020 年 3 月 21 日。

要目标。

伦敦的城市价值观，在其最新发布的"2036 年城市愿景和发展目标"中得到了最好体现：伦敦以建设成为"全球最佳城市"为目标，为所有人和企业家提供更多机会，达到最高环境标准和最好生活质量，成为 21 世纪全球应对城市挑战尤其是在应对气候变化方面采取方法最先进的城市。要实现这一愿景，意味着要确保伦敦能最大限度地利用其城市及人口的能量、活力和多样性；拥抱变化，推动城市文化遗产、社区、居民文化认同与身份特色的发展；崇尚责任心、同情心和公民性。伦敦将建设成为一座能够满足经济挑战和人口增长的城市，一座具有国际竞争力的成功城市，一座多样化、强大、安全的城市，一座拥有就业、创业机会和设施便捷的城市，一座带给人愉悦感、环境改善领先于世界的城市。①

（二）巴黎

"文化民主化"是法国的文化传统。1789 年爆发的法国大革命，在政治上废除了君主制，在文化上提出"国家遗产""劳动者享有文化""文化应该发挥公民教育作用"等理念，使得"文化民主"深深刻入法国的文化基因。② 巴黎秉承此传统，形成自由浪漫、独立自主的文化发展风貌。19 世纪下半叶，全世界的艺术家、作家和戏剧家会聚巴黎，创造了掀开现代艺术新篇章的印象主义、意识流小说、电影等现代艺术，这充分说明了巴黎作为城市，对新文化的创造力和养育能力。1968 年在巴黎爆发的

---

① 胡苏云：《新〈伦敦规划〉展示 2036 年伦敦人生活愿景》，《国际城市发展报告（2016）》，社会科学文献出版社，2016，第 166~176 页。
② 任一鸣：《巴黎公共文化发展及其启示》，《文化艺术研究》2012 年第 4 期。

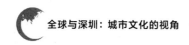

"五月风暴"，显示了年轻人反抗权威、追求和平、追求个性解放的意志，在巴黎城市文化史上留下了浓墨重彩的一笔。

自由民主的文化传统推动巴黎在移民、平等及环境变化等当代议题上担负起思想领袖的责任。法国在难民危机等重大问题上显示了强大的干预能力，通过艺术家的作品及社会活动表达对包容及言论自由等价值观的支持。2011 年，巴黎加入国际流亡艺术家与作家避难城市网络（ICORN），每年欢迎一位在自己国家不能自由工作或进行创作的艺术家来巴黎驻地，目前已为四位艺术家每人提供两年的驻地安排。巴黎还积极为艺术作品和文化遗产提供庇护空间，为战争区的艺术遗产提供储藏空间，以免这些作品遭受战火荼毒。支持在战争区的文化活动及难民营的电影放映活动，成立"和平放映"团队，在伊拉克放映 200 场电影，有 18000 名观众。巴黎市政府在国际上的这些行为对市民产生了很大影响，使得他们与难民拉近了距离，打造了针对难民问题的讨论空间及艺术创作空间。

面对 21 世纪的挑战，2007 年在巴黎市长的指导下，巴黎文化事务处（DAC）出台"大巴黎计划"，该计划有两个鲜明特点：一是符合国际国内形势和巴黎的城市特色，注重独创性与合理性，没有盲目照搬其他城市的发展经验；二是坚持"文化民主"的原则，在制定文化政策时，尊重全体市民的意见，并努力落实到细节。计划的总体原则是"使大多数的法国人接触全人类，尤其是法国的文化精华；使法国文化遗产拥有最广泛的群众基础；促进艺术创作，繁荣艺术园地"①。法国文化部对城市文化发展提出"就近服务"的指导思想，对巴黎推进社区文化

---

① 任一鸣：《巴黎公共文化发展及其启示》，《文化艺术研究》2012 年第 4 期。

建设起到了指导作用。

巴黎的企业很重视社会责任。圣殿市场（Carreau du Temple）是一处建于1863年的室内市场，现在是一处拥有大型音乐厅及礼堂的文化与艺术场所，该机构推出PACT（e）计划，在艺术家、企业和文化机构之间打造三方伙伴关系，开展艺术品委托活动。艺术家可以在企业空间及其他通常与艺术无关的空间中创作艺术作品，为艺术品提供新的曝光机会。T3有轨电车是通往巴黎北部的一条繁忙交通运输线，2006年落成后，公共艺术成为其发展的一部分；随着线路扩展，艺术委托作品也在沿线不断展开。该项目的特殊之处是由沿线居民参与对艺术家的委托及确定艺术作品的主题。居民可以就希望作品进行表现的社会问题提出建议，从社会关系到死亡、疾病和环境改变等各种议题皆可。工作小组列出居民的要求，被委托的艺术家根据周边社区所关注的问题展开创作。该项目在市政府推出的"1%城市发展预算"的资助下才成为可能。

重大国际会议无疑也会在城市文化价值观上打下烙印。2015年11月底，在巴黎北郊举行的第21届联合国气候变化大会通过了《巴黎协定》。《巴黎协定》在全球气候政策中具有里程碑意义，而巴黎将永远与这个历史转折点联系在一起，成为城市精神的一部分。

（三）纽约

纽约市文化事务局从创立初期，就确立了政府与民间协同联动的模式，其文化战略与文化政策主要由四个层面共同参与完成：一是纽约市政府，二是介于政府机构与私人机构之间的公共组织，三是在文化建设领域投入大量资金的私人基金会，四是文

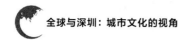

化政策研究机构，包括智库与高校等。纽约的文化战略总体上体现了美国国家的文化战略，即文化要成为政治、经济的灵魂，促进纽约市民对纽约城市精神以及美国价值观和生活方式的认同，让每一个纽约人都享有公平的文化权利、丰富的文化生活。纽约的文化政策具有以下特点。①坚持文化服务于民众的原则。要求接受市政府资助的文化团体必须为市民提供低价甚至免费的公共文化服务；关注社区文化发展和居民文化权利，普遍、均衡地提高各个层面的文化生活质量和促进各个社区的文化发展。②坚持公私合办文化的模式。通过对非营利机构实行免除财产税和消费税的政策，扶持和鼓励非营利文化机构的发展，使之不断壮大，成为纽约文化发展的引擎。③文化政策与经济政策、贸易政策紧密结合，纽约市的文化资产是其经济活力的源泉。④文化发展与教育发展紧密结合，关注人才及创意理念的培养与开拓，保持在创新性方面的世界领先地位。近年来，纽约尤其重视对城市自然环境的保护以及人才发展与创意战略。曾任纽约市市长的布隆伯格在一篇发表的文章中写道："在目前的城市竞争中，智力资本和人才是至关重要的因素；人才吸引资本远比资本吸引人才更为有效，效果也更能持续。"① 纽约市政府积极动员民间力量参与的文化发展模式，使得纽约市在某些年份文化投入下降②的情况下，仍能保持城市文化向上发展的步伐。

纽约市已实行近 40 年的"艺术百分之一"项目，以及对企业和个人捐赠艺术品实行免税的政策，对文化基础设施建设及艺

---

① 任一鸣：《纽约二十一世纪以来城市文化发展观测》，《上海文化》2014 年第 5 期。
② 陈超、祝碧衡、周玉红：《世界大都市的文化特征及发展路径》，《上海文化发展报告（2009）》，社会科学文献出版社，2009，第 64 页。

术场馆藏品丰富起到重大作用。因为免税政策的存在，纽约市涌现了很多非营利性的艺术基金和理事会资助艺术发展，譬如洛克菲勒基金会、古根海姆基金会、纽约艺术基金会、纽约艺术与经济理事会、布鲁克林艺术理事会、亚洲艺术理事会等。[①] "艺术不是为那些拥有特权的少部分人，而是为了大众；艺术场所不是在日常生活的外围，而是在中心；艺术及其场所不仅仅是提供另一种形式的娱乐，更应为人们的幸福和快乐做出贡献。" 林肯艺术中心的一块铜牌上刻着的这段文字，彰显了美国文化机构的公益性追求。

2015 年，纽约市发布了《"只有一个纽约" 2050：强盛与公平发展计划》（*One NYC 2050：Building a Strong and Fair City*），将 "公平" 作为纽约市的核心价值之一，明确提出 "公平" 意味着广泛的资产分配公平和公正的利益。2017 年出台的《创造纽约》（CreateNYC），是纽约市第一个综合性文化发展规划，致力于联合纽约市的文化人才，解决长期存在的城市问题，譬如文盲、犯罪、移民及家庭暴力等。《创造纽约》将 "社区的独特文化" 列为单独议题，认为每个社区特有的个性、历史与传承等，对人的发展和城市多元文化相互碰撞具有重要意义，提出要尊重各社区已有的文化设施，在此基础上增强社区文化的可辨识度和曝光度；关注不受到各种资助青睐的地区，促成现有文化资源与社区利益团体的结合；尊重并支持小型的、地方的非传统组织；记录、梳理和分享每个社区拥有的资源，促进不同社区间的分享

---

① 常青：《纽约是如何成为新的世界艺术中心的》，《走向世界》2016 年第 23 期。

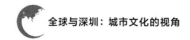

与合作。① 虽然目前美国整体上对移民问题持负面态度，纽约文化界却对支持移民社区表现出越来越大的热情。2015 年，纽约市政府推出的名为"IDNYC"的文化卡，使得纽约人——包括移民和没有合法移民身份的人——都能免费参观纽约的一些主要文化机构，以及享用各种城市和公民服务。

《创造纽约》的起草过程就体现了纽约市对平等、包容的价值观的追求。从 2016 年 8 月到 2017 年 3 月的半年多时间中，通过面谈、线上等各种方式，有 18.8 万纽约民众参与了该规划的起草过程。起草小组为衡量各项目标、战略和建议所设立的五大原则为：平等、可及、包容、连接、成长与领导力。"CreateNYC 主席对谈时间"为纽约民众和文化决策者提供了直接对谈的机会，通过每两周一次的主题讨论，获得了实质性成果。纽约市政府因此决定将该活动固定下来，使公众能有一个稳定、固定的渠道，与政府讨论与自己相关的文化议题。②

2015 年，纽约市通过联邦政府的"综合就业与培训法"（CETA），支持 600 多名艺术家为城市提供文化服务工作，将艺术家的洞察力作为联系居民、解决问题的工具，担任公共服务的重要领导角色。③ 开放、多元、包容的城市文化价值观念，对推动城市文化及文化产业发展具有诸多好处，正如《创意城市：百年纽约的时尚、艺术与音乐》一书的作者伊丽莎白·科瑞德指出的，时尚、音乐、艺术家等文化生产者，更多的是依赖他们

---

① 华子怡：《纽约"文化规划"系列研究》，上海情报服务平台，http：//www. istis. sh. cn/list/list. aspx？ id＝12235，最后访问日期：2020 年 4 月 2 日。

② 华子怡：《纽约"文化规划"系列研究》，上海情报服务平台，http：//www. istis. sh. cn/list/list. aspx？ id＝12235，最后访问日期：2020 年 4 月 2 日。

③ 邓智团：《纽约文化规划 2017》的关键策略与典型案例》，http：//www. sohu. com/a/340074587_ 777064，最后访问日期：2020 年 4 月 2 日。

的社会生活来促进创作、合作及职业生涯的进展；而纽约的成功正是因为提供了这种生活所需要的文化空间、社交网络、夜生活及展示平台。

　　除了平等、多元、包容等各大城市共享等共同追求的文化理念之外，绿色文化、绿色发展也是当今世界级城市的共同发展理念与要求。伦敦、巴黎、纽约这三座城市对此都有过经验教训：伦敦作为世界上第一个工业化城市，曾是有名的雾都；二战后，英国对伦敦的发展进行了重新规划，加大力度治理环境与生态问题，使得生活在伦敦的人在感受大城市的繁华与热闹的同时，也能近距离回归自然。在靠近伦敦市中心的泰晤士河岸，有一片2000 年开放的、面积达 104 公顷（1.04 平方公里）的"伦敦湿地中心"，是欧洲观察野生动物的最佳地点，被命名为"城市最佳科学观测点"。伦敦也是全球最早采用环形绿带控制城市蔓延式发展的城市之一，这些绿带形成了宜居、居民负担得起的和有吸引力的居住与活动中心，共同营造文明和安全的文化氛围。①2014 年，巴黎大区开始推出名为"休闲基地"的系列大型户外休闲场所建设，目前共有 12 个，都是青山绿水环境宜人之地。巴黎目前拥有 478 块公共绿地，中心城区有 553 公顷的绿色空间，占巴黎市区土地面积的 6.4%，主要源于 20 世纪 80 年代中期到 90 年代，巴黎在废弃的工业地带建造了诸多大型公园，如33 公顷的拉维莱特公园（1984 年）建在一块原先为屠宰场的土地上。此外，巴黎大区政府十分重视网格式社区花园的建设，鼓励市民参与社区花园建设活动以增加归属感，同时这些花园也为

---

　　①　王振、花建、徐清泉、于蕾：《上海全球城市坐标的文化战略》，上海社会科学院出版社，2018，第 128 页。

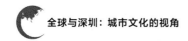

儿童和社会文化活动提供了场所。[①] 19 世纪中期，纽约已经发展成繁华都市，但面临人口众多、街道拥挤、容易通过空气传播疾病等问题，为改善居民生活质量，纽约市有针对性地展开生态项目规划，其中央公园的建设（1873 年全部建成）极大地改善了曼哈顿地区的生态环境。

表 3   伦敦巴黎纽约面积人口情况

指标＼城市	伦敦	巴黎	纽约
地理面积（平方公里）	1572（2018）	12000（2018）	784（2017）
人口（万人）	900（2018）	1224（2018）	862（2017）
居民人口占全国人口比例（%）	16（2018）	18.8（2018）	2.7（2017）

注：括号内数字为年份。

资料来源：根据英国 BOP 运营的网络平台 http://www.worldcitiescul-tureforum.com/中城市数据（City Data）的相关内容整理而成。

四　专业引领开放前瞻的国际文化交流

文化交流是一个城市分享自身文化价值、推动文化互动创新、建设文化领导权的渠道与过程。伦敦、巴黎和纽约的国际文化地位体现在它们举办的国际文化交流活动之中，更体现在这些城市举办国际活动的开创性与引领性之中。譬如为展示英国工业革命的成就，伦敦于 1851 年创办了"万国工业博览会"，展期长达 190 天；法国不甘落后，于 1855 年在巴黎举办"世界工农业和艺术博览会"，展期长达 180 天，这两大博览会被视作"现

---

①　王振、花建、徐清泉、于蕾：《上海全球城市坐标的文化战略》，上海社会科学院出版社，2018，第 130 页。

代世博会"的缘起。在世博会将近 170 年的历史中，伦敦只在早期的 1851 年和 1862 年先后举办过两次，却作为全世界第一个举办世博会的城市永留史册。

拥有丰富精彩的国际文化交流活动，是全球城市的显著特点。对一座城市的国际文化交流水平，可以从硬件设施、"软件"环境、人才高地、交流主体、交流内容、交流渠道以及影响和成果来进行考察。① 本章限于篇幅，主要考察伦敦、巴黎和纽约这三座城市开展国际文化交流的渠道与成果。

（一）伦敦

伦敦很早就已经是一个重要的世界级城市。整个 19 世纪和 20 世纪早期，伦敦是全世界最强大的城市。在英国工业发展衰退以后，伦敦因其金融部门的发达及文化上的"软实力"，在世界范围内仍然具有重要影响。今天伦敦 900 万的人口构成非常多样化，38% 的伦敦人出生于海外，40% 的伦敦人属于非洲人、亚洲人或是其他少数族裔，伦敦人说的语言超过 300 种。作为一座具有深厚文化底蕴又不乏前卫气质的文化都市，伦敦将传统与现代进行了很好的融合，在国际学术与文化交流方面占据举足轻重的地位。伦敦大学、帝国理工、伦敦政经、圣马丁学院等高等学府在艺术、媒体、社科、设计等领域引领着相关领域的前沿发展与学术潮流。大英博物馆、大英图书馆、国家美术馆、泰特现代美术馆等文化机构以自身的藏品，每天吸引着数以万计的参观者，每年组织着数以百计的文化交流、研讨与展览活动。以大英

---

① 任一鸣：《大都市国际文化交流发展战略》，《上海文化发展报告（2009）》，社会科学文献出版社，2019，第 80～92 页。

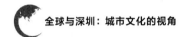

博物馆为例，"大英博物馆 100 件文物中的世界史"在全球的巡展，以纵横 200 万年、横跨五大洲的展品向世界观众讲述人类文明的历程，所到之处掀起观展热潮，观众要排 3~6 个小时的队才能入场，是近年来国际博物馆界的热门话题。① 2018 年，大英博物馆推出展品多达 210 件的《奢华世代：从亚述到亚历山大》亚洲巡展，再次受到热烈欢迎，显示了大英博物馆居于世界领先的策展能力和对国际文化交流的推动。

为彰显国际文化大都市的特色，伦敦市政府鼓励华裔、非洲裔、印度裔、犹太教、穆斯林教等不同种族与宗教的移民欢庆传统节日。2019 年，有 70 多万人参加了中国春节的新年大游行。以非洲和加勒比海地区文化为主题的"诺丁山狂欢节"（Notting Hill Carnival），起源于 1964 年，目前发展成欧洲规模最大的街头文化艺术节，每年有上百万人参加。印度裔、犹太裔、穆斯林教徒等各自的节日，在伦敦的文化日历中也都占有一席之地。

除了大型文化机构开展的文化交流及移民文化，伦敦近年来还推出一些新潮而富有创造性的文化活动，邀请世界各地的艺术家来参加。譬如自 2009 年起每年一月举行的卢米埃尔灯光节，邀请国际艺术家来伦敦展示灯光作品，用璀璨的灯光为市民驱散冬日的严寒与忧郁。因为卢米埃尔灯光节的大受欢迎，伦敦金丝雀码头自 2015 年起在当地举办"冬季灯光节"。2003 年，为庆祝和推广伦敦获得联合国教科文组织的"世界设计之都"的称号，伦敦市举办了第一届"伦敦设计节"，之后每年 9 月都在伦敦各区举行为期一周的展览及活动，并于 2016 年发起"伦敦设

---

① 许柏成、马博瀚：《以物说史：大英博物馆 100 件文物中的世界史开幕》，艺术中国网站，http://art.china.cn/zixun/2017-03/01/content_9367256.htm，最后访问日期：2020 年 4 月 2 日。

计双年展",为伦敦"世界设计之都"的地位扩大领导力。每年2月、9月春秋两季举行的伦敦时装周,是伦敦时尚产业发展的国际窗口与平台。

"全球化格局一直处于变化中,不同的全球城市一直处于激烈的竞争中。每个城市都不会天然地成为全球城市。从农业文明、商业文明到工业文明,世界文明一直在转换,只有那些成功地引领世界文明,或同世界文明转换同步的城市,才可能成为那些时代的全球城市。"① 伦敦从世界工业之都到国际文化大都市的转变过程,可以说是这段话的生动写照。

(二)巴黎

巴黎一度是世界上游客最多的城市,其博物馆业、时尚产业、餐饮、历史地标等吸引着国内外大量游客;这一地位目前被伦敦取代。巴黎出色的会展业为其带来大批从事国际贸易与交流的人流,譬如著名的巴黎交易会、巴黎国际车展、巴黎农业展、全球食品展等,每年可以吸引超过 8 万名参观者。② 这些展览活动品牌尤其是女装成衣博览会、时装配件国际贸易展览会、巴黎国际美容展等,在长期举办及本地产业传统的支持下,树立了巴黎在相关领域的领导者地位。巴黎时装周起源于 1910 年,由法国时装协会主办。据业界评价,就世界著名的五大时装周而言,米兰和伦敦的风格比较保守,喜欢本土设计,对外来设计师接受度不高;纽约商业性太强,只有巴黎真正在吸纳全世界的时装精英。这一评价与巴黎自由民主的文化精神颇为吻合,体现了巴黎

---

① 王振、花建、徐清泉、于蕾:《上海全球城市坐标的文化战略》,上海社会科学院出版社,2018,第 108 ~ 109 页。

② 任一鸣:《巴黎公共文化发展及其启示》,《文化艺术研究》2012 年第 4 期。

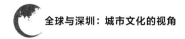

时装界在国际交流中的开放形象。

19 世纪后期，自由浪漫的巴黎出现了现代主义潮流，在巴黎成名的艺术家使得巴黎成了西方现代艺术的中心，文化艺术界的人员往来与国际交流极为频繁。第二次世界大战的爆发中止了这一局面，使得大批欧洲艺术家为避战乱远赴美国。战后纽约现代艺术崛起，纽约取代巴黎，成为 20 世纪后半期西方艺术的中心，体现了开放进取的文化精神、资本的支持与投入对打造"文化之都"的重要作用。然而巴黎在蓬皮杜艺术中心、诸多高校和德里达、福柯等知识分子勇于挑战、开拓进取的努力下，在哲学、艺术等国际领域尤其是观念领域仍然具有重要地位与影响，显示了巴黎这座城市绵延不绝的人文影响力。

巴黎是全球 500 强企业在欧洲设立总部数量最多的城市，仅次于东京和北京，高于纽约和伦敦。世界领先的文化集团如阿歇特出版集团、威望迪环球集团、Prisma 报业等总部位于巴黎，[①]为巴黎的文化内容产出贡献甚多。除了 2015 年举办的全球气候变化大会，1972 年 11 月，联合国教科文组织在巴黎通过了《世界文化和自然遗产保护》；1992 年，世界遗产总部在巴黎成立，负责世界遗产相关活动的协调、举行世界遗产年会等。联合国教科文组织的总部也位于巴黎，该组织的大会基本上每年都在巴黎举行，对教育、科学、文化与传播等领域的议题展开交流，制定规则。

（三）纽约

国际文化交流不仅可以在政府间进行，非政府组织、个人和

---

① 张来春：《借鉴国际经验的上海国际文化大都市建设思路》，《南通职业大学学报》2015 年第 3 期。

企业出于各种原因，经常也在从事国际文化交流活动，并且往往能取得比政府更好的沟通效果、更高的成就。纽约就是这一说法的代表。

开展国际文化交流活动需要便捷的硬件设施，也需要人才、文化、服务等软件相配套，需要城市拥有相应的底蕴与人才，才能使交流活动取得正面效果，提高城市的声誉与地位。总部设在纽约的联合国总部、德意志银行美国总部、JP 摩根大通、新闻集团、时代华纳、维亚康姆等国际机构与企业的活动，丰富并提升了纽约市国际文化交流的水平与地位。纽约市文化艺术机构在各自领域的深耕细作，也为纽约的国际地位立下了汗马功劳。卡耐基等私人基金会长期资助国际文化交流项目；纽约的亚洲艺术理事会，专门赞助与亚洲艺术有关的事业。大都会艺术博物馆、现代艺术博物馆、古根海姆博物馆、惠特尼艺术博物馆等，通过策展和常年举办各种学术交流活动，推动国际艺术界与学术界的交流，树立自身的权威与影响。从 2017 年下半年到 2018 年，大都会艺术博物馆推出一系列展览，被业界誉为几乎囊括一部"世界美术史"，其中包括中国的风景画、日本江户时代的绘画、古代美洲的工艺文明、尼泊尔藏传佛教的仪式艺术、非洲喀麦隆西部王室冠饰展、中东游牧民族编织包袋展、朝鲜半岛名胜金刚山绘画展及与英国国家美术馆联合举办的托马斯·科尔个展。[①] 大都会艺术博物馆每年举办的展览活动可以催生 7.84 亿美元的经济收入，其中近一半的参观者来自世界各地，

---

① 《美国大都会艺术博物馆有点忙》，光明网，https：//shuhua. gmw. cn/2018 - 03/07/content_ 27927962. htm，最后访问日期：2020 年 4 月 2 日。

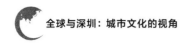

这些国际游客及观众在纽约的人均日消费为 1050 美元。①

创办于 1913 年、为美国民众揭开现代艺术的面纱的军械库艺术展（Armory Show）目前仍每年在纽约举办，是国际艺术新潮交汇的盛会。于 1932 年首次举办、1973 年改为双年展的"惠特尼双年展"，虽然因为对美国艺术家情有独钟、"国际性"遭到质疑，却以惊世骇俗、前卫激进的展览内容成为当代艺术的风向标。MoMA 的国际项目始于 1952 年，至今已经在非洲、亚洲、太平洋、欧洲和拉丁美洲举办了 300 多场展览。因为对移民的开放及全球化的影响，纽约拥有大量来自世界各地的文化艺术人才，据估计旅居纽约的中国艺术家就有数千人。②

"纽约时尚周"每年 2 月和 9 月举行、翠贝卡（Tribeca）电影节 4 月举行，戏剧"托尼奖"6 月颁布，纽约动漫节 10 月开幕……这些活动仅仅是纽约市国际文化活动的一个缩影。创办于 2002 年的翠贝卡电影节（Tribeca Film Festival）崇尚艺术，推崇独立电影，奖项别具一格，用七件艺术家创作的作品代替奖杯和奖状，该电影节的成功举办是纽约市成为美国继好莱坞之后又一个电影产业中心的标志。"托尼奖"创办于 1947 年，与电影奥斯卡奖、音乐格莱美奖及电视艾美奖并列为美国表演艺术界"四大顶级奖项"。艾美奖创办于 1949 年，由洛杉矶和纽约共同

---

① 《大都会博物馆给纽约带来大笔收入》，广西壮族自治区博物馆网站，http：//www. gxmuseum. cn/a/news/8/2011/01/415. html，最后访问日期：2020 年 4 月 2 日；《纽约大都会艺术博物馆间接收入达 7. 84 亿美元》，艺术中国网站，http：//art. china. cn/haiwai/2010 – 12/16/content_ 3904962. htm，最后访问日期：2020 年 4 月 2 日。

② 段炼：《艺术之城，二战后的纽约艺术》，艺术中国网站，http：//art. china. cn/voice/2012 – 01/20/content_ 4773381. htm，最后访问日期：2020 年 4 月 2 日。

举办，纽约市颁发的是自 1973 年开始推出的"国际艾美奖"，参与机构包括 50 个国家和地区的 500 多家公司和组织，分为电视剧、纪录片、艺术纪录片、流行艺术、艺术演出、儿童和青少年节目六大类。

从某种程度上可以说，伦敦、巴黎和纽约目前更为关注的是城市内部的文化融合与发展问题。这是因为通过展览、奖项、奖学金、学术会议等领域的多年耕耘，这三座城市在国际文化交流领域的交流主体、交流对象与交流机制等都已经形成并且稳定，其权威与领先地位已经稳固。其他城市如果想要加入国际文化交流领域的竞争，只能另辟蹊径，从新的领域与概念着手。成熟而领先的城市文化环境具有强大的国际吸引力，数据显示，伦敦、巴黎和纽约这三座城市是国际上仅有的国际游客数量是城市人口数量一倍以上的城市，其中伦敦的国际游客数量是其城市人口的2.2 倍。[①]

表 4　伦敦巴黎纽约国际交流数据

指标＼城市	伦敦	巴黎	纽约
本国影院公映外国电影（部）	368（2016）	334（2017）	—
国际学生（名）	105870（2017）	111678（2017）	98906（2014）
国际游客（万人）	1982.8（2017）	1620（2017）	1270（2016）
国际游客是城市人口的倍数	2.2（2017）	1.32（2017）	1.47（2016）
出生于海外人口比例（%）	38（2018）	19（2015）	37.2（2016）

注：括号内数字为年份。

资料来源：根据英国 BOP 运营的网络平台 http://www.worldcitiescul-tureforum.com/中城市数据（City Data）的相关内容整理而成。

[①] *World City Cultural Report*，2012.

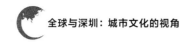

五　深耕传统、大胆创新的城市文化产业

20 世纪后半期，西方社会进入产业更新换代的阶段，伦敦、巴黎与纽约都一度陷入经济萧条或危机的萎靡状态。在寻找新的发展方向和经济热点的需求下，这些城市不约而同地找到了发展"创意产业"和"文化经济"这一法宝。这一前瞻性使得伦敦和纽约很快调整产业方向和经济结构，居于全球城市发展的前列，也居于世界文化创意产业发展的前列。巴黎虽然稍微落后一步，但其精湛的城市手工艺传统使其在迎头赶上时，表现出强韧的生命力与竞争力。这种对未来发展方向的远见与决断力，取决于城市自身的人文素养与人才积累，是一个长期形成、不断进取的发展过程。

就全球城市的发展来看，文化创意产业在城市经济中所占比重越来越高，发展速度远远超过传统产业。伦敦、巴黎和纽约这些城市之所以能独占鳌头、快速发展，与其原本就拥有完善的文化设施、底蕴深厚的文化机构与丰沛的人才储备相关。与之相应的，伦敦、巴黎和纽约在推动文化创意产业发展时，也非常重视各自的传统文化及传统文化机构的作用。

（一）伦敦

英国是世界上第一个在国家层面上提出发展"创意产业"的国家（1998 年）。经过 20 多年的持续努力，一向以金融与商业服务著称的首都伦敦，已经发展成为包括电影、时尚设计、游戏在内的创意与文化中心，在新科技产业界也越来越活跃。伦敦的文化部门每年能拉动 470 亿英镑的经济规模，每六个伦敦人中就有一位在文化创意领域工作。伦敦的传统文化产业出版、报纸杂志、音乐、戏剧、手工业等，都根据当下趋势进行了发展更新乃至跨界创新。以最古老的戏剧演出为例，在数字传播技术的鼓舞下，英国国家剧院率先于 2009 年 6 月推出"国家剧院高清直播项目"（NTLive），将现场演出用数字化高清摄像机拍摄下来，在影院等放映场所进行现场直播或转播。2019 年，英国国家剧院的演出在全球 65 个国家的 2500 个场所进行了放映，仅英国就有 700 家影院加入放映活动。① 英国自身的经典文学作品如福尔摩斯、007、指环王、哈利·波特等在常演常新的基础上不断推陈出新，带动英国的导演和演员在世界范围内收获海量粉丝。伦敦的戏剧、古典音乐、芭蕾舞与现代舞团队在全世界享有很高的声誉与市场号召力。

　　文化产业的发展有着自身需要面临与解决的挑战，譬如跨界合作和文化产业的"高门槛"等问题。一些具有实验性与前瞻性的跨界合作，往往只能靠政府来推动。为此，伦敦推出"交叉实验室"（Crossover Labs）项目，对数字媒体所能提供的内容与服务进行探索，将影视制作、动画、电子游戏、戏剧、网页设计和新媒体等不同领域的专家聚在一起，展开不同类型的跨界合作。为解决文化创意领域存在的"没有经验就找不到工作"这一难题，伦敦创意与文化技能委员会（Creative and Cultural Skills）联合业界雇主，于 2008 年 9 月推出"创意学徒"项目（Creative Apprenticeships），为想要进入该领域的年轻人提供初级岗位培训机会。该项目得到业界支持，英国博物馆、图书馆、档案馆理事会（MLA）承诺在两年内为博物馆领域的 50 个学徒职

---

① http：//ntlive. nationaltheatre. org. uk/，最后访问日期：2020 年 4 月 2 日。

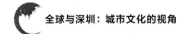

位提供资助。① 此外，伦敦的文化创意产业发展也面临着外部环境变化的挑战。伦敦不断增长的房产价格、房屋短缺、租金上涨、生活费用高企等，使得艺术家工作室、音乐表演场所、少数族裔的活动场所、酒吧和俱乐部等都受到负面影响。在过去 10年中，伦敦失去了 1/3 的草根音乐表演场地、1/4 的酒吧、一半的夜间俱乐部，预计在接下来的几年中还将失去 1/3 的艺术家工作空间。② 为解决这一问题，伦敦市市长萨迪克·汗建立"濒危文化办公室"（Culture at Risk Office），来看护这些处于危机中的文化场所。同时，市政府也开始着手解决创意产业从业人员的多样性、学校课程不能反映该产业的构成及快速增长等问题。伦敦 1/3 的创意工作岗位由国际人才完成，英国创意服务出口的近一半产值是向欧盟输出，"脱欧"无疑会使英国创意产业遭受一定影响。

伦敦市长新推出的"伦敦计划"（London Plan）提倡"良好增长"，在发展过程中就要开始考虑与文化设施相关的问题。"变化代理人"（Agent of Change）计划，要求商品房开发商要在夜间娱乐场所已经存在或新建的地方，对建筑物采取降噪措施，以便让文化场所和住宅开发可以并肩而行。"创意创业领地"项目开发面积有限但使用期限有保证的地块，为艺术家和新成立的创意企业提供长期的低价工作空间、低商业费率和高速宽带等。伦敦市长下令以竞标的方式，为伦敦市的 10 个地块寻找打造成此类空间的资金。为克服创意产业和文化部门一直存在的分散局面，伦敦市成立"创意伦敦"工作领导小组，由来自

---

① 任明：《伦敦：以文化战略助推城市经济转型》，《上海文化发展报告（2012）》，社会科学文献出版社，2012，第 247～263 页。

② *Cultural for All Londoners—Mayor of London's Cultural Strategy*, December 2018.

文化艺术界、教育界和政府部门的人才组成，从战略角度思考如何通过投资和项目驱动，最大限度地推动和支持伦敦创意产业发展。

伦敦市政府很早就将地区复兴与创意产业的发展联系在一起。"泰晤士河入海口产业带"是一个将沿泰晤士河沿岸的工业地块打造成大型创意产业中心的项目，目标是打造世界级的文化、商业和生活居住区，为创业者提供低费率的经营空间。东达格南电影摄制基地（Dagenham East Film Studios）计划打造过去25年以来伦敦最大的电影摄制基地，将拥有12间顶级拍摄置景棚、工作室及办公制作空间。伦敦电影产业发展注重提供拍摄场地服务，积极培养电影人才与市民的观影文化，为人才提供崭露头角的机会。伦敦电影局（Film London）推出"场地助理""新人技师""电影市场营销"等培训项目，为新人提供微电影、短片及首部长片等不同竞赛与推广平台。"伦敦拍摄场地合作组织"（London Filming Partnership）成立于2005年，有560多家机构和场地加入，包括各自治镇的电影服务机构、电视台、警察局、交通局、公园、国家自然基金会、国防部等，每年协助14000多个拍摄工作日。[①]

（二）巴黎

巴黎的文化产业覆盖面广，涉及行业众多。除了视觉艺术、表演艺术、出版、印刷和视听之外，传统奢侈品行业和传统手工艺领域如高级成衣、香水、皮革、葡萄酒、餐饮和旅游等，都是

---

① 任明：《重视人才培养、观众培育及文化推广》，《上海文化发展报告（2013）》，社会科学文献出版社，2013，第325～338页。

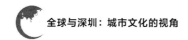

巴黎的重要支柱性产业。① 以创意、灵活、个性化为特点的新的生产方式，非常适合巴黎这样的文化都市，因为这里有众多专业性非常强的小企业和高素质的手工技术人员。②

为推动法国创意产业的发展，法国政府从 2005 年起，在各地扶持了 71 个不同产业的科技园区，也称"竞争力集群"，巴黎大区拥有 9 个这样的园区，其中"数字角"竞争力集群（Cap Digital）是数字媒体和传播产业集群，其目标是大力支持巴黎大区企业和大学的发展，使巴黎大区成为数字产业的领头羊。集群着重发展数字技术的 9 个战略领域：电子游戏、知识工程、文化遗产、教育、服务与使用、图像/声音与互动、软件与新经济模型、机器人与通信对象、数字设计等。除了创造与提供数字与媒体艺术"产学研"合作的管道、增强数字内容行业的活力，集群还举办各种展览、演出、演讲等活动，帮助普通民众了解数字艺术。其每年举办的 50 多项活动中，影响较大的是"塞纳河未来巡展"和"数字生活学院"。③

2013 年推出的"巴黎数字城市"计划，使得数字技术被广泛运用到城市的公共服务之中，巴黎的数字文化设施也越来越多。其中一个较早期的例子是 2011 年重新开放的巴黎快活歌剧院（La Gaité Lyrique），该歌剧院拥有百余年的历史，重新开放后，被改造成新的数字艺术中心，通过艺术家驻场演出、文化季、主题展、音乐会、讲座等形式，向大众普及各种形式的数字

① 任一鸣：《巴黎公共文化发展及其启示》，《文化艺术研究》2012 年第 4 期。
② 〔法〕贝纳德·马尔尚：《巴黎城市史（19~20 世纪）》，谢洁莹译，社会科学文献出版社，2013，第 343 页。
③ 蒋慧：《巴黎数字角：以竞争力集群实现创意产业大发展》，《华东科技》2013 年第 6 期。

文化。2018 年，由铸造厂改建而成的巴黎数字博物馆在第 11 区开业，这是巴黎首家数字博物馆，由私人机构 Culturespaces（文化空间）改造落成，博物馆内设有 10 米高的艺术墙，面积达 3300 平方米，使用 140 台投影机、一整套系统空间音响，将艺术家的作品投影在大面积的地板、墙面和天花板上，形成沉浸式艺术奇观与场景。①

巴黎拥有悠久的手工艺传统。"法国最佳手工业者奖"（Meilleur Ouvrier de France，简称 MOF 奖）由法国手工业者协会颁发，旨在评选出各手工行业的佼佼者，被称作"手工业界的诺贝尔奖"。该奖项从 1924 年颁发至今，涉及十多个行业中 100 多种不同的职业，如厨师、面包师、皮革制造、玻璃艺术、理发师、园艺师、建筑师、陶艺师、雕塑家等，参赛者需要经过区域的层层选拔，最终才能获得去巴黎参加总决赛的资格。为鼓励、发扬和推广巴黎当地的食品、纺织、设计等工艺产品，巴黎市政府于 2017 年推出"巴黎制造"城市标签品牌，经过一个多月的展示活动，于 2018 年评选出 234 位手工艺者、企业家、建筑师、设计师和创意制造者，这些人可以在未来一年，在自己经营的商品上和店铺内张贴由市政府统一制作的"巴黎制造"标识。巴黎支持与表彰手工业者的活动可谓五花八门，此外还有"美味创业奖""美发之夜""最佳法棍大奖赛"等活动，获奖者均可获得奖金和宣传助力。②

---

① 《巴黎开了第一家数字艺术博物馆，巨型投影取代了传统画作》，https：//baijiahao. baidu. com/s？ id = 1610729468854909564&wfr = spider&for = pc；《巴黎首家数字博物馆举办沉浸式艺术展》，http：//www. sohu. com/a/251809469_ 195134，最后访问日期：2020 年 4 月 2 日。
② 施雯：《巴黎商业的变化 2014 ~ 2017》（下），上海情报服务平台，http：//www. istis. sh. cn/list/list. aspx？ id = 12058，最后访问日期：2020 年 4 月 2 日。

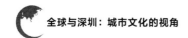

巴黎同样重视通过创意产业来推动都市复兴。2007年提出的"大巴黎计划"，旨在通过大规模扩建被称为"博物馆城市"的狭义"巴黎"，通过打造交通设施和文化建设项目，新建和融合一大批科研、教学、时装、奢侈品、实验室、生物科技和视听产业等园区，形成以巴黎为核心的整个塞纳河谷的大型文化版图。① 巴黎近年来涌现了一批新建或改建的、体现前沿科技水平的文化艺术创作场所：2016年开放的"大广场"（La Place），聚焦说唱文化，为专业人士提供编辑、录音、舞蹈场地与设施；2017年开放的"野生草原"（Les Plateaux Sauvages），是一处表演及文化制造空间，拥有可以满足未来艺术家需要的先进设备；2017年4月开放的塞纳音乐厅，是音乐与表演艺术中心，包括一个大型的模块化音乐厅和一个蛋形的古典音乐礼堂；2018年3月开放的"拉斐特期想"（Lafayette Anticipations），是一个跨界的当代艺术中心，由马莱区（Le Marais）一栋五层的工业建筑物改造而成；2019年开放的瓦特街（Rue Watt）是一个主要呈现马戏艺术的新场地，由街头马戏团2r2c（De cirque de rue）运作，周围还有工作及创意驻地空间。

除了硬件改造，巴黎市政府还采取诸多政策措施来鼓励文化与创意产业的发展。巴黎市市长承诺将所有重大城市发展项目预算的1%拿出来支持艺术创作，此举成就了很多艺术作品创作及都市更新项目；成立"夜间生活委员会"，重新打造夜间生活，确保所有巴黎人在夜晚降临以后能"更好地生活在一起"；允许巴黎大区中被废弃或空置的空间在等待发展的过程中，暂时用作文化用途，艺术节、工作坊和艺术空间等因为得以利用这些空间

---

① 任一鸣：《巴黎公共文化发展及其启示》，《文化艺术研究》2012年第4期。

而涌现；根据小型文化企业的复杂生态系统，为独立书店、唱片店和画廊等单独推出扶持政策；积极推动社区居民和机构参与巴黎时尚周和巴黎博览会等活动，借助大型活动提供工作坊，打造人才孵化器。[1] 巴黎市政府还采取特别措施调动青年人创作的积极性：①以 100 万欧元成立"新兴人才地区基金"（FoRTE），每年有 40 个入选名额，帮助年轻人才完成其在音乐、表演艺术、电影、视听等领域的项目；②鼓励并支持以众筹的形式帮助新的创作者完成其文化项目；③于 2018 年启动"创作的 24 小时"计划，展示巴黎大区年轻创作者的作品。[2]

（三）纽约

纽约是美国的金融与法律中心，也是时尚、设计、艺术及广告业的创意产业中心。2000 年之后，在纽约市经济增长情况不如美国总体增长情况的背景下，纽约市愈发重视创意及新兴产业的发展。纽约市市长设有专门的"媒体与娱乐产业市长办公室"（MOME），关注相关产业的发展，力求保持与提高纽约作为国际产业中心及"媒体娱乐之都"的地位与声誉。MOME 由四个部门组成："影视与戏剧市长办公室"负责纽约五个行政区的影视拍摄工作；"纽约传媒"是美国最大的市级电视台与电台，在 50 英里范围内覆盖了 1800 万名观众与听众；"人才与教育市长办公室"主要在影视、戏剧、音乐、出版、广告、数字内容等领域支持纽约创意产业的发展；"夜间经济市长办公室"则主要关注纽约市夜生活产业的可持续发展。创意产业为纽约市提供了

---

① http：//www. worldcitiescultureforum. com/，最后访问日期：2020 年 4 月 2 日。

② 施雯：《巴黎大区文化新举措》，上海情报服务平台，http：//www. istis. sh. cn/list/list. aspx? id＝11242，最后访问日期：2020 年 4 月 2 日。

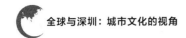

30.5 万个工作岗位，经济产出约为 1040 亿美元；夜生活产业提供近 30 万个工作岗位，经济产出为 351 亿美元，[①] 虽然夜生活产业的经济产出效率远低于创意产业，却为纽约市大量低技能劳动力提供了宝贵的工作机会，因此得到纽约市政府的高度重视。

纽约的影视产业仅次于洛杉矶，在全球城市中排名第二。为与洛杉矶的电影产业相竞争，纽约影视与戏剧市长办公室致力于为影视制作提供"一站式"服务，吸引全美乃至全球的影视团队前往纽约摄制节目，以此带动纽约经济发展。与伦敦相似，纽约也有专门的政府网页"一站式"提供外景地情况、需要遵守的法律及申请程序等信息，并设有专门机构为拍摄提供帮助和协作。2002 年，布隆伯格就任纽约市市长后，推出了"纽约制造"的品牌激励政策，为在纽约拍摄的电影提供减税及宣传推广渠道。过去几年中，纽约新建了六个大型拍摄场地，改造了布鲁克林海军码头拍摄地，曼哈顿和布鲁克林成为电影拍摄的热门外景地。[②] 2013 年，布隆伯格宣布成立"纽约制造"媒体中心，这是一处意在服务与连接新生代媒体与科技创业者、发明者及艺术家的合作办公空间与社区，通过举办活动为创意产业提供产业资源、各种辅导及教育培训的机会。纽约市政府相信跨界合作，相信不同的创意群体聚在同一屋檐下可以"产生奇迹"，酝酿出新的模式与平台。

纽约有多样化的创意产业集群，如苏活区、格林尼治村、麦

---

① The Mayor's Office of Media and Entertainment（MOME），https：//www1. nyc.gov/site/mome/about/about.page，最后访问日期：2020 年 4 月 2 日。

② 祝碧衡：《借"纽约制作"纽约谋重建电影之都》，上海情报服务平台，http：//www.istis.sh.cn/list/list.aspx？id＝2724，最后访问日期：2020 年 4 月 2 日。

迪逊大道及新兴的艺术区威廉斯堡。以百老汇音乐剧为核心的时报广场经济圈年度营业总额逾 1100 亿美元，占全市总产值的 18%。① 纽约大量顶级的、专业化的教育培训机构为文化创意产业发展培养了人才，数量庞大的贸易协会与工会组织如演员工会、美国音乐艺术家同业工会、导演同业工会、国际剧院和舞台雇员联盟等，则组织有序，通过提供技能培训、知识产权保护、健康保险等支持，为创意产业发展提供了向心力与团队保障。②

纽约是美国最重要的时尚设计中心、美国最大的服装批发地和零售市场，每年销售额达到 150 亿美元。一年两次的"纽约时装周"共举办 500 多场展示活动，可以产生约 6 亿美元（2017 年数据）的经济影响。③ 纽约拥有多所世界顶级的时尚设计院校和著名时尚杂志如 *VOGUE*（《时尚》）等。除此之外，纽约还是强大的时装制造业中心，全市制造业岗位中的 31% 属于时装制造业。④ 为保持纽约时尚中心的地位，纽约市推出 NYCFashionInfo. com 这一全面介绍纽约时尚产业各类资源的网站。但因地价上涨，纽约产生了时尚产业不得不外移的现象。2019 年 1 月初，纽约市议会通过"曼哈顿'时装区'区划文本修订案"（amendments to the zoning text），取消长达数十年的"分区法"

---

① 慕享宏：《"民间主导"的美国公共文化服务模式》，《中国文化报》2016 年 2 月 4 日。
② 佚名：《三大基石——人才、集群、市场》，《中国科技信息》2006 年第 13 期。
③ https：//edc. nyc/industry/fashion，最后访问日期：2020 年 4 月 2 日。
④ http：//www. nycedc. com/resource/fashionnyc2020，最后访问日期：2020 年 4 月 2 日。

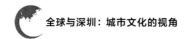

限制。①"分区法"规定"时装区"的房产业主必须留出至少一半的空间，用于或租给制衣工业，并对特定保护区内的租金设限。该法规曾在长达几十年的时间里为纽约市的时尚行业提供了保护。该法规的废除将给纽约时尚产业带来什么样的影响值得观望。

鉴于硅谷的成功，纽约也开始打造自己的高新科技产业，位于曼哈顿的硅巷（Silicon Alley）是纽约的创新策源地。"硅巷"指聚集在从曼哈顿下城区到特里贝卡区等地的新创企业群所组成的虚拟园区，没有固定边界，并非传统意义上的科技园区。硅巷创新公司以新媒体、网络、金融、科技、创意等领域为主，培育了 Spotify、Yext、Foursquare 等新兴企业。硅巷提供大量创客空间，使得租不起办公楼的创业人士也能利用具有创新性的合作空间开展工作。② 纽约在新科技领域已经具有相当权威，ACM SIGGRAPH（世界计算机协会电脑图像与互动技术组织）设在纽约，是世界上最具权威性的集科学、艺术、商业于一体的电脑绘图展示会和学术研讨会，以电脑图像和互动技术的前瞻性和创新成果为标志的全球展示平台，像素、图层、顶点等词语和 3D 动画等理念，最初都是在该展会上发表的。

创意产业的从业人员大多为自由职业者，为帮助自由职业者更好发展，在"纽约制造"媒体中心、媒体与娱乐市长办公室的支持下，纽约市在公私合作的基础上创办了"自由职业者中

---

① 徐杰：《曼哈顿"成衣区"保护法案取消，美服装制造业回流败势尽显！》，搜狐网，http://www.sohu.com/a/304470438_656588，最后访问日期：2020 年 4 月 2 日。

② 王振、花建、徐清泉、于蕾：《上海全球城市坐标的文化战略》，上海社会科学院出版社，2018，第 43~44 页。

心"，中心所有的活动在提前报名的前提下都可以免费参与。自由职业者通过预约，可以在公共办公区从早上 9 点到下午 5 点免费使用办公空间，每个月可以免费使用 8 天。该举措在美国开创了前所未有的、为自由职业者提供了帮助与扶持的模式。

大都市的文化产业发展往往融出版、电影、广告、新媒体、主题公园等产业为一体，形成超大型的"文化产业复合体"，这一复合体对居住者和游客具有强大吸引力。鉴于新经济发展中城市形象与人才的重要性，伦敦、巴黎和纽约都在市长的推动下成立了各自的城市营销机构，负责对外推广与提升城市形象，寻求举办大型活动及营销与投资的机会。

表 5 伦敦巴黎纽约创意产业数据

指标＼城市	伦敦	巴黎	纽约
高等教育及以上人口比例（%）	56（2017）	40.4（2015）	36.2（2016）
创意产业雇佣劳动力比例（%）	12（2016）	9（2015）	5.4（2015）
人均年收入（万美元）	3.85（2017）	2.97（2015）	（人均 GDP）3.4（2016）
公立文化专科高等教育机构（所）	11（2017）	32（2017）	—
私立文化类高等教育机构（所）	42（2015）	95（2017）	12（2011）
艺术与设计类公共专业教育机构学生（名）	3492（2010）	13655（2016/2017）	—
综合大学艺术与设计专业学生（名）	15745（2010）	15492（2013）	—
非专业舞蹈学校（所）	236（2018）	2038（2018）	682（2012）
酒吧（家）	3615（2016）	4316（2018）	2113（2012）
每 10 万人拥有酒吧（家）	40（2016）	35（2018）	24.5（2012）

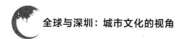

续表

城市 指标	伦敦	巴黎	纽约
餐馆（家）	18110（2015）	44896（2017）	26697（2017）
米其林星级餐馆（家）	72（2018）	121（2018）	72（2018）
每10万人口餐馆（家）	201.1（2015）	366（2017）	309.6（2017）
市场（个）	280（2017）	550（2013）	144（2015）
电子游戏厅（家）	44（2018）	11（2018）	32（2015）
夜间俱乐部、迪斯科和舞厅 （家）	339（2015）	173（2018）	498（2015）

注：括号内数据为年份。

资料来源：根据英国 BOP 运营的网络平台 http://www.worldcitiescultureforum.com/ 中城市数据（City Data）的相关内容整理而成。

　　全球文化城市在国际上具有深入人心的城市性格与品格，譬如伦敦的经典与特立独行，纽约的现代与前卫融合，巴黎的高雅与自由浪漫。这些世界级城市彼此学习，互相促进，引导着全球城市文化及艺术发展潮流。值得注意的是，虽然全球市场经济越来越发达，但走在前列的文化大都市，其政府在城市文化发展方面的作用却是不退反进。政府需要在培养文化主体、保护文化发展空间、保证文化权力的公平性与普遍性、维护城市文化氛围等方面尽到自己的责任，就此来说，伦敦、巴黎和纽约都做出了努力，取得了值得借鉴的经验。但正如有研究者指出的，城市最重要的是根据自己的发展现状与现实问题，制定有基础的、可持续的发展战略。① 这一发展战略的基础是对城市现有文化资源、特

――――――――――

① 陈超、祝碧衡、周玉红：《世界大都市的文化特征及发展路径》，《上海文化发展报告：文化大都市建设的理论与实践（2009）》，社会科学文献出版社，2009，第56～79页。

点及人才状况的彻底掌握与深入分析。立足传统与社区，营造公平、开放的实践环境，积极培育新文化、新产业，提供国际化的文化产品与服务，是伦敦、巴黎和纽约三座世界级城市发展带给我们的基本文化启示。

第三章　深圳文化发展的成就与短板

经过40年的发展，深圳城市文化取得了丰硕成果，在公共文化服务体系建设、文化产业发展、文化体制机制改革创新等方面有了全面的、长足的进步，摘掉了以往"文化沙漠"的帽子，成为新时代的"文化绿洲"。但与此同时，还要清醒地看到：深圳城市文化发展中一方面形成和积累了丰富的正面经验，另一方面也有一些不太成功的教训；一方面有了很多收获、取得了很多成绩，另一方面也失去了一些东西、出现过一些波折。正面的经验和成绩令人鼓舞，负面的教训和波折则催人觉醒。在今天，深圳要建设面向世界的城市文化，为建设中国特色社会主义先行示范区和社会主义现代化强国城市范例提供强大文化支撑，我们更要保持清醒的头脑和敏锐的眼光，一方面看到深圳城市文化的经验和成绩，另一方面看到深圳城市文化的教训和问题，并且从思想认识上重视这些问题和差距，向国际性文化大都市特别是英国伦敦、法国巴黎、美国纽约、日本东京看齐，有针对性地解决问题、弥补差距、修正错误、补齐短板，进一步推动深圳城市文化全面发展和繁荣，争取早日建成面向世界的城市文化，更好地为建设中国特色社会主义先行示范区和社会主义现代化强国城市范例提供强大文化力量。

一　深圳文化发展现状

自 1980 年 8 月建立经济特区之日起，深圳已经走过了 40 年发展历程。其间，深圳城市文化经历了规模从小到大、层次由低到高、实力从弱到强、质量从一般到优异，持续快速发展、不断走向繁荣的辉煌历程，从最初的特区内外发展不平衡到基本满足市民精神文化需求逐步发展到今天能够基本满足市民多样化、多层次精神文化需求，深圳城市文化实现了从"文化沙漠"到"文化绿洲"的华丽蜕变。[①] 40 年间，深圳城市文化经历了四个发展阶段：从 1979 年深圳建市至 1994 年深圳市文化工作会议召开前为深圳文化建设的初创阶段；从 1995 年至 2002 年为深圳建设现代文化名城阶段；从 2003 年至 2008 年则为实施文化立市战略阶段；2008 年后至今，深圳文化发展已进入第四阶段，即文化强市阶段。[②]

40 年间，深圳城市文化实现了全方位的快速进步和发展，从最初与经济特区定位完全不匹配到今天全面发展和繁荣，实现了令国人刮目相看、令全球瞩目的巨大蜕变。深圳经济特区成立之初，深圳市委、市政府面对城市文化的薄弱基础，以"特区精神"为指引，以服务市民群众为宗旨，克服财政非常紧张的困难，以"勒紧裤腰带"的巨大勇气规划建设了深圳博物馆（老馆）、深圳图书馆（老馆）、深圳大剧院、深圳体育中心等八

---

① 参见夏和顺《深圳已成"一线文化城市"》，《深圳特区报》2017 年 6 月 29 日。

② 参见夏和顺《深圳已成"一线文化城市"》，《深圳特区报》2017 年 6 月 29 日。

大文化设施；先后创办了海天出版社、深圳特区乐团、深圳美术馆等文化机构，奠定了深圳城市文化发展基础。进入 21 世纪，深圳市委、市政府因应全球文化发展大势和城市发展现实需要，于 2003 年在国内率先提出实施"文化立市"战略，并将文化产业确立为四大经济支柱产业之一，在国内较早提出并建设城市公共文化服务体系，确立了打造"文化强市"的战略目标。2015年，因应城市文化发展新形势和市民精神文化新需求，深圳市委、市政府出台了《深圳文化创新发展 2020（实施方案）》，提出构建文化强市五大体系的发展目标，着力打造城市精神体系、文化品牌体系、现代文化传播体系、公共文化服务体系、现代文化产业体系，在公共行政和公共政策上为深圳城市文化创新发展奠定了坚实基础。40 年间，得益于持续的高额财政投入，深圳城市文化在硬件上打下了良好的发展基础，迄今为止，全市有各类公共图书馆 650 座，藏书总量达到 4295.80 万册，比上年增长5.3%。全市拥有博物馆、纪念馆 50 座，美术馆 11 座，广播电台 1 座，电视台 2 座，广播电视中心 3 座，广播电视覆盖人口100%。全市电影放映企业数 286 个，电影发行企业数 3 个。① 为进一步夯实深圳城市文化发展的硬件基础，2018 年，深圳市委、市政府出台了《深圳市加快推进重大文体设施建设规划》，计划重点规划建设"新十大文化设施"、提升改造"十大特色文化街区"。其中，"新十大文化设施"包括：深圳歌剧院、深圳改革开放展览馆、深圳创意设计馆、中国国家博物馆·深圳馆、深圳科学技术馆、深圳海洋博物馆、深圳自然博物馆、深圳美术馆新

---

① 深圳市统计局：《深圳市 2018 年国民经济和社会发展统计公报》，2019 年 4月 19 日发布，深圳市统计局官网。

馆、深圳创新创意设计学院、深圳音乐学院；"十大特色文化街区"包括：大鹏所城、南头古城、大芬油画村、观澜版画基地、甘坑客家小镇、大浪时尚创意小镇、大万世居、蛇口海上世界、华侨城创意文化街区、华强北科技时尚文化街区。40 年间，深圳在城市文化品牌建设上也取得了丰硕成果。2008 年，被联合国教科文组织评为"设计之都"；2013 年，被联合国教科文组织授予"全球全民阅读典范城市"；陆续推出了"中国（深圳）国际文化产业博览交易会""创意十二月""深圳读书月""市民文化大讲堂""百课下基层"等城市文化品牌。40 年间，深圳文化及相关产业快速发展，创新文化取得了长足进步，形成了浓厚的创新氛围。2018 年，深圳市文化及相关产业（规模以上）增加值 1560.52 亿元，同比增长 6.3%。2018 年发明专利申请量与授权量分别为 7.00 万件和 2.13 万件，分别同比增长 16.1% 和 12.6%，国际专利申请量 1.81 万件，① 每万人口发明专利拥有量已超 65 件，世界领先。40 年间，深圳已经连续 6 届被评为"全国文明城市"，这是深圳城市精神文明建设发展、城市文化全面进步和繁荣最集中的体现和最有力的证明。随着深圳城市文化的不断发展和繁荣，深圳城市文化国际影响力与日俱增。2018 年深圳有两个世界级的荣誉"加持"，9 月深圳海上世界文化艺术中心入选美国《时代周刊》发布的 2018 年"全球百佳目的地"排行榜；11 月，《孤独星球》出炉的《2019全球十大最佳旅游城市榜单》，深圳成中国唯一上榜的城市。② 深圳在国内城市文化竞争力指数评比上已有多项指标排在前列，已经彻底摘掉了"文化沙漠"的帽子，成为很多人眼里的"文化绿洲"。

---

① 深圳市统计局：《深圳市 2018 年国民经济和社会发展统计公报》，2019 年 4 月 19 日发布，深圳市统计局官网。
② 杨青：《对标国际一流 定位深圳文化》，《深圳商报》2018 年 12 月 11 日。

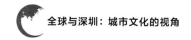

二　有关深圳城市文化发展差距的研究

过去 40 年间深圳城市文化发展走过了不同寻常的发展道路，取得了令人瞩目的优异成绩，积累了丰富的成功经验；同时，深圳城市文化发展并不是没有走弯路，深圳城市文化发展道路并不是一条笔直的坦途，深圳城市文化发展中还存在一些问题和差距，有一些失败的教训。对待深圳城市文化，在看到好的、光明的、令人欣喜的成绩、成功和正面经验的同时，保持头脑的清醒和认识的理性，对那些还不令人满意的问题、差距、不足和教训予以正视和深刻反思，尤为重要。在这一点上，关心深圳城市文化发展的政界和学界人士一直保持着优良传统。

对深圳城市文化发展中存在的问题和差距进行反思，通常有两个维度：或全局，或局部。就前者而言，从全局维度反思深圳城市文化发展中存在的问题和差距的代表性观点主要有深圳城市文化发展中存在的主要差距表现在六个方面：一是精神文明建设存在薄弱环节；二是公共文化基础设施分布不均衡，公共文化服务供需不对接；三是文体人才和队伍整体实力不强，文艺精品创作缺乏厚实基础；四是国有文化集团面临严峻挑战，体制机制改革必须继续突破；五是哲学社会科学研究力量不足，学术领军人物和重大理论创新成果缺乏；六是文化产业核心层比重偏低，产业转型升级有待加强。[1] 刘山山认为深圳城市文化建设面临的问题主要有：一是创新能力不足，二是文化创意人才紧缺，三是文

---

[1]　李小甘：《坚定文化自信 推动深圳文化繁荣兴盛》，《深圳社会科学》2018 年第 1 期。

化质量和公共文化服务水平低，四是文化多元但融合度低。① 沈正文认为，深圳城市文化的差距主要包括：首先，对文化在城市发展中的战略定位认识不够；其次，深圳的高端文化人才储备不足；再次，重大文化设施不够，文化空间分布相对零散，没有形成若干核心文化聚集区；此外，深圳的高端文化活动平台不多，国际文化品牌也不够响。② 张军认为："深圳城市文化虽然经过40年的发展，但是与北京、上海等特大城市的综合文化实力相比，还有不小差距：城市的家园意识不够强，人文内涵不够深厚；公共服务文化体系建设存在硬件强软件弱；传统的文化产业发展模式难以为继。"③

也有部分政界人士和学界专家从城市文化的局部反思了深圳城市文化发展中存在的问题和差距，代表性观点主要有以下几种。杨建反思了深圳国际城市形象方面的差距，认为"深圳的国际城市形象并不突出，尤其在体现国际影响力的城市话语权方面并不具优势"④。杨青反思了深圳城市文化设施方面的不足，认为深圳现有文化设施存在四个方面的局限性，"一是规模总量小，缺标志性建筑；二是门类不齐全，专业化水平不高；三是文体设施老旧，不能满足多元化需求；四是缺乏统筹规划，设施布局不均"⑤。中子反思了深圳城市文化品牌方面存在的短板，认为深圳的"文化品牌主要集中在文化活动方面，我们的文化精

① 刘山山：《城市文化建构及其创新发展研究》，《新闻传播》2018 年第 5 期。
② 沈正文：《推进文化创新 建设文化都会》，《中国文化报》2016 年 12 月 1 日。
③ 张军：《推动深圳文化发展质量再上新台阶》，《特区实践与理论》2019 年第 3 期。
④ 杨建：《文化创新与深圳城市话语建构》，《深圳特区报》2017 年 12 月 19 日。
⑤ 杨青：《对标国际一流 定位深圳文化》，《深圳商报》2018 年 12 月 11 日。

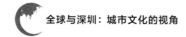
品品牌以及图书出版、文艺院团、影视制作等文化企事业品牌屈指可数。即便是节庆文化活动，在数量上也与国际大都市差距明显。"① 对此，李凤亮、杨辉持有同样的观点，认为"当前，深圳具有国际影响力的文化品牌较少，新文化地标的建设是深圳打造全球性文化品牌的关键一步"②。方映灵反思了深圳人文学术、哲学社会科学方面的短板，认为"由于重应用、轻基础理论研究，深圳文化是先锋性、实用性文化，偏于大众化、市场化，缺乏理论思想高度和厚度，人文学术、哲学社会科学是深圳文化的短板"③。

上述观点，尽管专家们选取的审视维度各有不同，观察角度也存在差异，甚至其中个别观点不尽合理，但它们都在一定程度上对深圳城市文化发展中存在的问题和差距做出了反思，对于我们正确认识深圳城市文化发展状况，理性谋划深圳城市文化未来发展方向，制定科学的深圳城市文化发展战略与策略，具有一定的参考价值。

三　深圳城市文化发展短板分析

经历了 40 年的建设和发展，深圳城市文化取得了多方面的成果，获得了长足进步，积累了丰富的成功经验。但与此同时，深圳城市文化也走过了一些弯路，遭遇过一些波折，有一些教

---

① 中子：《打造文化品牌是提升城市文化影响力的关键》，《深圳特区报》2016年 5 月 9 日。
② 李凤亮、杨辉：《以持续文化创新 增强城市文化自信》，《深圳特区报》2019 年 3 月 5 日。
③ 方映灵：《文化创新是深圳城市文明城市典范的关键》，《深圳特区报》2019年 9 月 24 日。

训。我们要坚持马克思主义的唯物辩证法，全面地、辩证地认识和分析深圳城市文化发展全局、全过程，理性地看待深圳城市文化发展中存在的问题和差距。

（一）尚未形成有国际区域或全球影响力的核心文化城区

所谓核心文化城区，是指一个城市内集聚多个公共文化设施，拥有多个不同种类的公共文化空间，能够满足市民多样的文化需求，具有强大文化供给能力、能够吸引一定数量的文化消费人群并在一定程度上带动城市文化消费的文化艺术中心区。一般来说，核心文化城区往往是一个城市里时尚、娱乐、休闲、创意、消费等文化艺术要素与富有活力的产业之间紧密融合、相互激荡的文化创意先锋地带，有着较高的文化多样性指数，并且以具有显著比较优势的综合竞争力和文化影响力成为该城市的文化形象代表，因而通常也是该城市最受人们欢迎和关注的旅游目的地。从构成上看，国际性文化大都市的核心文化城区通常包括一流的文化设施和一流的文化活动：前者通常包括形形色色的画廊、书店、剧院、博物馆、图书馆、音乐厅或其他音乐演出场所、电影院等，后者包括有国际区域或全球影响力的大小主题节日、庆典、主题文化活动等，有丰富多元的公共文化空间，能够吸引足够数量的文化消费人群，具有较高的文化多样性指数。

从全球来看，凡是国际性文化大都市都有自己的核心文化城区。全球最著名的核心文化城区莫过于伦敦西区（London West End）、巴黎左岸（La Rive Gauche）和纽约的百老汇（Broadway）。以伦敦西区为例。伦敦西区是与纽约百老汇齐名的世界两大戏剧中心之一，堪称表演艺术的国际舞台，被世人誉为"世界戏剧中心"，是伦敦的核心文化城区。从规模上看，伦敦西区集聚了49

个剧院（几乎占到伦敦剧院总数一半），有很高的集聚度，它们大多集中在夏夫兹博里和黑马克这两个街区范围内面积不足 1 平方公里的土地上。在这里，平均每天晚上有大约 3 万人进入各类剧院，每年有超过 1000 万人来观看戏剧演出，数量惊人。据伦敦剧院协会 2016 年 2 月的统计数据，2015 年伦敦戏剧市场的音乐剧、戏剧、歌剧、舞蹈演出的票房总收入大约为 6.3 亿英镑，其中大部分来自西区，西区也因此成了英国戏剧界的代名词。根据相关调查资料，伦敦每年的外地游客中大约有 2/3 把来伦敦西区观看戏剧演出作为来伦敦旅游的一个重要目的，海外游客中大约有 3/4 将来伦敦西区观看戏剧演出作为来伦敦游览的重要项目。此外，很多在伦敦以及在伦敦以外的城市举办的会议，主办机构都会专门安排参会人员到伦敦西区观看戏剧演出。大量的戏剧观众为伦敦西区带来了高额文化消费及其他相关消费，给西区带来了巨大的关联经济效应。当代，世界上很多城市认识到了核心文化城区对于提升城市文化竞争力和影响力的重要作用，纷纷规划建立自己的核心文化城区，如香港已开始建设的西九龙文化艺术区就是其中之一，目前，西九龙文化艺术区已粗具规模，且其成效已初步显现。

反观深圳，截至目前，都还没有形成自己的核心文化城区。建市 40 年来，深圳城市文化更多注重"均等化"，而没有突出发展重点，没有规划建设核心文化城区，这就使城市文化基础设施领域成了深圳参与全球城市文化竞争的一个"软肋"。表面上看，深圳市福田中心区集中了深圳音乐厅、深圳市图书馆、深圳市规划展览馆、中心书城、深圳市少年宫等公共文化设施，算是深圳市文化设施集聚程度最高的区域，称得上深圳目前的"文化中心"，但是，这些文化设施的种类、规模和层次，相关文化活动的规模、质量和层次，所吸引的人数尤其是外地人或外籍人士的数量，所带来的文化消费总量，所形成的竞争力和影响力，与国际性文化大都市的核心文化城区相比，特别是与伦敦西区、巴黎左岸和纽约百老汇相比，有着很大差距，因而，该区域还算不上深圳的核心文化城区，顶多算是深圳核心文化城区的基本雏形。核心文化城区的缺位，在一定程度上对深圳城市文化服务质量、深圳城市文化品位和层次、深圳城市文化竞争力、深圳城市知名度和影响力造成了负面影响。

（二）公共文化基础设施尚不能满足市民文化需求

公共文化基础设施是城市居民参与城市文化生活的保障性公共空间，有着鲜明的公共性、服务性和管理性特征。国际性文化大都市伦敦、巴黎、纽约和东京的主要文化设施总量规模、人均占有量居于全球领先地位。以巴黎为例。巴黎在博览文化、阅读文化、表演艺术、影视作品的生产和推广等方面遥遥领先，有博物馆 297 家（是纽约的 2.1 倍）、公共图书馆 1047 家（是伦敦的 3.0 倍）、电影院 836 家（是东京的 3.5 倍）、电影节 190 个（是伦敦的 3.6 倍）。[①] 巴黎拥有很多全球闻名的文化设施：卢浮宫、蓬皮杜国家艺术文化中心、巴黎圣母院、凯旋门、凡尔赛宫、埃菲尔铁塔、协和广场、香榭丽舍大道和巴黎大学等等，这都是外国游客向往的文化名胜。巴黎的文化设施在布局上体现了适度集中以彰显核心，又适度分散以体现均衡的原则。著名的巴黎左岸汇聚了不计其数、灿若繁星的文化艺术空间，包括书店、

---

① 魏伟、刘畅、张帅权、王兵：《城市文化空间塑造的国际经验与启示——以伦敦、纽约、巴黎、东京为例》，《国际城市规划》2020 年第 3 期。

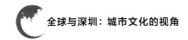

画廊、咖啡馆、小酒馆、各种饮品店等，吸引了众多或知名或不知名的文化人士前来寻找文化艺术灵感，最著名的左岸常客当属毕加索、海明威、魏尔伦等人；还有众多的名品店，包括香水、巧克力、女士手包、童装、男女时装、皮具等，这些名品中的大部分款式出自知名设计师之手。由此，巴黎左岸成为设计师的摇篮，巴黎的文化艺术心脏，为巴黎赋予了强大的文化艺术生命力，为巴黎文化增添了更加瑰丽的色彩。

经历 40 年的发展，深圳在文化基础设施上也有了一些积累，但是，与深圳经济特区的地位相比，与深圳的经济实力和科技实力相比，特别是与面向世界的城市文化目标相比，深圳文化基础设施还有很大差距。具体表现在以下几个方面。首先，文化基础设施总量不足。目前，深圳已拥有大剧院、音乐厅、图书馆、博物馆、中心书城、少年宫、关山月美术馆、深圳大学、新闻文化大厦、华夏艺术中心、深圳画院、深圳广播电视大厦、深圳有线电视台等市级文化设施和一些区级、街道级以及社区级文化设施，但是，从总量上看，与深圳 2000 多万居住人口规模相比，这些设施仍然不能满足需要。其次，文化基础设施分布不均衡。目前，深圳现有的规模较大的文化设施主要集中在中心城区——福田区，而其他各区仅有一些小型的街道级或社区级文化设施，这样的状况一方面对福田区以外的市民来说可达性较差，另一方面从满足市民文化权利的角度来说对他们不公平。再次，缺乏标志性文化设施。深圳现有的文化设施，在标志性意义上明显不足，包括 2018 年重点规划建设的"新十大文化设施"在规模、层次等的定位上也仅仅算得上深圳自己的文化新地标，与面向世界的城市文化目标相比，与国际性文化大都市伦敦、巴黎、纽约、东京等城市的标志性文化设施相比，差距还很大。

（三）缺乏有国际区域或全球知名度和影响力的文化活动品牌

城市通过打造高质量、高水准的文化艺术活动，能够提升自身在国际区域甚至全球范围内的知名度、影响力和吸引力，将自己打造成为国际区域甚至全球文化观赏目的地，吸引来自国际区域内甚至全球热爱文化艺术的人士，并带来数量可观的文化消费及相关消费，从而有利于更好地提升城市文化产值、优化城市文化形象、提高城市美誉度、增强城市文化竞争力和影响力。

像伦敦、巴黎、纽约、东京这些国际性文化大都市，都十分重视文化活动品牌建设，积极举办国际性、全球性文化艺术活动。比如巴黎。作为法国首都，巴黎能够跻身世界国际性文化大都市行列，其中一个重要原因就是巴黎一直以来都高度重视通过举办各种规模的世界性、高层次文化艺术活动来提升自己的文化品位、塑造自己的文化形象、提高自身在全球城市文化版图上的竞争力和影响力。迄今为止，巴黎举办的具有全球影响力的文化艺术活动品牌有创办于 1910 年的巴黎时装周，创办于 1974 年的巴黎国际电影节，创办于 2015 年的巴黎国际博览会（艺术节）等，此外，总部设在巴黎的"国际音乐委员会"创办的国际音乐节也经常在巴黎举行。这些在世界文化艺术史上有分量、有影响的文化艺术活动品牌，对于推动巴黎成为国际性文化大都市而言，无疑起到了很大的作用。近年来，日本的东京，中国的香港、上海等城市，也都通过举办世界性文化艺术活动积极树立自身在全球城市文化版图上的形象。

截至目前，深圳在文化艺术活动的举办方面与国际性文化大都市相比还有不小差距。客观上，深圳每年也举办一大批文

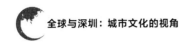

化艺术活动，并且其中有一些国际性的文化艺术体育活动，比如，深圳目前已经拥有的"深圳读书月""创意十二月""中国（文博）艺术节""市民文化大讲堂""百课下基层"等城市文化品牌，同时开始尝试举办国际性文化艺术体育活动如"一带一路"音乐节、ATP国际男子网球公开赛等，但是，总体而言，深圳目前的文化艺术体育活动在规模、种类、层次、专业性、系列性、参与度、知名度、影响力、市场回报等方面与国际性文化大都市伦敦、巴黎、纽约、东京相比，还有明显差距。

（四）尚未形成在国际区域或全球范围内竞争力较强的创意能力

在全球化时代，文化已成为一个国家或城市发展战略全局的核心，而创意则是推动文化发展的核心动力，创意能力已成为推动文化进步的核心力量。当代世界发展进程已经证明并将继续：创意作为一种新兴的生产力要素资源，能够促进科技革命、推动产业革新，增强城市或国家的综合竞争力。一个城市的创意能力，来源于其文化创新体系。所谓文化创新体系，是指一个城市发展全局中直接或间接与文化创新相关的机构和组织所构成的开放性网络，它是该城市创意能力的源泉，通常是由文化创新企业、文化自由职业者、文化研究机构、文化教育机构、文化志愿者、文化服务企业、文化投资机构和政府相关文化部门等共同构成的。

在当今世界，创意能力高低已成为决定城市发展之成败、城际竞争之胜负的关键性因素。只有形成了强大的创意能力，城市文化发展才能获得强大的动力，才能推动城市在激烈的全球城市竞争中赢得一席之地。放眼全球，凡是国际性文化大都市，都有一个共同特点，就是高度重视城市文化创新体系的构建，高度重视创意能力的培养。

对标国际性文化大都市，深圳在创意能力方面差距还很大，主要表现是创意在深圳城市文化发展中所发挥的作用以及相关贡献度不足。深圳创意能力的不足，根源在于没有形成相对发达和完善的城市文化创新体系。从深圳城市文化创新体系的构成要素来看：深圳文化创新企业虽然有国内知名的腾讯集团、华强科技集团等，但其创意能力在国际上并不具备较强的竞争力和影响力；深圳文化领域几乎没有在数量上尤其是在专业水平和层次上具备国际区域或者全球知名度和影响力的自由职业者；深圳文化研究机构研究力量可谓很薄弱，不算高等院校，两个专门性的文化研究机构——深圳市社会科学院和特区文化研究中心研究人员加起来还不到 100 名，其中有国际区域或全球知名度和影响力的专家更是凤毛麟角；同样没有具备国际区域或全球竞争力和影响力的文化教育机构、文化服务企业、文化投资机构；政府有关文化部门的创新创意能力与国际性文化大都市也存在不小差距。综合起来，深圳城市文化创新体系之各组成部分之间联系的紧密度、融合度差距更大，没有形成区域或全球范围的竞争力和影响力。深圳要建设全球区域文化中心城市，必须在科学的文化战略规划引领下，加快构建起科学和相对完善的城市文化创新体系，全面系统地强化和提升自身的创意能力。

（五）自觉自为的创意阶层尚未形成

所谓创意阶层，按照创意阶层理论创始人、美国多伦多大学创意教授理查德·佛罗里达的观点，就是"具有共同利益和

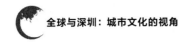

相似思维、感受和行为倾向”的众多创意人才的总称。① 理查德·佛罗里达把创意阶层称为“我们所处时代的一个伟大的新兴阶层”，认为创意阶层作为一个新的社会阶层已经成为当今时代经济领域和社会领域的规则制定者，并且在财富和收入方面也占据了主导地位，创意阶层成员的收入水平基本相当于其他阶层成员的平均收入的 2 倍。② 根据理查德·佛罗里达的观点，由于创意是经济增长的驱动力量，因此从影响力的角度而言，创意阶层已经成为我们这个社会的主导阶层。③ 从国家层面看，美国、英国、法国、日本都基于创意的重要性而特别重视创意阶层的培育和发展；从城市层面上看，国际性文化大都市伦敦、巴黎、纽约、东京等都十分注重培育创意阶层，并且迄今为止，在这几个城市里，创意阶层基本发育成熟，不仅拥有了相当的创意人才规模，而且在共同利益和相似思维、感受和行为倾向等方面都形成了共同的自觉意识。伦敦、巴黎、纽约、东京等城市自觉自为的创意阶层为城市文化发展都做出了显著贡献。

理查德·佛罗里达认为，创意阶层包括一个“核心层”和一个“外围层”，“核心层”是指包括科学家与工程师、大学教授、诗人与小说家、艺术家、演员、设计师与建筑师在内的“超级创意核心群体”，外围层则是指包括非小说作家、编辑、文化人士、智囊机构成员、分析家以及其他“舆论制造者”在

---

① 〔美〕理查德·佛罗里达：《创意阶层的崛起》，司徒爱勤译，中信出版社，2010，第 9 页。

② 〔美〕理查德·佛罗里达：《创意阶层的崛起》，司徒爱勤译，中信出版社，2010，第 10 页。

③ 〔美〕理查德·佛罗里达：《创意阶层的崛起》序言，司徒爱勤译，中信出版社，2010，第 14 页。

内的"现代社会的思想先锋"。① 据此，我们认为：目前深圳包括所有核心层和外围层在内的创意人才可能已经达到数百万人，可以说形成了一定规模。但是，对照理查德·佛罗里达关于创意阶层的定义，我们会发现，深圳的数百万创意人才还没有形成一个自觉自为的社会阶层，还没有形成一种集体性力量，还没有形成"共同利益和相似思维、感受和行为倾向等"。尽管我们看到，在深圳的创意人才中间，不乏精英人物的，甚至可以说在理查德·佛罗里达所定义的创意阶层所涵盖的创意人才范畴内，不论是哪一种人才，都有出类拔萃、不同凡响的人物；然而，尽管这些创意人才会基于共同的创意思维和创意行为形成相同或相似的感受、心理，但是，由于他们没有在共同利益上形成一定的自觉，因此在客观上就没有能够自觉地形成一个创意阶层。从目前来看，深圳数百万计的创意人才仍然处于比较分散、各自独立、各行其是、各谋其利的状态，就如同一盘散沙；由于没有形成一个有凝聚力的创意阶层，这些数量庞大的创意人才也就无法凝聚成一股强大的创意合力、无法发出同一个声音，更无法成为规则的制定者，且由此，从整体上讲，这些创意人才的收入也还没有达到理想的水平。

（六）尚未培育出浓厚、成熟的创意氛围

创意理论创始人、英国学者查尔斯·兰德利（Charles Landry）指出，"创意氛围（creative milieu）是一种空间的概念，可能指的是建筑群、城市的某处，甚至整座城市的区域。它涵盖

---

① 〔美〕理查德·佛罗里达：《创意阶层的崛起》，司徒爱勤译，中信出版社，2010，第80页。

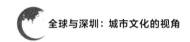

了必要的先决条件，足以激发源源不绝的创意点子与发明的一切'软''硬'件设施。这类环境是实质的，是一个让关键多数企业家、知识分子、社会运动人士、艺术家、行政官员、政治掮客或学生等，得以置身其间运作的开放式国际环境，也是一个能面对面互动，激发新创意，并创造新工艺品、产品、服务与机构等，继而使经济成功的地方。"① 根据查尔斯·兰德利的观点，我们不难理解：所谓的创意氛围，实际上包含了硬件设施与软环境两个部分，硬件设施是指由建筑和机构共同构成的实质性网络，如教育机构、科研机构、文化设施及其他集会场所，以及相关的提供卫生、交通等其他便利服务的配套设施；软件设施则是指在整个城市空间所形成的关系结构、社会网络、人际互动、社会关系等，能够巩固并促进个人与机构之间创意流通的系统，比如文化艺术沙龙、文化艺术论坛；比较固定的俱乐部组织、比较灵活的小型会议；各种比较松散的联盟组织；一些非正式的交互活动，公园小型聚会，网络交互活动；等等。根据安德森、霍尔、托恩维斯特、埃达拉特等城市思想家的观点，创意氛围的主要特质包括：当地具备某种程度的原创、深厚知识，加上现成的技术与能力，还有身怀相互沟通需求及能力的人；具有健全的金融知识，足以不受严格规范，而容许有实验的空间；决策者、商人、艺术家、科学家、社会批判者的自觉性需求，以及实际社会间存有的某种不平衡；面对有关未来文化、科学与技术领域变迁的复杂与不确定性、当地具备因应的能力；无论内外，都具备非正式与自发性沟通的高度可能；是个迎合多元性和多样性需求的

---

① 〔英〕查尔斯·兰德利：《创意城市》，杨幼兰译，清华大学出版社，2009，第 200 页。

环境；是个在多领域及动能上具有综合效益的环境，尤其能结合科学与艺术的发展；最后，就是结构的不稳定性。的确，有时在控制的环境下，如环保运动本身的需求，会在目前现状与未来可能之间制造不平衡。[①] 毫无疑问，国际性文化大都市伦敦、巴黎、纽约、东京在营造涵盖上述特质的创意氛围方面不仅经验丰富，而且成就非凡。另外，诸如西雅图、波特兰、温哥华、墨尔本、苏黎世，或弗莱堡等许多新的创意、创新城市，也都在全神贯注地经营高质量生活，以驱动城市发展。[②]

今天的深圳，浓厚、成熟的创意氛围还没有形成。对照查尔斯·兰德利的理论，我们可以从以下几个方面来分析深圳创意氛围的差距。首先，创意组织或创意城市形成的第一个基础性条件是创意人才占关键多数；然而，事实上，我们看到，在深圳，不仅创意人才没有在全市人才体系中占到关键多数，而且，在很多起到决定性、超凡影响力的关键性岗位上，还没有看到创意人才的身影，有些关键性岗位还被思想传统、创新意识不强，缺乏开放思维和冒险意识、不懂得弹性思考的"老脑筋"把持，而那些富有机智性、开放性、创新性、有冒险精神、懂得弹性思考的创意人才还没有得到应有的重用，更有甚者，在一些部门单位，创意人才的创意才华还没有得到有效发挥；其次，一些领导干部还欠缺必要的领导力与意志力，个别领导干部在反腐败问题上显示出缺乏道德领导力，在特殊问题上缺乏智慧领导力，在大是大非问题上缺乏果断领导力，个别领导干部在利用动能与张力、执

---

① 〔英〕查尔斯·兰德利：《创意城市》，杨幼兰译，清华大学出版社，2009，第 208、209 页。

② 〔英〕查尔斯·兰德利：《创意城市》，杨幼兰译，清华大学出版社，2009，第 208 页。

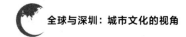

行纪律与管理、耐力与容忍、组织与统合、决心与决策等方面缺乏必要的意志力；再次，人口的多元化与融合度都显得不足，今天的深圳虽然吸引了 2000 多万外来人口，但事实上，这些人口一方面在比例上占 90% 以上的是中国人，另一方面即便大家绝大多数是同胞，但仍然在融合度上没有呈现出令人满意的一面，形形色色的"圈子"把"深圳人"无形地分隔开来；又次，在组织文化上，一些组织没有形成浓厚的学习氛围，日常活动更多受到原有规则的牵制，人们的思维受到很多限制，工作缺乏灵活性、创造性，改革创新的风气比较淡薄，工作中的冒险行为和失败现象还常常受到讽刺、嘲笑甚至挖苦、打击；最后，在文化认同上，还存在一些负面的、消极的现象，比如在对待异质文化的问题上，还存在一些不应有的歧视态度和行为，少部分人还有一些自满、褊狭与傲慢情绪，有时还会表现出排外、排他情绪，给人群融合带来了不利影响。

由上观之，建设面向世界的城市文化，深圳面临的问题不少、差距不小。面向未来，深圳一方面要树立信心，拿出更大的决心和力量来推动城市文化全面进步和繁荣；另一方面要端正态度，正视城市文化发展中存在的问题和差距，采取有针对性的策略和办法，有步骤、有计划、有效地解决有关问题，弥补差距，补齐短板，推动城市文化全面发展和繁荣。

第四章　塑造先进的城市文化价值观念

城市文化价值观来源于长时间内城市活跃人群的一种集体选择，通常可以体现为这个城市的一种精神时尚，路径上体现为日常文化生活及行为思维的精英化。"一切伟大的文化都是市镇文化，这是一个结论性事实。"① 而深圳作为一座因明确价值诉求而起的城市，其含义比普通城市更具有可阐释性。作为"镇"的深圳，其文化特质与其地理风物密不可分；作为"城"的深圳，其文化有更深刻和更广阔的来源。深圳文化应该有什么样的品质，或者应该有什么样的未来诉求，一时间曾引发巨大争议，地域性的还是世界性的是主要焦点。深圳起源于以经济探索为核心内容的政治探索，最早是对教条化的马克思主义观念的多元化突破的尝试，然后是跻身国际化都市之后的更高层面的求索。这个尝试一方面造就了国际化大都市的深圳，另一方面也造就了实现物质生活极大丰富之后城市文化及文化价值观念嬗变的种种可能。

① 〔德〕斯宾格勒：《西方的没落》，齐世荣、田农译，商务印书馆，2001，第199页。

先进的文化价值观一定来自先进的文化生活方式和相关的社会实践，二者互为因果，后者是前者不可或缺的前提。深圳能否塑造出先进的城市文化价值观，取决于深圳能否形成先进的独特的城市生活方式。早期深圳的拓荒意义，仅仅是对于中国而言，是对僵化的计划经济体制的突破，因此深圳的拓荒价值是有地域色彩的、有前提条件的。堪称最有影响力的深圳已有观念如"时间就是金钱，效率就是生命"同样也是有局域性的，也是对计划经济体制的一种反思，对陷于意识形态泥潭的国家实践的反思。效率造就了深圳的成就，也造就了40年来中国的成就，没有效率就没有前面所讲的"文化价值观嬗变"的基础。效率实现了物质丰富的基础，使城市和国家具有向更高生活层面演化的本钱。

效率至今依然是深圳精神的核心品质和延续神话的必备观念，但是仅有效率已经不能满足这座城市的新的追求。城市的宜居特质和文化气质塑造，需要更多新的突破，即从"物"的构建，到对人居文化氛围的构建，进而完成对"人"的构建。从以效率起家到对效率文化的拓展与提升，深圳需要面临困难的复杂性不比改革开放早期的小。对效率文化的拓展与提升，不是追求更高的效率，而是追求更侧重于精神层面的价值，且这个"精神层面"是可以兑现为系列社会价值的、具有相当的可操作性的，是在新的技术环境与人文生态环境之下，继续探索对人的存在方式与存在价值的反思。

如何塑造属于深圳的先进文化？此前有过一些相关论述，如有学者将深圳先进文化的形成分为五个阶段：第一，先进文化初创阶段（1978～1984年），形成"敢为天下先"的精神文化；第二，先进文化突破阶段（1985～1992年），培育高效务实的精

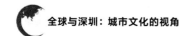

神文化；第三，先进文化全面发展阶段（1993～2003 年），积极推进公民道德建设；第四，先进文化立市强市阶段（2003～2012 年），全面践行社会主义核心价值观；第五，新时代先进文化发展阶段（2013 年至今），培养创新、协调、绿色、开放、共享的精神文化。① 也有学者将深圳文化的先进性归结为六个方面。第一，尊重人性。深圳的改革开放，最成功之处是对人的解放，汇集众人之私，成就社会之公，实现"让一切创造社会财富的源泉充分涌流"。第二，尊重市场经济规律。计划经济体制是在深圳的改革探索之下逐步瓦解的。第三，先锋性。深圳的文化是青春型、力量型、创新型的文化，充满朝气和活力，在许多领域扮演了领跑者的角色。第四，文化自觉。深圳没有文化家底，但系列的运作使城市初具书香气。第五，开放性和包容性。在移民城市深圳，"来了就是深圳人""深圳，与世界没有距离"。第六，传承性与创新性。深圳文化既有传统文化的思想源头，又体现了革命文化基因，更凸显了中国现代化转型的时代感、创新性。②

上述两种观点对深圳文化先进性所做的描述，有些观点采纳了已经得到较广泛认可的共识，虽然不一定能认同全部分析，部分结论也有一些范畴过大之嫌，仍不失为较为全面的总结。但是，这两种分析主要是面对深圳过往所取得的成绩做出的描述，而本书需要回答的问题是塑造世界一流城市文化价值观，是一个基于现在面向未来的问题。当然，这些已经取得的先进性，都将成为未来的基础，城市发展方向在操作上表现的路径往往是延续已有优势。

---

① 葛桦：《深圳先进文化形成发展的五个阶段》，《深圳信息职业技术学院学报》2019 年第 5 期。

② 苏艳丽：《深圳文化实践及其先进性分析》，《深圳职业技术学院学报》2018 年第 6 期。

一　软规划：资源精准引导的文化价值

城市的文化优势，原来是相应历史积淀的结果。如文艺复兴造就了意大利在艺术方面的优势，这一优势体现在佛罗伦萨和罗马于绘画等艺术领域的领先地位。拿破仑时代，欧洲文化中心逐步移向法国，大量艺术珍品流向法国，法国绘画艺术也逐步领先欧洲，从新古典主义到浪漫主义，到印象主义乃至系列现代主义流派，巴黎一座城市几乎主导了世界美术此间200年发展史。二战使得众多欧洲艺术家奔赴美国避难，西方艺术中心因此横跨大西洋。最先在美国对欧洲正统艺术史发出挑战的，竟然就是来自巴黎的杜桑。

城市文化的发展演变一直在持续中，在现当代经济与信息环境下，各大城市发挥自身优势，寻求新的突破乃至转型，是目前城市文化发展演化的普遍现状。如何基于自身原有的优势，或在社会和经济运行中逐步形成的新的优势，自觉地塑造新的城市文明与个性，以求市民生活质量的提升，进而实现价值与利益的转化，是当代城市自觉寻求文化价值突破的基本动力。

传统意义上的文学之都，如圣彼得堡，因为从普希金开始的几代批判现实主义作家连续不断地涌现并且地位崇高，故此圣彼得堡堪称文学之都，但这一意义已经成为传统。当下的"都"的意思，更侧重当下性与成长性。因此，目前的"都"往往有一些具体的指标，具有很好的成长性，经过有关国际机构来认证，成为一种"持照"身份。如苏格兰首府爱丁堡拥有英语文学最重要的奖项布克奖，还有司格特、史蒂文森、彭斯等文学家，还是《不列颠百科全书》的诞生地，又有城市自办的众多

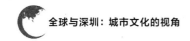

有影响力的艺术节，因而当之无愧地被评为文学之都。墨尔本市、爱荷华城、雷克雅未克、南京等城市，也以其各自的优势，相继成为"持照"的文学之都。再以南京为例，南京作为六朝古都，从南朝开始即与文学有紧密关联，尤其是定都南京的梁朝，出现了多个重要的文学事件：萧统编《文选》、刘勰著《文心雕龙》、沈约著《宋书》等。南京又是很多文学故事的发生地，中国古典著名小说《红楼梦》《儒林外史》与南京密切相关，赛珍珠的《大地》撰于南京，南京对中国当代文学的贡献堪称卓著，因此南京作为文学之城也是当之无愧的。

此外，还有音乐之都、设计之都、电影之都，等等。获得音乐之都之称的有塞维利亚（西班牙）、波隆纳（意大利）、格拉斯哥（英国）、根特（比利时）等，获得设计之都称谓的有布宜诺斯艾利斯（阿根廷）、柏林（德国）、蒙特利尔（加拿大）、神户和名古屋（日本）、深圳（中国），等等。深圳是2008年11月获得联合国教科文组织授予的"设计之都"称谓的，但更早之前深圳就已经开始推动许多相关的活动。如2000年，意在推动城市全民读书运动的首届"深圳读书月"启动；2002年，开始以年为时间单元编撰《深圳文化发展报告》；2003年，确立"文化立市"战略，把文化产业作为深圳经济和社会发展的新的突破口；同年，深圳发起系列关爱帮扶行动，帮扶困难群体、推广志愿服务事业；2004年，作为文化立市战略的配套活动的首届中国（深圳）国际文化产业博览交易会开幕；同年提出建设"两城一都一基地"即图书馆之城、钢琴之城、设计之都、动漫基地；2005年开始创办创意十二月活动；2006年获评"中国品牌之都"；2008年被联合国教科文组织正式评为"设计之都"，并成为全国首个国家创新型试点城市；2011年提出建设"志愿者之城"；2015 年，深圳第一届国际创客周活动开始；2016 年，《深圳文化创新发展 2020（实施方案）》（亦称深圳文化 2020 实施方案）明确新增本市文化设施建设的具体方案，将大量增建文化、文艺场馆和文艺团体；2017 年，深圳第一届时装周活动开始；2017 年，全国第一届双创周开始，并将深圳作为固定会场；2018 年，深圳歌剧舞剧院成立；2019 年，深圳城市文化菜单系列品牌活动推出 34 项活动。2000 年以来的这一系列政策，甚至可以追溯到更早时候建设"深圳学派"的这一构想，都可以理解为设计之都、创意之城的一部分。

　　同时，这一系列活动，均由政府推动和引导。城市规划设计的计划性与创意设计的自由性没有矛盾，城市的制度上的设计，完成的是机构与空间、资源的分配，创意活动本身的个体性决定其自由与随机性。当代城市文化运作与传统城市运作截然不同，信息社会的物质资源和智慧资源的流动性听从结构性引导，这些制度设计是可以对自由流动的智慧资源、思想资源起导流作用的，可以视作城市设计的一部分，与对城市外观的物理规划有相似的价值。这一点，至少在深圳过往的实践中已经得到验证，如深圳扶持科技创业的系列政策和高新技术成果交易会的存在，对深圳高新技术产业的今日成果是有直接关系的。传统的城市设计仅限于物理空间的设计规划，而无须考虑或者忽略了人文的和智慧资源的规划与引导。在当代城市文化政策规划显然是城市设计规划的另一要素，我们可以将这种政策性规划称作软规划，区别于城市的物理规划、空间规划。深圳市的这一系列规划使得城市的人文空间发生变化，引导着市民的日常生活，人的日常工作、生活、憩息随之受到相应的影响，尤其是那些从事相关工作的人员，可以接收到更多的实惠，客观上对塑造城市人文空间起着非

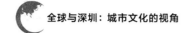

常积极的影响。如此之类的城市软设计，让城市的空间概念更丰富，推动着相关娱乐、思考和实践，为一个更快乐、更舒适、更富魅力的城市提供索引，直接丰富甚至改变物理空间的内涵，最终服务于一个目标：城市软规划优化生活格局，生活推动创意，创意改变城市，城市升级生活。

当代城市精致化发展特点，决定了软规划具有高效、精准的特点。有学者结合欧洲经验，提出一些建议。自 1985 年起，欧共体（后为欧盟）在欧洲进行"欧洲文化之城"的年度评选，挖掘和展示竞选城市的文化底蕴，并有向公众展示城市独特文化魅力的能力。这些参选城市为了得到"文化之都"的荣誉，一方面改造自己的文化基地和设施；另一方面加大宣传推广力度，通过举办文化之都活动，扩大了这些城市的知名度。1990 年，英国格拉斯哥获得"欧洲文化之城"之称，1996 年，丹麦哥本哈根获得"欧洲文化之城"称号。这两座城市利用这一契机，发展系列文化活动，让两座城市的旅游业迅速发展，并进而促进了城市经济增长。这两座城市都在竞选材料中将创意产业和创意城市作为重要的灵感来源。林茨将自己描述为"未来的实验室"，邀请人们尝试新的创意、艺术形式和技术，或成为未经测试的社会变革过程的组成部分。从"欧洲之都"历经 30 余年的打造，可以得到一些借鉴。①重视文化对城市的内生性价值，充分发挥文化的内生本源性价值，作为城市之所以能够成为城市的根本内涵。②有效促进居民文化参与和增加文化福祉。城市文化的建设，其首要目的不是显示城市档次的文化场馆，也不是将文化作为拉动旅游和投资的工具，而是要从根本上回归至人民的文化。也就是说，文化从本质上是城市居民的文化，也要服务于当地居民，不断扩大居民文化参与，促进文化的社会整合力量，使文化成为真正的社会福祉。③是充分发挥文化对城市发展的综合作用。文化不仅是城市的文化和居民的文化，文化能够对城市发展起到非常重要的导向作用。尤其是随着工业化往后工业化的转型过程，旅游经济、创意经济、体验经济的不断发展，文化逐渐成为促进城市转型、城市复兴、城市品牌建设、创意城市建设，以及吸引人才、游客和投资的战略性举措。①

"某某之都""某某之城"类评选虽然只是城市文化资源调动的一种方式，但从上述案例看，的确是见效较快的政府主导式的文化促进形式。对旅游产业促进等获得的直接经济效益只是其效用的一方面，而从文化的层面引导市民增强对自己生活的城市的认识，提升市民的文化消费层次和文化荣誉感所带来的成效则是更深远的。

深圳文化 2020 实施方案，对城市核心文化设施的升级做了比较具体的规划：建设一批有地标意义的重大文化设施，构建城市文化新格局，比如陆续建成深圳当代艺术与城市规划馆、深圳文学艺术中心、深圳美术馆新馆、深圳文化馆新馆、深圳图书馆调剂书库、深圳歌剧院、中国改革开放展览馆、深圳自然博物馆、世界博物馆大厦，等等。对深圳博物馆老馆维修改造，构建以公立博物馆为主体、以民间主题博物馆为补充的博物馆体系，打造具有国际水准的博物馆群。推动区级场馆建设，按照有"都市风情、文化内涵、产业特色、市场需求"的要求，对华侨城创意文化园、欢乐海岸文化休闲区、蛇口海上世界、大芬油画村、观澜版画基地、笋岗工艺美术集聚区、南山荷兰花卉小镇、

---

① 钟晟：《文化城市建设的理念与启示：基于"欧洲文化之都"的政策实践》，《文化软实力研究》2018 年第 3 期。

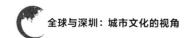

甘坑客家文化小镇、大鹏所城、鹤湖新居、大万世居、中英街等进行提升完善，规划建设华谊兄弟文化城、上合孝德园等新的特色文化项目，打造一批特色文化街区和文化小镇，形成相互呼应的城市文化群落。有效整合和连接各类文化空间，逐步形成 2 ~ 3 处现代化国际化的城市文化核心区。

系列政策形成的资源引导，对深圳文化产出的影响可能是丰硕的，这些部署也可视为市场经济的细节内容。这些软规划在世界发达国家城市文化发展的经验基础上，结合自身的条件、差距、优势以及市民需要，务实而稳步推进，实施到位之后，能够使深圳完成自身文化氛围、文化生态乃至文化价值观的塑造。正如兰德利所说的："城市生活需要好的公共官僚体系，而这些需要重新改造，以开发城市、市民与企业的潜力。这需要一种不同的思维方式，好重塑它们的组织文化。它的两个重点是，要把'不行、因为'文化，转变为'可以、如果'文化。"①

二　创意：产业诗意与城市文化精神

改革开放之初，市场经济发展的需求和对外窗口的特殊地位，促成深圳设计产业的迅速起步并获得长足进步，相关的配套产业如印刷业的系列配套产业非常成熟。大量精美画册从深圳的印刷车间流向全国各地，为深圳争得一些正面的直观印象。全国各地的优质商品，来到深圳寻求自己产品的精美包装。这些都是后来成为设计之都的深圳最早的产业基石。2008 年"设计之都"

---

① 〔英〕查尔斯·兰德利：《游牧世界的市民城市》，姚孟吟译，（台北）马可波罗文化，2019，第 288 页。

的加冕，有三个方面的含义：一是基于世界产业格局发生重大变化之后，深圳对于新兴产业形势的跟进；二是在深圳已经取得的产业优势的基础上审时度势所做的发展规划；三是生产力取得长足发展之后，深圳人民追求更高层次生活的必然选择。

创意产业是人类物质文明到达一定高度之后的必然产物、产业体系的必然走向。创意作为一种人类活动，伴随着人类文明的每一个发展阶段，没有创意就没有人类文明。但是，创意产业化，则是物质高度发达的结果。工业效率越来越高、工业产能越来越富裕是文化创意产业越来越成为推动经济增长的主要基础，在一般物质生产不再是社会发展的主要问题，人民向往更美好的生活时，创意产业得以不断地繁荣。西方发达国家早在20世纪末就已经在相关产业产能上达到一种可观的状态。如1997年，美国的图书出版、影视出版、音乐作品、电视节目以及其他版权产品的产值超千亿美元且利润丰厚，仅图书销售额就高达216.42亿美元。英国亦然，伦敦的音乐产业，无论是雇佣劳动力数量，还是所获利润，都远超过汽车、钢铁或纺织等传统行业。在制造业成本充分透明之后，创意产业所具有的新利润点既是资本转移的动力，也是物质生活水平到了一定程度之后公众消费新趋向的必然。经济结构发生重大变化时，创意产业成为许多国家推动经济增长的手段，也是改善和提升民众生活质量的必要手段，还是国家软实力和国际形象的重要内涵。

虽然创意活动的产能价值早就得到体现，但创意明确作为一种产业概念，则出现得较晚。1998年，英国人首次提出"创意产业"的概念，成为相关产业得到普遍接受的一个概念。多国政府相继效仿，纷纷把创意产业化、经济化。日本、新加坡、韩国、荷兰、澳大利亚、新西兰等国政府把创意产业确定为21世

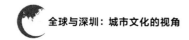

纪的战略产业，并推出各自的创意产业计划且很快取得效果。不久之后，深圳就提出有关战略决策，到 2008 年获得"设计之都"的称谓，这意味着深圳对世界经济增长格局变革的嗅觉不可谓不敏锐，跟进不可谓不及时。

关于创意产业的具体内容，有各种界定方式，但所涵盖的主要如出版业、广播影视、广告设计、新媒体、文化会展、工艺美术、音像产业、表演艺术、工业设计、环境艺术、旅游、服装设计，等等，凡是涉及创作、构思、传播文化内容并可以产业化的行业都可划入创意产业。看上去，绝大多数产业类型是传统行业，创意产业的提出，无非把相关传统产业按照一定特性重新分类，似乎只是经济理论的一次"圈地运动"，并没有产生新的东西。但这些产业的共性是涉及创作、构思与传播文化内涵的，这才是创意产业被重新聚集起来的原因。也就是说，创意产业产品是文化内容的传播者，其传播途径还能产生强大的产能效应，引导社会资源的新流向，在提升生活质量的同时，凝聚创作智慧，构筑城市文化精神。这些具有以上共同特质的传统产业被归为同类，产业形态核心的文化品质被挖掘出来并且被放到最突出的位置，从理论上、认识上提升其文化自觉性、文化责任感，增强其文化功能色彩，使得这些传统产业在新的经济和产业环境中完成产业价值的集体提升。这应该是"创意产业"作为一个新的产业形态的基本价值，当然因此带来的对于这些传统产业的文化价值的创造，因此得到的前所未有的强化，是创意产业理论合理性的另一层含义。

在亚洲国家中，韩国的转型无疑是一个成功的例子。从全斗焕时代开始，韩国逐步从发展中国家转变为世界发达国家。此后的韩国产业结构不断调整，从劳动力密集型的出口导向的轻工业起步，到发展重工业与化工业，成为亚洲新兴工业现代化经济体的主要代表。亚洲金融危机之后，韩国再一次实现经济转型——从制造业向设计业的转型，以新技术和文化创作结合，由制造大国变成设计大国。在金大中时代，韩国人提出"文化立国"口号，政府从政策、投资、教育、市场等各个领域对文化产业全面支持。这些支持很快取得理想的效果，韩国在短时间内就实现文化产业跨越式发展，在影视剧、流行音乐、动漫游戏等多个方面取得的成就，不仅满足国内市场的需求，且出口至东南亚国家甚至中国。以电影、电视剧为例，电影出口在几年内成倍增长。中国等亚洲国家在普通消费者间形成声势浩大的"韩流"，以吃韩国料理、看韩剧、使用韩国影星代言的产品成为时尚。韩国创意产业不仅使韩国经济实现进一步转型，还进一步增强了韩国软实力。一个泛汉文化圈国家的文化产品，实现对中国文化市场的反哺，这是产业政策所取得的成功，也是创意产业体现在城市文化影响力上的结果。你可以嘲讽这一切无关文化内涵实乃商业手段的成功，但这些产品的文化属性却使它们构成韩国文化史重要的阶段，日渐积淀成为韩国文化新的内涵。

深圳的产业转型，与韩国的转型轨迹有些相似之处，只不过是在不同的时期、以不一样的周期来完成的。从来料加工的劳动密集型产业开始，到以科技制造业为主要增长点的新型工业，再到创意产业的兴起。必须说明的是，深圳的创意产业只能说还在起步阶段。虽然设计产业是深圳最早成功的创意产业之一，但是动漫制作和网络游戏似乎后来居上，成为深圳的新兴核心产业，被列为深圳创意产业的四大支柱产业之一。深圳动漫制作的技术水平非常高，美国大片如《人猿泰山》《花木兰》《阿凡达》等、国内那些成功的动漫电影等主要是在深圳制作的。深圳的原

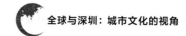

创动漫作品也被电视频道等媒体较广泛地采用，产生了一定影响力。深圳的工业设计占全国49%以上的市场份额，会展与设计、工业设计水平居全国首列。

虽说创意产业可以包罗万象，但是对城市的文化品质产生直接影响的，还是部分处于核心地位的产业，如影视创作、艺术创作及文物博览、时尚设计等。其他文化创意系列产品的生产与消费，可以对城市日常生活发生改变，让生活更优雅、更精致，营造城市的文化底蕴。文化精神以日常消费的形式传播，改变城市生活的品位。而影视作品等核心产业的发达，可以更直接地塑造城市精神。也就是说，创意产业对于城市文化精神乃至文化价值观的影响是多个层面的，不同产业所产生的影响，滋润着城市的不同文化层面。有些文化产业让日常生活充满诗意，而核心文化产业从经济效益等因素看，其产值未必是一个漂亮的数字，但其文化影响力、对城市精神的塑造、对城市文化价值观形成的作用，则是非核心产业无法比拟和无可替代的。譬如韩国创意产业的巨大价值来源可能是网络游戏、工艺设计以及明星产业的派生行业等，但影视作品的创作、影视人物形象的塑造才是其创意产业皇冠上的明珠。这些虽然是虚构的却非常直观的人物形象以及他们生活和思考的方式，才是整个韩国创意产业的灵魂和盘活所有普通产业的第一动能。也就在这些人物形象以及他们的生活和思考方式中，包含着更大也更深刻的诗意。

当创意产业成为城市文化的塑造者，新的城市灵魂就可能伴随其逐步生成。而城市的创新氛围，却是另一种收获，这是对城市精神间接的塑造。城市创新氛围和创意产业从业者对于城市文化产业发展形成的生活习惯，在现实世界从精神形态上更具有积极向上、勇于进取的城市精神：创作者的精神和他们所创作的产品的精神，这双重的含义，都是城市创新文化的重要构成，都是创新经济核心竞争力的有机部分。

"城市要维持未来的创新地位，就需要在知识、文化、科技、组织等所有层面，而不仅仅是其中的某一个层面，保持创意与创新。在永续性被定义为涵盖环境、经济、社会、文化层面等包罗万象概念的状况下，结合文化与科技的创意，一如我们目睹多媒体与城市创新的结合，得以提升城市的永续性，而这将是一大关键。"① 我们当然可以赋予创意产业更多元的能量，毕竟产业之间的各种关系往往是难以泾渭分明的，正如文化与科技的界限日趋模糊一样，创意产业在城市发展进程中对各种资源的需求以及反哺都是可以预期的。

三　虚构：城市文化体系中的文学价值

深圳文学或许是目前最容易被忽略的城市文化类型之一，原因是文学缺少像其他文化形态一样可以得到产业或相应的群体活动的支持，如创意可以成为一种产业，设计本身就是一种产业，音乐艺术可以聚集几百乃至数千人于一个场所，形成很好的社会效应，而文学的存在往往是非常个人的行为，文学的传播也是个体对个体的，但在精神层面文学却被赋予一种无所不包、无所不容的更高层面的关怀，虽然有时候很不恰当地被当作嘲讽的对象。已然成为一个看起来有些落寞的角色，却要担负起一种神圣的道义，这是文学自身的特质所决定的。

---

① 〔英〕查尔斯·兰德利：《创意城市》，姚孟吟译，（台北）马可波罗文化，2008，第216页。

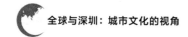

即使不再是明星现象，但是文学对经典的文化精神的书写的价值还没有过时。尤其是在有悠久的文以载道传统的中国，"文"的价值经常被赋予超出其能力的能量，同时也容易引起矫枉过正而被过度否定。很多独具文化魅力的城市，很多核心角色是由文学来扮演的。这样的城市之中，文学不一定是无所不在的，但往往是深刻的。以布宜诺斯艾利斯为例，1536 年，佩德罗·德·门多萨受命于查理五世在拉普拉塔河流域建立起一个欧洲人定居点，但历史学家一般将 1580 年胡安·德·加雷到达拉普拉塔河西岸作为布宜诺斯艾利斯城市的开端。① 然而，最早关于布宜诺斯艾利斯的文学书写，却始于 1569 年，路易斯·德米兰达就为布宜诺斯艾利斯写下第一首诗。这首只有 135 行的诗流传至今，主要是反思佩德罗·德·门多萨建立殖民地运动的失败。16 世纪另一部关于布宜诺斯艾利斯的作品是弗雷·雷吉纳尔多·德利萨拉加的《印第安人口描述》，给布城提供了一份非常富有感染力的文本。早在建城之初，布宜诺斯艾利斯与阿根廷内陆城市之间的差异，就已经成为作家们最热衷于书写的主题。1764 年，曼努埃尔·何塞·德·拉瓦登创作了第一部世俗剧《西里波》，讲一个城内人被印第安人掳到草原上的故事。埃斯特班·埃切瓦里亚于 1840 年创作的《屠宰场》，据说是最早描写布宜诺斯艾利斯的短篇小说，以屠宰场来隐喻当局的暴力政治。19 世纪末，描写富裕而复杂的社会生活的小说层出不穷，如朱利安·马特尔的《证券交易所》描写布市上流社会是如何艰难地应对 19 世纪 90 年代初的经济衰退。这个时候，大规模的

---

① 〔美〕詹姆斯·加德纳：《布宜诺斯艾利斯传》，赵宏译，中译出版社，2019，第 18 页。

移民也使布宜诺斯艾利斯城市发生重大变化，新的大众文学应运而生，罗伯特·何塞·派罗系列流浪汉小说描绘了布市民众的众生相。21世纪初期的戏剧量也大增。不久之后，胡里奥·科塔萨尔、博尔赫斯登台，布宜诺斯艾利斯因此完成了文学领域的世界性书写，成为布城文化最高点。①

建城时间比布宜诺斯艾利斯更晚的圣彼得堡也是如此。圣彼得堡诞生之日起，就开始吸引来自俄国国内和欧洲其他地方的文人和知识分子。最早期的这些人中较有影响力的如从摩尔多瓦来的安提奥·坎特米尔亲王。他为圣彼得堡写了很多首抒情诗，讽刺那些阻挠彼得一世改革的人。② 亚历山大·苏马罗科夫活跃在18世纪中期，算是一个过渡性人物。到19世纪初期，别林斯基、普希金、果戈理、屠格涅夫出现，基本上奠定了圣彼得堡文学的世界地位，而陀思妥耶夫斯基在19世纪中叶的出现，已然是一个难以企及的高峰。更晚些时候的契诃夫、阿赫玛托娃、安德烈·别雷等人，从多样性和细腻程度上延续了这一传统。

无论是布宜诺斯艾利斯还是圣彼得堡，文学带来的影响是崇高和深远的，其深刻地改变着城市的文化气质。如科塔萨尔和博尔赫斯的先锋性，对布城乃至整个拉美文学的性质的影响都是巨大的。圣彼得堡从批判现实主义到白银时代的系列作家，不仅代表城市文学史，也代表俄罗斯文学史，对城市文化价值观的影响不言而喻。

---

① 参见〔英〕尼克·凯斯托《布宜诺斯艾利斯传》，毕然译，新星出版社，2019，第89~100页。
② 参见〔英〕尼尔·肯特《圣彼得堡传》，毕然、钱杨静译，新星出版社，2019，第124~128页。

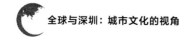

深圳文学之于深圳建设的跟进，似乎也比较及时，仅有的40年发展史显然是很短暂的，而关于深圳文学的批评从建市15年之际或更早就已经开始。"正是缘于改革开放'试验场'的历史使命，缘于社会变革、文化转型所提供的历史契机，使深圳文学成为构筑中国'新质'文化的'排头兵'，从而当之无愧地在中国现代文学史上占有一席之地。面对世纪之交，深圳已确立建设国际性城市的发展战略，深圳文学应如何定位？"① 以发展生产力为主旋律的深圳，很快就把文学的作用提到一定的高度，这是非常可取的，虽然有些逻辑是基于政策而非文学。无论如何，彼时的深圳有这样一种判断，客观上可以作为深圳文学和文学意识起源较早的一个表征。

4年后，深圳文学开始出现一些强烈的反思的声音。"深圳文学创作的色调较为单一，这和深圳作家群的年龄、修养、阅历、创作背景之大同小异有关，也和深圳这个商业化城市对人的欲望的同一性塑制有关。在深圳，既没有浸润于新、旧两种文化，对世事沧桑、人性跌宕有深切体悟和明察的前辈老作家；也没有年华与功力俱臻盛时，虽经风雨侵凌仍长怀理想主义之人生态度和创作宗旨的知名作家。商业化城市的文化导向又必然使人们对文学新军的期待一再落空，在热烈而充满质感的世俗氛围面前，真、善、美、慧的艺术理想显得那么遥远而虚幻，使得聪明的青年一代毫无遗憾地掉头而去……虽有极少数愿坚守文学本位的作家，对创作前景也缺乏真实的自信，在缺乏比照、缺乏震撼和反省的创作环境中，在背景、对象和水准基本类同的创作层面中，他们只得把精力投注在手法和技巧的变化出新之上……这种

---

① 杨宏海：《文化视角中的深圳文学》，《特区理论与实践》1995年第3期。

种情景，使深圳'年幼'的文学创作事业在表面上轮回着青春前期的躁动和幼稚，骨子里却沉浸着一种可怕的早衰。"① 所有的文学批判都不是真理，但任何认真的批评都有其独特价值。作为一个新生城市，其早期文学，即使出现批评中的这些现象都属于正常情况。批评是作品与孕生它的土壤发生关系的一种方式。

　　5 年之后，另一位学者对彼时的深圳文学做出这样一个评价：挚爱的缺失、艺术形式的缺失、批判立场的缺失。其一，所有这些作者，对于深圳都缺少像老舍、郁达夫之于北京，王安忆、陈丹燕之于上海，陆文夫、朱文颖之于苏州这样的深刻而真挚的感情，而深圳"只有物质诱惑力，没有精神凝聚力"，作者们缺少归属感和向心力，少量壮志难酬的文化精英包括知名作家悄然离去。其二，20 世纪 90 年代初期，曾经有年轻的深圳作家在创作中大胆尝试先锋文学的笔法，但先锋激情的缺乏、先锋受众的"小众化"以及市场的"滞销"使得这种先锋的苗头在深圳文坛上昙花一现，很快就偃旗息鼓……先锋意识的匮乏导致艺术观念的陈旧和艺术形式的缺失，致使深圳文学长时间在一个水平层面不断重复自己，文学地位长期得不到提升，能反映深圳文化精神、代表深圳作风气派的扛鼎之作迟迟无法露面。造成这种状况的部分原因是深圳城市和深圳文学的历史都比较短，缺少文学传统的积淀和熏染，更缺少在全国文坛叫得响的创作大家的直接带动和影响。其三，深圳文学界有些作品纵笔描绘了欲望和本能，这本属人之常情，无可厚非。但问题是作品缺乏对欲望本能的社会分析。如有作家在描写主人公与多位打工妹有染的同时，

---

　　① 斯英琦：《深圳的文学与文学批判散议》，《广东广播电视大学学报》1999年第 3 期。

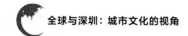

未能保持理性上、情感上或道德上的一种恰当的距离，更未做出伦理道德价值的批判，使得作品未能摆脱庸俗化倾向。① 首先需要说明的是，深圳有不少本土作者，这些人的"挚爱"应该不会匮乏，匮乏的或许是其他东西，只是表现出来情感不够真挚。这或许更是对城市的认识、对生活的认识、对技巧的把握程度的问题导致的。另外，评论者对先锋意识的肯定是正确的，但似乎没有先锋性对于深圳的合理性和必要性给予比较充分的阐释。而深圳文学的问题，主要是文学历史过较短所致，这是很中肯的观点，一座新城，包含着太多亲历者所未见的经验，深刻理解并能形成一种完美表述，或许需要上百年的时间。描述欲望但止于欲望的表象是大多数低俗文学的共同问题。

以上述较早一些时间不一定都很正确的、以批判为主调的观点来开始对早期深圳文学的审视，并非否定深圳文学的价值，而是要说明，要形成城市的文化价值观，深圳文学还需要更多的更高层面的努力。后来学者对深圳文学的看法发生了一些转变，或是因时间的沉淀，或是因观念的改变，或是因这些年深圳文学有积极的补充，总之是对于深圳文学有了更从容的判断："在中国当代文学的版图中，深圳文学一直是一个重要而特殊的存在。这不仅仅因为它伴随着中国改革开放的第一重镇而诞生和成长，更重要的是，它一直以一种充满活力的姿态活跃于中国当代文坛，甚至在很长一段时间内，在某种程度上引领着中国当代文学创作的几个重要领域。20 世纪 80 年代，深圳文学在以'打工文学'的名义诱发了一股写作潮流的同时，也将自身对一个城市的书写载入中国文学的历程。进入 21 世纪，深圳文学又跟'底层写

---

① 黄玉蓉：《深圳文学的主要缺失》，《理论与创作》2005 年第 5 期。

作'紧密联系在一起，深圳成为中国当代'底层写作'的发源地和重要写作区域。当然，我们也可以将新世纪出现的'底层写作'看作'打工文学'在新的时空条件下的转变和延伸。最近几年，深圳作家又以自己在这个新兴都市生活的经验加入都市写作的队伍。在从深圳文学向文学深圳转型的同时，深圳文学始终以自己青涩却又充满活力的身姿建构着中国当代文学的健康生态。"①

从评论话语的变迁，或许可以看到深圳文学 40 年来的文化形象的演化。2011 年 9 月 20 日，深圳第六次作协大会召开，深圳作家协会在册人数已达 968 人，深圳有 15000 人坚持长期写作，每年出版长篇小说十几部。到了 2020 年，深圳作家协会在册人数已经 1745 人，含中国作家协会会员 155 人，广东省作家协会 523 人。这个队伍和长期坚持写作者的数量都是非常可观的，这让人对深圳文学多了几分期待。作为一座新生城市，深圳肯定是一个非常好的文学母题，如何理解深圳这样一座城市，对任何作家来说都是一个巨大的挑战。作为一种有着严格的自身演化规律的严肃体裁，文学在深圳面对的问题要比任何一个城市都复杂得多，比传统农村题材复杂得更多。深圳文学在技术上的未知性与深圳城市的新鲜性与艰深性，都是诞生伟大文学的基础。不太可能形成产业效应的深圳文学的突破，可能就是深圳文化的突破。高科技产业政策和高新技术成果交易会等软规划，不到 20 年时间，便造就了一个科技之城，科技产业作为深圳领先全国的行业，即使放在世界范围内，也不失自己的闪光点和长处。但是文学的突破，可能需要更长的时间。

---

① 谢晓霞：《当代文学生态中的深圳文学》，《文艺争鸣》2013 年第 11 期。

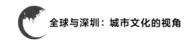

四　当代之后：现代性反思中的深圳价值

有些时间性的术语现在成为研究领域的热点词语，如现代、当代、后现代，等等，这些词语负载着对应时代的文化特征，甚至携带着这些特征的不断变迁，成为文化类型的最常见的概念。同时，更多时间里，这些时间性的文化类型概念经常作为理论形态和知识社会背景来阐释它所祈求涵盖的社会问题，因为可能包含文化形态、艺术形态、生活形态、经济形态，等等，所以这些论述中对于相同术语的使用也是五花八门甚至相互矛盾的。譬如，"现代性就是过渡、短暂、偶然；它是艺术的一半，另一半则是永恒与不变"[①]。波德莱尔最早关于"现代"的含义的注解有诗的气质："现代性指社会生活或组织模式，大约 17 世纪出现在欧洲，并且在后来的岁月里，程度不同地在世界范围内产生着影响"。"在外延方面，它们确立了跨越全球的社会联系方式；在内涵方面，它们正在改变我们日常生活中最熟悉的和最带个人色彩的领域"，吉登斯作为社会学家的解释与诗人的完全不同。[②]杰姆逊进而将这一概念复杂化："现代主义的特征是乌托邦式的设想，而后现代主义却是和商品化紧紧联系在一起的。"[③] 要完全厘清这些问题，本身就是一个复杂的学术课题，而且，由于这些概念尚在源源不断地使用中，新的含义不断生成。因此，这里

[①] 〔法〕夏尔·皮埃尔·波德莱尔：《波德莱尔美学论文选》，郭宏安译，人民文学出版社，1987，第 485 页。

[②] 〔英〕安东尼·吉登斯：《现代性的后果》，田禾译，译林出版社，2011，第 1、4 页。

[③] 〔美〕弗雷德里克·杰姆逊：《后现代主义与文化理论》，唐小兵译，陕西师范大学出版社，1986，第 17 页。

我们不准备跟着某种城市文化理论并以其为基础展开讨论，而是使用一种最朴素的方式，来表述我们需要思考的问题，即物质生产到达一定富裕程度之后，在面对一些人类共同的问题时，生活理念和文化价值观变迁的问题，深圳是否可以在面对自身以及世界性的思潮，做出因地制宜的回应。

"现代文化的发展是以凌驾于精神文化之上的物质文化的主导性地位为基础的。"① 在部分学者看来，现代文明是物质文明凌驾于精神文明之上的。现代化即物的现代化，在语言和法律之间，在生产技术和艺术之中，许多精神因素被具体化了。这一切，导致或助长个人的独立生存状况。"精神因素被具体化"，说的是方兴未艾的创意产业要做的事情。

从创意文化产业的一般操作上看，普遍文化精神的产业化也就是商品化，各种精神产品乃至精神生活被纳入经济活动范畴，人对知识、情感甚至思想的需要，通过商品生产、展览和交易等消费的形式来实现。这些文化产品，个体创作的作品在创作者案头是一件艺术品、文稿，当这些作品被投放市场，成为商业产品，推而广之，上线上架，然后被以一定金额的货币兑换走。这个过程一方面成为资本的回报方式，另一方面成为日常消费物的品种之一，相应的文化精神以消费和大众化的方式，成为社会发展的主要方式，出现了与文化理论并不相同的文化生活情景。或者说，从这一层意义来看，创意产业尚属于"现代性"的，也就是说，所谓创意产业，不论是在本质上还是理论上，都属于"现代的"或者"传统的"，它出现的时间阶段并未能为其产业

---

① 〔德〕格奥尔格·西美尔：《大都会与精神生活》，《城市文化读本》，北京大学出版社，2008，第 140 页。

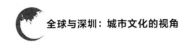

的时代属性带来更多先锋色彩。

世纪之交以来，城市的观念发生了一些新的变化。美国著名社会学家曼纽尔·卡斯特尔认为，城市在整个文明进程中始终是文化创造、技术创新、物质文明建设、政治民主化的源泉。城市聚集不同文化背景的人，并以此建立进行合作交流渠道与体系，让城市在差异性中展开协作，在竞争中产生动态稳定，在混乱中建立秩序。而这一切都因信息时代的到来而改变，传统的城市体系遭遇全球化、信息化等带来的新的因素挑战。新的通信技术取代了对作为经济效率和人的合作基础的邻近空间的实际需要，全球经济和全球通信系统的出现使地方性屈从于全球性，模糊了社会意义，妨碍了传统上由地方实施的政治控制。当人的合作越来越依赖于电子通信网络时，地区便似乎被湮没在各种流动之中了。这样，作为社会组织和文化表达的特殊形式、物质植根于空间上集中的人类居住区的城市，在新的技术环境里变得陈旧过时了。① 因此，他提出一个疑问，未来世界是否将是一个没有城市的都市世界？城市的物理空间的真正意义，为各种便捷的渠道如信息渠道所取代。同时，随着技术经济体系的到来，城市化继续加快速度，城市将成为世界格局的主要物理模式，越来越多的人口将来都大规模集中在特定区域，构成庞大的人群。这种社会空间发展模式会导致没有城市的城市化的出现，因为城市/郊区的无计划扩展把人口和活动分散到广袤的城市之中，在这里，地方社会可能在社会上被分裂了，在文化上变得毫无意义了。②

---

① 〔美〕曼纽尔·卡斯特尔：《信息时代的城市文化》，《城市文化读本》，北京大学出版社，2008，第347页。

② 〔美〕曼纽尔·卡斯特尔：《信息时代的城市文化》，《城市文化读本》，北京大学出版社，2008，第355页

这样一种发展趋势，势必造成环境破坏、空间隔离、居民压抑等状况日趋严重。譬如，劳动者每天几个小时的通勤时间，不论是对于城市还是对于个人，甚至是对于相应的时代而言，既是一种美谈，也是一种谴责；既是一种成就，也是一种挫败；代表着繁华，也隐藏着衰败。同时，对全球化、人居环境、人工智能、后现代时期的政治文明等问题的深入探索，也发现一些新的观念与风险。反科学主义、反全球化等思潮，对当下主流观念的反思，并非没有道理。深圳的社会实践和文化实践，如何从自身的角度出发，在生产与生活之间，在效益和权益之间，在物欲和诗意之间，寻得恰当的平衡，显然是当代社会重要的经济文明。

还有学者认为，后现代文化的发展遭遇以下几个困境。其一，如消费主义的困境。对于后现代主义者而言，"后现代文化理应是文化、大众传媒与消费的融合"。随着现代资本主义借助于科学技术手段取得系列巨大功绩，技艺人思维模式逐渐形成，即他对世界的工具化态度，对手段及目的范畴的迷恋，对功利原则的信奉。后现代文化在对抗现代性的消费主义基本理念时，却无意或无从解脱内在于其中的技艺人思维惯性。甚至在极端的后现代派看来，商品化的文化与文化的商品化是同等美好的事情。其二，如创造性与拼凑性的困境。在后现代主义与现代主义的论争中，后现代文化首先以其独特的理论方法对传统价值观及其社会实践展开激烈批判。后现代主义作为晚期跨国资本主义的文化逻辑，其本身既是对以往自由资本主义与垄断资本主义的扬弃，更是现代高度发达的科学技术的文化形式及其物质化成果，同时蕴含和体现了不断求变的生发趋向。但是，与此同时，大量的后现代文化形式及产品成果却彰显为有意识地拙劣模仿、不厌其烦地剪接与拼凑，这样一来，其去中心化、去深度化、去精英化的

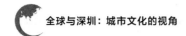

方法论原则违背了它所极力宣扬的创造性原则。其三，如多元性与差异性的困境。后现代思想中，无论是一元论与二元论都未能把握真实世界的多样化与混沌化的本性，因而都内含多元论。多元论的纷争基础有多方面的内容，其中包括世界的不确定性、价值的主体间性所导致的多样性、观念与理论的多重合理性、行动的自由量度等。其四，如批判性与继承性的困境。对于后现代主义文化运动而言，后现代性内生于对现代性的批判与质疑，即后现代主义具有怀疑论的天然趋向，它通过对现代理性、社会伦理与价值、文化传统、政治意识形态等一系列历史基本范畴的怀疑与反思而突出自己的批判性特征。[①]

如何理解上述带有一定普遍性的观点？从第一点看，商品化的文化与文化的商品化是同等美好的事情，这种情景似乎在创意产业的市场化过程中是最常见的，在文化理论中却成为批评的对象。到底是文化理论中的理想主义还是文化产业中经验主义和实用主义更具合理性？从第二点看，对于后现代艺术等文化范畴的理解，实践者和观察者依然存在巨大的分歧。在这种分歧中，观察者对于实践者无不充满偏见，这种偏见往往意味着一定的短视。从第三点看，后现代文化观强调多元论立场，蕴含了差异化的发展取向，而笔者未能在现实实践中，找到这些理论所描述的情景。从第四点看，这种理论似乎忽略了从现代到后现代文化的内在逻辑，在二者似乎割裂和对立的势态中，看到其本质上的一脉相承。在艺术波普化的时候，一度造成艺术理论上的矛盾困境。但这些困境在后来的实践中逐渐变成一种新的文化气象。即

---

① 季爱民、邹顺宏：《论后现代文化观的发展困境》，《西南民族大学学报》2015 年第 8 期。

使这种气象在文化理论的视线里，迟迟未能得到中肯的判断，但是这样一种文化或艺术的发展态势并没有看到回头的趋势。同样，深圳文化的发展，也正在经历这些景象和问题，只是在目前看，这个景象尚未清晰。当这一景象日渐清晰的时候，或许就是深圳人可以回应甚至引领有关理论的时候。

除去这些宏观理论上的思考，深圳市民文化观的发展，还有一些朴素的问题。比如关于效率。效率文化至今依然是深圳立市的观念之本。某种意义上说，没有效率，就没有深圳的成功。"记住，时间就是金钱。假如说一个人凭自己的劳动一天能挣十先令，那么，如果他这天外出或闲坐半天，即使这其间只花了六便士，也不能认为这就是他全部的耗费；他其实花掉了、或应说是白扔了另外五个先令。"本杰明·富兰克林这样教育美国人民。但是也有西方学者讽刺这种精神，认为这是一份美国佬的自白，并予以尖刻的讽刺。① 而深圳的创业口号，把效率也纳入时间的范畴，形成更完整的效率观念，对深圳的繁荣和国家生产观念的转变，产生了重大影响。在市场经济环境下，在国际劳动成本和资本效益的博弈中，劳动力自身生活的舒适性从被忽略到逐渐被重视，这是观念文明的重要体现，甚至是城市的核心问题，是一切文化观念的基石。现代主义以物质生产的重要性，在物资极度匮乏的年代迅速满足人民最基本的物质需求，这是那个时代的合理与必然；在物质生产达到一定富裕程度之后，回归到经济发展，体现为对人的关怀，注重经济社会与自然环境以及人自身的协调关系。极端追求效率，导致高楼林立、马路宽阔的美好城

---

① 参见马克斯·韦伯《新教伦理与资本主义精神》，于晓、陈维纲等译，生活·读书·新知三联书店，1987，第33页。

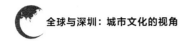

市不能转化成为优越生活的条件，而是成为压制生活与心灵的力量，与人对物质追求的初衷相违背，这显然是另一种贫困——精神的贫困。繁华城市提供的不是幸福感而是压力与危机、精神空虚与人情淡漠。所以，在完成物质生产的一定积累之后，开始对城市生产与生活的关系进行反思是必要的。

又如关于科学主义。人工智能曾经作为科幻的重要内容风靡一时，各种科幻小说、科幻电影，成为一时热点。经过几十年的发展，往日的幻想，不少已经成为现实。但这一事实却引发新的隐忧，即科学对人伦的干预。发生在深圳的一个事件则是最好的注脚。2018 年 11 月，经过基因编辑的一对婴儿降生，而为她们完成基因编辑的是某高校副教授。双胞胎的一个基因经过修改后，天然具有抵抗艾滋病病毒的能力。这一消息迅速激起轩然大波，在世界范围内引起各种争议。2018 年 11 月 27 日，科技部副部长徐南平表示，基因编辑婴儿属于被明令禁止的；11 月 28 日，国家卫生健康委员会、科学技术部发布了关于"免疫艾滋病基因编辑婴儿"有关信息的回应：对违法行为予以查处。2019 年 12 月 30 日，"基因编辑婴儿"案在深圳市南山区人民法院公开宣判，相关的 3 名被告人，构成非法行医罪，分别被依法追究刑事责任。当科学技术与人道伦理发生冲突的时候，保守主义肯定是最合理的选择。这不是公平问题，而是安全问题。相比于对于安全问题的担忧，公平问题要容易处理得多。

再如关于大众文化和公众权益。深圳的公共服务观念，目前具有公众优先意识，即对文化推广的着力点侧重于普及和大众。2000 年 11 月，首届深圳读书月就在全国率先提出"实现市民文化权利是文化发展根本目的"的理念。在图书馆等公共文化设施方面，也以社区图书馆为主，突出对普通大众文化需求的优先照顾。这是一种有别于西方公民权的做法。这些做法，在未来或许能够实践出一套更为先进的文化权利法案，为深圳文化价值观构建一些结构性的价值框架。

总部位于美国纽约的美世咨询公司每年都会通过其全球生活质量调查，做出全球城市生活质量排名，候选城市覆盖全球450多座城市。在2019年美世咨询公司的城市排名中，维也纳、苏黎世、温哥华、慕尼黑、奥克兰、杜塞尔多夫、法兰克福、哥本哈根、日内瓦、巴塞尔占据前十，而维也纳凭借音乐生活上的优势获得榜首的位置。

2018年9月，深圳海上世界文化艺术中心入选美国《时代周刊》发布的2018年"全球百佳目的地"排行榜；同年11月，《孤独星球》评选的"2019年全球十大最佳旅游城市榜单"，深圳成为中国唯一上榜的城市并且名列前茅。这两个荣誉让国人甚至深圳人都感到惊愕，这个忙忙碌碌的城市竟然成为全球理想的旅游目的地了。一般以为，《时代周刊》的评估标准主要以经济质量、创新能力、可持续发展等方面，而《孤独星球》选中深圳的关键词有：设计、创新、科技、音乐、文化以及各种艺术空间。这两个榜单虽然不能给深圳人带来很多自豪，深圳人似乎普遍并不信以为真，但是这两个荣誉似乎从侧面说明深圳城市的宜居色彩得到较大程度的优化。

更好的深圳需要更好的城市文化。系列软规划的精准引导或正在润物细无声地改变深圳的文化土壤，而传统艺术形态的创造与书写的经典价值远远没有过时，依然是提升城市文化素质的重要手段。作为一座新生城市，深圳的文学母题价值毋庸置疑，如何理解深圳这样一座城市，对任何作家来说都是一种机遇。作为一种有着严格的自身演化规律的严肃体裁，文学在深圳面对的问

129

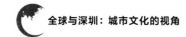

题要比任何一个城市的都复杂得多，深圳文学在技术上的未知性与深圳城市的新鲜性和艰深性，显然都是诞生伟大文学的基础。

当创意产业成为城市文化的塑造者，就可能伴随着新的城市灵魂的逐步生成。而城市的创新氛围，却是另一种收获，这是对城市精神间接的塑造。城市创新氛围和创意产业从业者对于城市文化产业发展所形成的生活习惯，在现实世界从精神形态上更具有积极向上、勇于进取的城市精神：创作者的精神和他们所创作的产品的精神，这双重的含义，都是城市创新文化的重要构成，都是创新经济核心竞争力的有机部分。至于深圳文化类型的属性，由于城市发展的时间和方式的特殊性，这个在全球化环境下成长起来的城市，其文化特质必然是复杂的。在进一步的实践与理论的探索之后形成的观念也许有所超越。

不论任何理论和任何实践，终要回归生活。优雅而阳光的日常生活是塑造深圳先锋价值的基本要素。优雅与阳光二者本身有一定的矛盾。优雅，不排除闲适，闲适不排除适度的颓废；而阳光，则是积极的和富有效率的。

第五章 构建国际一流文化设施网络

2019 年 8 月发布的《中共中央、国务院关于支持深圳建设中国特色社会主义先行示范区的意见》提出，深圳要"全面推进城市精神文明建设，加快建设区域文化中心城市和彰显国家文化软实力的现代文明之城"，到 21 世纪中叶"成为竞争力、创新力、影响力卓著的全球标杆城市"，这预示深圳在未来将致力于区域文化中心城市建设，大力发展面向世界的深圳文化，而构建世界一流的城市文化设施网络则是其中的重中之重。因此，借鉴全球文化中心城市的相关发展经验，立足深圳实际和长远目标，提出相应的策略应对，将是一项重要工作。

一 经验与借鉴：全球文化中心城市的文化设施

文化设施是收藏、研究、展演、组织艺术活动的公益性机构或商业设施，也是人们进行文化活动的重要载体和休闲娱乐的主要场所。一方面，全球知名的大都会无一不是文化中心城市，这本身与其对全球文化经济资源的吸纳相关，也与其利用自身的综合禀赋形成强大的文化供给和文化消费能力相连；另一方面，它们在文化发展上既具有一定的共通"模式"，又形成了自己独特的历史发展路径，体现在文化设施领域也同样如此。以下分别介绍纽约、伦敦、巴黎、上海四座城市的相关经验，希望能给深圳未来世界一流城市文化设施网络的构建提供一定的借鉴。

（一）纽约

纽约地处大西洋和北美大陆哈德逊河的交汇处，在地理上可谓得天独厚，但它真正的发展历史却只有 300 多年：包括曼哈顿岛在内，它原是印第安人的世居之地；1524 年意大利人弗拉赞诺最早来到河口地区；1609 年英国人哈德逊沿河上溯探险；1626 年荷兰人从印第安人手中买下曼哈顿岛作为贸易站，称为"新阿姆斯特丹"；1664 年被英国人占领，改称纽约；1686 年纽约建市；1825 年，连接哈德逊河和五大湖区的伊利运河建成通航，多条铁路同期兴建，沟通了纽约同北美中西部的联系，促进了城市的大发展，很快到 19 世纪中叶，纽约就已成为美国最大的港口城市和国际大都会。可以看到，纽约的崛起是与美国的发展壮大高度同步、同构的。如今，作为美国人口最多的世界级城市，纽约在商业和金融等方面成为"超级强权"，直接影响着全

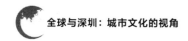

球的经济、媒体、政治、教育、艺术、娱乐与时尚界，同时联合国总部也位于纽约，因此被公认为世界之都。

作为"世界之都"，纽约也是最顶尖的全球文化中心城市，拥有全球最先进、聚集程度最高的文化设施网络，如大都会博物馆、古根海姆博物馆、美国自然历史博物馆、MOMA、林肯中心以及时报广场、SOHO 等全球性文化集聚区。其中作为与巴黎卢浮宫、伦敦大英博物馆并称"世界三大博物馆"的大都会博物馆，收藏了来自世界各地的艺术珍品逾 200 万件。最令人称奇的是百老汇的 41 家剧院进行的商业演出，每天约有 50000 张门票可销售。2011～2016 年，百老汇每年上演音乐剧等剧目在 68～80 部，2014～2015 年度观演人次创造历史新高，达到 1310 万，其中 2/3 是游客，49% 是来自美国的游客（不包括纽约及其周边居民），18% 来自其他国家的游客，2016 年票房高达 13.65 亿美元。[①] 百老汇联盟（The Broadway League）网站发布的数据显示，从 2018 年 6 月 3 日至 2019 年 3 月 17 日持续 42 周的演出季，百老汇的观众逾 1165 万人次，演出票房约为 14.64 亿美元。[②]

以文化设施为标志，纽约城市文化高度发达，是与其多元包容的文化理念、独特的文化管理体制以及行之有效的文化政策等直接相关的。作为全球移民的"山巅之城"，纽约在主流价值理念上对文化多样性的推崇是众所周知的，"大熔炉""马赛克"也一直是纽约的文化标签，这造就了纽约文化发展蓬勃的持久的活力。而作为自由资本主义的象征，纽约有着独特的文化管理体

① 张蕾：《百老汇、西区与上海戏剧观众拓展比较分析》，《上海戏剧》2019 年第 2 期。
② 转引自李冰洁、马爱萍《探析百老汇的文化产业运营机制》，《歌剧》2019 年第 7 期。

制，如纽约州政府的行政机构共下设 20 个部门，没有文化管理局，但纽约市政府的组织结构则比较特殊，不仅设立了文化事务局、公园和休闲娱乐局两个与文化相关的职能局，还设立了 44 个大部分与文化发展相关的权力机构、董事会、委员会和公司，如文化事务顾问委员会、文化委员会基金会等，以及数量不等的有关博物馆、剧院、音乐、艺术中心、图书馆、文化节、公园等组织机构。而在文化政策上，尽管已拥有完备的文化设施网络，纽约市政府依然高度重视文化设施的建设和完善，如时报广场的 TKTS 玻璃建筑花费 1900 万美元，其中 1100 万美元来自市政府；儿童博物馆的建设总费用是 5100 万美元，其中市政府出资 5000 万美元；还有纽约植物园的 5000 万美元投资中，其中市政府承担了 3000 万美元。① 由此可以看出，纽约投资、资助文化发展采取的是政府直接资助和社会捐赠相结合的混合模式，前者主要用于保证文化的平衡发展、缩小各项差距、加强艺术教育、推广新的文艺作品等，后者则主要来自慈善机构、基金会、企业和个人的捐赠，如纽约的艺术基金有纽约艺术基金会、纽约艺术与经济理事会、布鲁克林艺术理事会、亚洲艺术理事会等，这些非营利组织通过资助社会艺术活动和项目，有力地支持和促进了艺术的发展繁荣。可以说，纽约政府和社会力量共同推动建设文化设施、举办文化活动和发展文化产业的并举新模式，在推动城市更新、改变城市形象、推进文化旅游、吸引投资和培养人才方面发挥着积极的作用。②

---

① 〔美〕凯特·D. 莱文：《纽约：城市文化建设及其面临的挑战》，《毛泽东邓小平理论研究》2012 年第 6 期。

② 参看王为理（执笔）《美国文化治理调研报告》，2016 年都市计划班第二组（深圳），未刊稿。

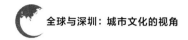

（二）伦敦

伦敦位于英格兰东南部的平原上，跨泰晤士河。18 世纪以来，作为世界性帝国——大英帝国的首都，伦敦因在政治、经济、文化、科技发明等领域的卓越成就，成为世界最大城市之一。在很多方面，伦敦与纽约有诸多相似之处，如纽约是 20 世纪尤其是二战结束以来的"世界之都"，但这一称号在此之前归属伦敦。即使时至今日，伦敦在全球经济、文化等领域的影响力也不在纽约之下。比如在城市文化上，作为国际文化中心，伦敦同样有着多元包容的文化理念，其文化设施网络也非常完备，有着比巴黎更多的博物馆，比纽约更多的剧院，在世界著名博物馆中，纽约有大都会博物馆，伦敦则有大英博物馆和泰特现代艺术馆，大英博物馆比大都会博物馆的历史更悠久，收藏更宏富。再如纽约有百老汇，伦敦则有西区剧院群：作为与纽约百老汇齐名的世界两大戏剧中心之一，西区剧院是指由伦敦剧院协会会员管理、拥有或使用的 49 个剧院，它们大多集中在伦敦夏夫兹博里和黑马克两个街区，方圆不足 1 平方公里，平均每晚约 3 万人前来观看演出，因而西区成了英国戏剧界的代名词。在 2014 年伦敦剧院报告中，2013 年全伦敦剧院的观众总人数达到 2200 万，其中伦敦西区的观众人数占 1/3，票房达到 6.18 亿英镑，超过了伦敦全年的电影票房。按伦敦西区剧院协会 2008 年的观众结构统计，38% 的观众来自伦敦；43% 的观众来自英国其他地区；19% 的观众来自海外。①

---

① 张蕾：《百老汇、西区与上海戏剧观众拓展比较分析》，《上海戏剧》2019 年第 2 期。

作为伦敦文化设施代表的西区剧院,其运作、发展情况颇值得借鉴。比如为形成良好的文化设施和艺术团体运营效应,一些探索性、艺术价值高的原创剧目,常常是在国家资助的剧院(如皇家歌剧院、英格兰国家歌剧院、皇家剧场、皇家莎士比亚剧院)首演,取得成功后再转入商业剧院,此种方式降低了剧院经营的风险,这一良性链条使得西区上演的剧目具有较高品质并能推陈出新,相当多的剧目已成为演出经久不衰的经典,如《猫》《歌剧魅影》《悲惨世界》《西贡小姐》等不仅吸引众多游客前往观看,也通过全球性巡演传播戏剧的巨大魅力;戏剧产业不仅为当地就业带来了有力支持,也极大地拉动了文化旅游消费:除了庞大的票房收入,据调查有 2/3 的外地游客把来伦敦西区观看演出作为他们来伦敦旅游的一个重要原因,有 3/4 的海外游客将看演出作为来伦敦游览的重要项目,由此带动了餐饮、娱乐、交通等方面的消费。

伦敦西区文化艺术创意集聚区已在全球产生了较大的影响,它概括起来有以下几个特点。一是部分剧院受到政府资助。在国际上享有盛誉的皇家歌剧院、英格兰国家歌剧院、皇家剧场、皇家国家剧院和皇家莎士比亚剧院等均享受政府资助,因此有能力上演一些具有探索性、艺术价值更高的作品。如前所说,英国的很多剧目往往是在国家资助剧院首演,成功后再转入商业剧院,如音乐剧《悲惨世界》和话剧《侦探到访》等。二是剧院的错层发展。西区剧院大多建于 19 世纪末 20 世纪初,规模从 400 多个观众席至 2000 多个观众席不等,上演的剧目包括音乐剧、话剧、歌剧、芭蕾舞、现代舞、木偶剧、儿童剧等各种类型。为鼓励部分新创作的戏剧艺术产品逐步转向商业演出市场,英国艺术理事会鼓励商业演出机构同领取资助的非商业性院团合作,尤其

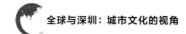

是引导有可能促进就业增长的项目。三是注重受众的培育。不同于电影和电视的观众，戏剧拥有相对固定的观众。音乐剧的观众多是外地游客，而话剧、歌剧和芭蕾舞等则以伦敦本地人群为主，其中相当一部分人将观看演出作为经常性消费项目。西区在有限的地理空间内，为观众提供了多样性的选择，以创意产业集聚的优势吸引庞大的观众群和消费群，产生良好的经济效益。[①]还有学者将伦敦西区戏剧产业运营的成功归结为如下几点：①有效的剧院管理体制，奉行"一臂之距"管理原则，拥有从中央到地方三级文化管理体制，三级管理不存在垂直行政领导关系，各自相对独立，各施其责；②严格的剧目选择标准及演员选取方式，在戏剧剧目的选择上长期遵循坚持传统与现实并重的原则，上演的剧目既有经久不衰的经典剧目，也有来自世界各地的新剧目；③多样化的营销推广机制，包括线下线上全方位营销和多样化的票务营销；④长期有效的消费者培育，包括常态化的学校戏剧教育、常年的各类戏剧活动和特别的消费者培育活动等。[②]

（三）巴黎

巴黎是法国的政治、经济、文化中心，同时又是四大世界级城市之一，仅次于纽约、伦敦，与东京并列。作为一座世界历史文化名城，巴黎名胜古迹可谓比比皆是，埃菲尔铁塔、凯旋门、爱丽舍宫、凡尔赛宫、卢浮宫、协和广场、巴黎圣母院、蓬皮杜艺术中心、巴士底歌剧院等，均是最值得称道也最让巴黎人骄傲

---

① 深圳市社会科学院：《福田区建设国际化文化核心城区调研报告》，2013 年 12 月 23 日。

② 陈敏：《析英国戏剧产业运营对中国戏剧业发展的启示》，《艺术评鉴》2018 年第 18 期。

的历史遗产和文化设施，它们长久以来丰富了巴黎市民的文化生活、吸引着世界各地游客前来观光，巴黎也因此被誉为世界"艺术之都"：据 2013 年《全球城市文化报告》，在衡量城市文化影响力的两个核心指标——"艺术家评价"和"文化交流指数"方面，巴黎分别位列全球城市第一和第三。其中值得特别提及的是作为世界知识文化聚集区的巴黎左岸。广义的巴黎左岸指的是塞纳河以南的部分；狭义上则指左岸协议开发区，该区拥有 130 公顷的用地，约占巴黎 13 区用地的 1/5，一边沿塞纳河展开，靠近塞纳河南岸圣·米歇尔大街和圣·日耳曼大街，有各种各样的书店、出版社、小剧场、美术馆、博物馆，成为知识文化人士重要的聚会场所，也成为巴黎最具人文魅力的观光区之一。

巴黎在城市文化方面的卓越成就不仅与其历史资源禀赋相关，也得益于中央、地方政府长期推行的文化政策：政府通过财政、税收、产业、教育等方面的制度安排，如博物馆减免票制度、加强艺术教育和取消入学附加条件、对艺术和文化产业进行资金扶持、鼓励民间和私人团体开展文化活动等，有计划地保护和推广法国文化精华。同时，巴黎政府对文化资源的物质载体制定了保护与开发并重的策略，在二战后秉承"在城市上建造城市"原则，对纪念物建筑和历史街区实施严格的保护，同时也积极探索其改造利用，如将大量老建筑和历史街区改造为能提供现代商业、办公和居住功能的空间资源。

进入 21 世纪以来，巴黎的文化设施在形式、功能上也在悄然发生变化。一是新形式或新功能的文化设施和场所不断涌现并在数量上呈上升趋势。如受巴黎政府支持的"艺术作坊"数量从 2000 年的 876 所增加到如今为其近两倍，其创造的艺术价

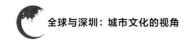

值也成倍增长；再如巴黎兴建了一个设施功能完全不同于传统的国际视觉剧院，进行以手语为工具的戏剧演出。二是"大巴黎计划"改变了以往文化设施过于聚集在巴黎中心城区的做法，随着南部的巴黎当代艺术博物馆和北部的吕克·贝松电影城等一批新文化设施的落成使用，大巴黎的城市文化设施呈现均衡分布的状态。与此同时，一些传统文化设施的数量在 2007 ~ 2009 年呈逐年减少趋势，如剧院从 2007 年的 219 个减至 2008 年的 197 个，再减至 2009 年的 143 个。其原因一是新型文化样式和审美趣味的出现，分散了巴黎人文化活动的目标场所；二是扶持新型文化样式的文化政策增加了政府公共文化投入的去向，难以完全满足部分传统文化设施的维护费用；三是随着"大巴黎计划"的实施，出于均衡文化设施分布的目的，中心城区文化设施减少，而代之以将来巴黎周边地区新的文化设施的增加。①

（四）上海

众所周知，上海在 20 世纪 30 年代成为远东最大的城市，号称"东方巴黎"作为我国最大的城市和经济中心，上海在改革开放尤其是 1990 年浦东开发开放以来，重新焕发出现代化城市的蓬勃活力，而随着中国崛起为世界第二大经济体，上海也萌发并坚定了要代表中国发展成为与纽约、伦敦、东京等并肩的"全球城市"的勃勃雄心，其中在城市文化领域就是建成国际文化中心。事实上，早在 20 世纪 30 年代，上海就已经是中国的经济中心，也是远东的国际文化中心。2017 年 12 月，国务院批复

---

① 任一鸣：《巴黎公共文化发展及其启示》，《文化艺术研究》2012 年第 10 期。

同意《上海市城市总体规划（2017～2035 年）》，根据该规划，上海要加快推进"五个中心"和国际文化大都市建设，努力把上海建设成为卓越的"全球城市"。

可以看到，建设成为卓越的全球城市和文化大都市已成为上海政府和社会共同努力的目标。上海交通大学中国城市治理研究院为此联合南加州大学安娜伯格传播学院，针对 51 个国际文化大都市进行了首次全球国际文化大都市评价，评价指标体系主要围绕城市吸引力、创造力、竞争力三大维度，形成人文生态建设、公共文化设施、公共文化供给、公共文化参与、文化经济发展、文化教育、互联网发展、文化旅游、文化全球影响等 10 个一级指标、52 个二级指标，考察内容包括单位人口的图书馆、剧院、音乐厅、体育场馆、电影院、博物馆数量等，2019 年 3 月 11 日发布的《国际文化大都市评价报告》显示位居前十名的城市分别为纽约、伦敦、巴黎、东京、旧金山、柏林、北京、洛杉矶、上海、罗马。①

近五年来，上海全面布局、持续推进文化设施建设，按照东进、西拓、激活的总体思路，沿浦江两岸形成东西两翼大手笔推动新一轮文化设施发展。所谓东进，就是在 2015 年浦东开发开放 25 周年之际，拉开"文化东进"序幕：目前选址浦东的新建、在建、完工的市区两级重要文化设施，有上海图书馆东馆、上海博物馆东馆、东方艺术中心、上海科技馆、上海大歌剧院、浦东美术馆、"船厂 1862"老厂房剧院、上海天文馆、上海海昌海洋公园等。所谓西拓，就是浦西新建一批对标国际一流、国内领先的全新设施，包括上海交响乐团音乐厅、龙美术馆西岸馆、

---

① 《全球最有文化城市排名》，《侨报网》2019 年 3 月 13 日。

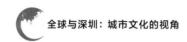

余德耀美术馆、上海国际舞蹈中心（含一个 1080 席的大剧场和一个 298 座的实验剧场）以及国家会展中心（上海）。所谓激活，就是将已有的老场馆融入文化发展新蓝图，如原上海美术馆被选定为上海市历史博物馆新址，实现了两座遗址博物馆和两个历史博物馆（上海市历史博物馆、上海革命历史博物馆）的四馆合一；"演艺大世界——人民广场剧场群"重新亮相，包括中国大戏院、逸夫舞台以及长江剧场。①

以上列举的还仅是上海过去五年的文化增量"大手笔"，不包括其存量，如上海博物馆、上海大剧院、上海图书馆等同样具有国际一流水准的文化设施及相应的文化艺术院团和人才。可以预见，随着上海全力推进全球城市和国际文化大都市的建设，其政府主导投资的文化设施硬件不管是在量上还是质上都迅速缩小与纽约、伦敦、巴黎等国际顶尖文化中心的差距，假以时日，随着其设施运营软件的进一步完善，其重塑国际文化大都市的追求将迎来可预期的前景。

二 深圳文化设施及其与国际一流城市的差距

不同于伦敦和巴黎，也不同于纽约和上海，深圳从中国实行改革开放国策伊始设立的一个经济特区，到发展为欣欣向荣的现代化大都市，只用了短短的三四十年的时间。就这样一座新城市而言，对它的观察当然可以有不同的角度。接下来我们主要从城市文化的发生学角度，着眼于城市作为一个有机生命体的内生需

① 邵岭：《打开精神需求新空间 近五年来上海文化设施形成集聚效应》，《文汇报》2019 年 1 月 1 日。

求和外在热望，以文化设施为中心来探讨深圳城市文化 40 年来的发展逻辑、历史和现状。

（一）深圳文化设施建设的回顾

过去我们对深圳"身份"的指认，一般强调它是"经济特区"而非"城市"，同时也有意无意地忽视了"经济特区"的设立时间晚于"深圳市"成立时间的事实。之所以提及这点，是因为它引向了两种不完全相同的深圳历史叙述。作为经济特区，深圳肩负着为中国经济体制的改革转型探索新路的任务；而作为城市，深圳则有着另外的内在需求和生长逻辑。换言之，"特区"是仅就其经济功能而言的，而"城市"则是社会生产、生活的综合性空间。当然，二者事实上是相互支撑、两位一体的。经济特区要有效发展外向型经济，需要各种城市功能的相应配置，而城市功能的完善有利于营造更好的对外开放环境。这也许部分地解释了"深圳市"早于"深圳经济特区"成立的原因。简而言之，作为经济特区城市，深圳必须为在深圳工作和生活的人提供必要的综合功能服务，比如文化设施服务等。

但恰恰在这方面，深圳一下子就显露了新设城市捉襟见肘的窘境。仅以文化设施言之，深圳经济特区成立之初的文化基础设施之差，在今天想来都有点难以想象。当时整个深圳市只有建于 1949 年的人民电影院、建于 1958 年的深圳戏院和建于 1975 年的深圳展览馆，总建筑面积仅有 2751 平方米；许多区、镇、村的剧场、文化室被改造成"三来一补"的工厂，在整个文化系统 187 名工作人员中只有 3 名大学生，原有的 1200 个农村文化

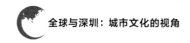

室和 130 个业余宣传队基本解体。①

　　由此出发，我们也就对深圳特区的早期主政者梁湘等人的远见投以敬佩的眼光。在经济特区成立初期，深圳就大兴土木进行大规模的城市基础设施建设，尤其在财政相当困难的情况下"勒紧裤腰带"把深圳图书馆、深圳博物馆、深圳大剧院、深圳大学等八大文化设施建起来的壮举，显然是从城市而不单纯从经济特区的角度来着手进行的。此举的意义就在于他们认识到，随着大量移民的涌入和城市规模的扩大，"深圳"将不再只具经济意义，同时也是个文化城市的存在："仅仅从城市的经济基础层面是没有办法去发现城市的本质的。因为，城市更主要是一种社会意义上的新事物……城市体现了自然环境人化以及人文遗产自然化的最大限度的可能性；城市赋予前者以人文形态，而又以永恒的集体形态使得后者物化或者外化。"② 从马斯洛的需求理论来看，经济和文化都构成了城市及其人群最基本的"生理需求"。而文化需求作为深圳经济特区的一个迫切需要解决的问题，在西丽湖成立全国第一家帐篷歌舞厅时得到了最初体现：由于当时的港商白天忙着谈生意，晚上不愿意奔波回到香港，于是就有了唱歌、跳舞的文化休闲需求。同样的，早期为打工群体提供卡拉 OK 舞台的"大家乐"，性质也大抵如此。从这个意义上，深圳的城市文化从一开始就是基于社会的基本需求而出现的，包括深圳较早形成的文化市场，在早期大都处于一种自发的发展形态，因而很难说具有多高远的文化追求。

　　但随着时间的推移，深圳的文化自觉意识开始觉醒，这种觉

---

① 深圳博物馆编《深圳特区史》，人民出版社，1999，第 624~625 页。
② 〔美〕刘易斯·芒福德：《城市文化》导言，宋俊岭等译，中国建筑工业出版社，2009，第 5 页。

醒不仅基于八大文化设施在 20 世纪 80 年代后期的相继落成，也体现于文化理论上的自觉，其标志即"特区文化"概念的提出。1986 年文化部在厦门召开了全国文化战略研讨会，会议期间形成了一个理论热点，即"特区文化"。这一深圳文化人提出来的概念，首先不在于深圳取得了多少文化业绩，而在于深圳特区在发展过程中，希望不仅在经济上"特"起来，文化上也要"特"起来，在中国文化面临变革的时代能在深圳看到一个新文化的轮廓。此后，在 1993 年文化部于海口召开的第一次经济特区文化研讨会上，"特区文化"的概念开始变为一个专有的文化类型，指的是一种先导性的文化，是一种跟市场经济发展相适应的文化。到了 1995 年，文化部又在深圳召开了第二次经济特区文化研讨会，"特区文化"在这个会议上被正式确立下来，并被认为是中国一个正在成长、充满希望的新文化的组成部分。①

尽管"特区文化"概念的提出，是深圳文化自觉的最初体现，但这一"类型文化"概念本身也因其缺乏内在的统一性而引起了争论。由于"特区文化"是与经济特区联系在一起的，基于经济特区特有的含义，这一概念显现了与市场经济相适应的经济理性特征：特区文化的提出本身，正是基于"时间就是金钱，效率就是生命"等以市场、效率为核心的"深圳观念"所代表的新的价值及其产生的巨大影响，从而被有效地整合进对经济特区的文化想象中（中国改革开放新文化的一个代表）。

然而，"特区文化"这一概念并没有完全得到普及就被"深圳文化"这一概念所取代。后者是一个城市文化的范畴，它当

① 参看尹昌龙《深圳特区文化三十年》，作者于 2010 年 7 月 25 日在宝安图书馆发表的演讲。

然与市场经济相关，但更是一个人文概念，或者是在城市的人文层面上得到理解和使用的。可以说，从"特区文化"到"深圳文化"的转变，并不仅仅是名词的简单替代，而隐含了更具实质意义的转变，即深圳从经济特区到城市的文化自觉的苏醒和深化。到了后来，尤其是所谓的"特区不特"问题出来以后，从"特区"到"城市"的自觉转变就日益成为主流的社会意识。既然是"城市"，就不仅需要经济，同样需要文化，不仅需要经济理性，同样需要人文精神，同时必须实现两者的互补和调适。

而当"深圳文化"不仅是一种特区文化，更是一种城市文化时，它积累不足的先天缺点就显露无遗，关于深圳没文化的"文化沙漠论"也就甚嚣尘上，深圳的文化信心和文化认同危机因此一度显得特别严重：与经济上的突飞猛进相比，深圳被认为是个粗鄙无比的"暴发户"，因只有财富欲望短时间内的集中爆发，却缺乏文化的涵养而为人诟病。事实上，20 世纪 90 年代后期全国性的"人文精神大讨论"，尽管没有明言，却可以与当时国内物质欲望的急剧膨胀联系起来，在某些时候，深圳成为缺乏人文精神的城市代表。

深圳显然也认识到经济理性膨胀、人文精神薄弱的结构性失衡给城市社会发展带来的消极影响，因此在 20 世纪 80 年代通过建设八大文化设施进行"文化恶补"之后，90 年代又推动了新的文化设施发展，比如在 1996 年建成全国第一家大型书城——深圳书城，同时举办了全国书市，以此扩展城市文化的规模和夯实城市文化的根基。当然，城市文化的发展或文化环境的改善，并不以文化设施的硬件建设为标志，在深层的意义上，它更需要一种人文精神的内在涵养。这种内在涵养从整个城市的宏观层面看，首先在于城市性格的结构性调整。由于深圳是经济特区，在改革开放中走在全国前列，以世俗化、市场化和商业化为路径的经济理性和物质欲望获得了空前的集中释放，而且作为一个人口流动性很强的移民城市，深圳的"投机人口"与"沉淀人口"一度严重倒挂，使得巨大而严重的投机心态影响着这座城市的社会生活，社会情绪长期处于无法预期状态，这种不确定感和焦虑感的长时间存在，使稳定的城市文化的形成变得比较缓慢。

但随着早期的主流移民群体从 90 年代开始从高速流动进入某种沉淀状态，他们成为这座城市的中坚力量，加上移民群体的第二代也成长起来，他们在文化体认和城市认同上显示了与第一代移民不同的状貌。以郁秀的《花季·雨季》为例，这部一度风靡全国的小说讲述的是深圳中学生的故事，揭示的是在深圳成长起来的年轻人对这座城市产生认同的过程，即通过对"深圳人"形象的建构折射从移民到市民的身份转变，从而成为深圳这座移民城市成长史的一种精神写照。

人生活在城市中，对财富、物质欲望的追逐，本身是中国世俗化进程中的一个自然、合理的价值诉求，尤其是相对于此前长期的物质匮乏和欲望压抑而言，这种物质欲望的历史性反弹显然是可以理解的。但从马斯洛的需求理论来看，人之所以为人，城市之所以为城市，物质、财富只是满足了"生理需求、安全需求"，而更高的社交需求、尊重需求和自我实现需求的满足，则不在经济，而在于文化，在于经济理性之外人文精神的充分培育和发展，在于以文化的温情与力量化解人的精神焦虑和社会的冷感，催生出移民对于城市的价值认同和文化归属。而且，在最终意义上，城市作为一种文化的存在，文化的积累不仅决定一个人的高度，也决定一座城市乃至一个国家的精神高度。

进入 21 世纪，20 世纪八九十年代兴建文化设施的热潮得到延续，除了之前创办的《深圳特区报》《深圳商报》、深圳广播电台、海天出版社、深圳特区乐团、艺术学校和深圳画院，以及扩建的深圳美术馆、深圳戏院，90年代末开始建造的深圳音乐厅、新图书馆、新博物馆、中心书城等均在新世纪初落成开放，此后随着2003年"文化立市"战略的确立和实施，深圳的文化设施继续向前推进，除了推进"图书馆之城""一区一书城"建设，保利剧院、当代艺术与城市规划馆、大运体育中心、深圳湾体育中心、宝安体育中心等市级大型文体设施，以及近几年兴建的龙岗文化中心、坪山文化聚落等一大批区级文化设施也陆续投入使用，进一步扩展了城市文化的总量规模和夯实了城市文化的硬件根基，深圳的文化空间日益扩大，人文环境得到更大改善。

（二）深圳文化设施与国际一流城市的差距

深圳自建立特区以来，经过多年努力，在文体设施建设上取得了长足进步，目前全市各类文化场地数量超过10000个，公共文化设施总面积560万平方米以上，人均公共文化设施面积约0.45平方米；各类体育场地14000多个，体育场地面积为1991万平方米，人均约1.59平方米。从重大文体设施来看，目前深圳已建成市、区级大型文化设施约50个（建筑面积1万平方米以上），其中市级文化设施11个，区级及以下文化设施27个，学校类文化设施4个，社会投资类文化设施8个；大型体育场馆21个（座位数3000座以上），其中市级体育场馆8个，区级体育场馆8个，高校类体育场馆5个；就基层文体设施来看，目前全市街道建成综合性文化服务中心64个，覆盖率达85%，社区综合性文化服务中心实现100%全覆盖，基层文化设施网络进一步完善，基本形成了遍布全市的公共文化体育设施网络。

但与纽约、伦敦、巴黎、东京等国际一流城市及北京、上海等国内一线城市相比，深圳文化设施在规模、质量、结构、影响上都存在较大差距，依然存在市民日益增长的文化需求与文体设施供给不充分不平衡的矛盾，特别是缺乏具有全球及区域影响力的代表城市形象的标志性文体设施，不能适应深圳建设全球标杆城市和区域文化中心城市的长远要求。由伦敦市市长鲍里斯·约翰逊发起，全球多家文化机构参与编纂，调查对象为柏林、伊斯坦布尔、约翰内斯堡、伦敦、孟买、纽约、巴黎、圣保罗、上海、新加坡、悉尼、东京等12座城市的《全球城市文化报告2012》显示：巴黎拥有最多的美术馆（1046家）和公共图书馆（830家），分别是上海的五倍和两倍；伦敦拥有最多的博物馆（173家）、国际学生（99360名）和国际游客（1521.6万人/年）；而纽约的剧院最多，共420家；书店最多的则是东京（东·京都），共1675个。在戏剧表演方面，每年英国伦敦约有3.25万部剧目上演，美国纽约大约有4.3万部剧目上演；在舞蹈演出方面，伦敦每年上演近3000场，纽约每年有超过6000场；在音乐表演方面，伦敦排名落后于法国巴黎和纽约，三地每年上演的数目分别为1.7万部、3.3万部和2.2万部。[①] 也就是说，几乎是中国城市中文化发展得最好的上海，与纽约、伦敦、巴黎等顶尖文化中心相比都差距明显，更遑论新兴城市深圳了——实际上，在前面援引的上海交通大学中国城市治理研究院和南加州大学安娜伯格传播学院联合针对51个国际文化大都市的评价排名

---

① 《国际文化城市：上海多项指标倒数》，网易网，https://www.163.com/data/article/88TQMF0700014MTN.html，最后访问日期：2021年6月11日。

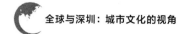

中，香港居第 25 位，广州居 36 位，深圳居 39 位，台北居 40 位，这也从一个侧面反映了深圳文化设施建设及其城市文化发展的相对滞后。①

当然，存在差距也从另外一个方面说明深圳未来的文化设施发展有着很大的想象和发展空间。尤其是在硬件的未来增量上，从 2018 年底发布的《深圳市加快推进重大文体设施建设规划》来看，深圳将逐步谋划的"新时代十大文化设施"，包括深圳歌剧院、深圳改革开放展览馆、深圳创新创意设计学院、中国国家博物馆·深圳馆、深圳科技馆、深圳海洋博物馆、深圳自然博物馆、深圳美术馆新馆、深圳音乐学院等。提升改造的"十大特色文化街区"，包括大鹏所城、南头古城、大芬油画村、观澜版画基地、甘坑客家小镇、大浪时尚创意小镇、大万世居、蛇口海上世界、华侨城创意文化街区、华强北科技时尚文化街区等。此外，深圳还计划建设一批市级重大文体设施项目，包括深圳美术中心、深圳文物博览中心、深圳第二图书馆、深圳国际青少年足球活动中心、深圳市文学艺术中心、深圳岭南文化艺术中心（深圳大众文化园）、中国红树林博物馆、金融博物馆、军事博物馆、深圳法治博物馆、深圳第二音乐厅、深圳音乐剧场群（深圳百老汇）、中国非遗展演中心、国家方志馆特区分馆、深圳棒球中心、海上运动基地、国际沙滩排球场、赛艇皮划艇运动基地等六大类 28 项。

可见假以时日，倘若以上设想和规划得以实现，深圳至少在文化设施尤其是在重大文化设施硬件的量和质上将缩小与国际一流城市的距离。但与此同时，正如文化设施不仅仅是硬件空间的

---

① 《全球最有文化城市排名》，《侨报网》2019 年 3 月 13 日。

存在，它并不完全代表一个城市的文化发展水平——虽然文化载体的多寡能较为客观地反映一个城市的文化形态，但从根本上说，城市的文化和精神并不能简单地"建设"或"打造"而成。我们或许可以这样说，深圳与国际一流城市的文化差距，不仅仅在于文化设施，而在于围绕文化设施引出的文化生态问题。所谓"文化生态"，一般是指"由具体的文化环境、文化氛围及其相关文化因素在特定的时期、特定的区域所呈现出来的特定形态和面貌"，其构成要素有：①文化设施的建设状况；②文化市场的成熟状况；③文化传统的传承状况；④文化管控的松紧状况；⑤知识产权的保护状况；⑥社会生活的开放状况；⑦文化创意人才的聚集状况。[①] 而恰恰在这些方面，深圳的不足和短板就更为明显。概言之，着眼于区域文化中心城市建设的深圳，其文化设施发展将因自身存在的问题而面临多方面的挑战。除了土地空间不足这一众所周知的硬制约之外，深圳文化设施发展的最大挑战是设施的运营等"文化市场的成熟状况"及与其紧密相连的文化生态的不足。

以演艺设施为例，从纽约和伦敦的经验看，其演艺业的高度发达和文化市场的成熟可以说是历史中自然形成的，或者说主要是由市场社会的文化经济驱动的，百老汇这样的集聚区同样如此。如早在19世纪70年代，纽约市的剧院就纷纷聚集到时代广场附近，剧院群每晚的灯火通明所营造的"伟大的荧光带"，成为美国在这一时期强势崛起为全球第一经济大国的繁荣象征。这一景象持续到20世纪50年代，在60～80年代一度陷入低谷，

---

① 刘铁：《文化创意人才、文化管控与文化创意生态关系浅析》，《上海文化》2013年第12期。

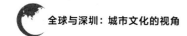

但大致在 90 年代以来戏剧市场又开始回归，重新成为纽约的文化娱乐中心。由于百老汇的内在肌理是长期的经由市场"打磨"而成的，由此也就形成了由文化经济内在驱动的市场生态：作为世界著名的剧场集聚区，纽约百老汇由内百老汇、外百老汇、外外百老汇组成，其中内百老汇聚焦商业表演，外百老汇以试验剧目为特色，外外百老汇则以先锋表演为主；对于文化生产者来说，剧院的集聚能够带来更多客户群体，而剧院之间的剧目、演员等生产资本和生产力也可以相互共享、降低剧院成本，一些演员演完了在某个剧的男一号，可以继续赶往下个剧演男配，这样借助很多大剧场，还可以把很多非营利性小剧场盘活，形成良性循环的文化生态。①

反观深圳乃至上海这样的中国城市，其大型文化设施的投资主体绝大部分是政府或国有企业，如《深圳市加快推进重大文体设施建设规划》的基本原则之一就是"坚持政府主导、多元拓展"，亦即坚持以政府投资为主，这与纽约、伦敦以企业为市场主体、以市场需求为指挥棒的文化设施建设模式是不同的，也会影响设施建好之后的管理运营环节，比如在进行积极主动的观众市场拓展方面，设施不同的产权归属关系及激励机制，会产生不一样的结果。这种文化市场的成熟度的差距，既是差异，自然与每个城市背后不同的文化生态有关。其中，就某一区域的具体的文化创意生态的构成和发展而言，有两个要素起着关键性的作用：①文化创意人才的聚集状况；②文化管控的松紧状况。前者

---

① 李忠：《都市文博区——后物质时代的城市内容新亮点》，为作者在第三届 CAUP 校友论坛"创新与创业"分论坛上的演讲。转引自申立、张敏《集群化与均等化：全球城市的文化设施布局比较研究》，《上海城市管理》2019年第3期。

决定着该区域文化创意生态的发展究竟能达到何种深度，后者决定着该区域文化创意生态的发展究竟能有多大空间。①

三 全球标杆城市：深圳文化设施的未来建设

英国著名文化创意学者查尔斯·兰德利在谈到城市规划、城市设计时曾经这样指出："城市设计……包含着一个综合性的角度，不单要设计建筑和建筑的分组，还要打造空间和风景。这就需要理解把规划规则、开发商的盈利目标以及让地方变得更特别这几点融合起来的可能性。人们担心规划只擅长于分隔空间（space），而不是创造'地方'（place）。只有当我们赋予一个空间以意义和特点的时候，它才成为一个地方。打造'地方'是规划、设计和管理公私空间的一种方式，它要去倾听那些空间使用者的心声，在这个过程中创造一个关于'地方'的愿景。"②查尔斯·兰德利在此区分了"空间"（space）与"地方"（place），用他的话说，"只有当我们赋予一个空间以意义和特点的时候，它才成为一个地方"，而这又需要我们共同的创造，创造一个关于"地方"的愿景。

在相当意义上，《中共中央、国务院关于支持深圳建设中国特色社会主义先行示范区的意见》提出深圳建设"全球标杆城市"和"区域文化中心城市"，就是一个既内在于中国，又赋予"地方"以意义和特点的愿景。而这一愿景的达成，又与作为建

① 刘轶：《文化创意人才、文化管控与文化创意生态关系浅析》，《上海文化》2013 年第 12 期。
② 〔英〕查尔斯·兰德利：《创意城市打造——决策者指南》，田欢译，社会科学文献出版社，2019，第 25 页。

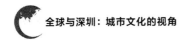

筑、空间的文化设施网络直接相连。为此，我们尝试着在借鉴国际一流城市的文化设施发展经验的同时，提出深圳未来着眼于"全球标杆城市"和"区域文化中心城市"建设目标的文化设施发展对策建议。

（一）树立文化集群理念，依托文化地标打造核心文化城区

20 世纪 80 年代以来，随着西方发达国家的工业外迁，一些衰落的工业城市首先面临着城市更新的挑战。同时出现的"文化集群"理论强调文化集群（cultural clusters）在城市复兴、城市更新中的作用，认为文化集群的战略构成了城市更新政策的一部分。有学者将之定义为城市中各种文化和娱乐设施高度集中的地理区域，此后学界对文化集群的理解超越了有形的文化设施，强调文化消费和生产活动的空间集聚，将该概念进一步扩展到产业、机构、展览馆甚至都市区文化集群等，其应用主要体现在城市中的各类文化设施集聚区和文化创意产业集聚区，包括以展示为主的博物馆集群和以演艺为主的剧场集群等。①

在相当意义上，文化集群理论不过是对现实状况的某种回应。比如在全球城市文化版图上，纽约文化之所以闻名遐迩，而东京则相对逊色不少，其中一个重要原因在于纽约的文化设施相当集中，如纽约市艺术博物馆、现代艺术博物馆等主要博物馆均位于第五大街，剧院集中在时代广场和百老汇地区。这不仅便利了国民和游客前来消费，更形成了一个具有浓厚艺术氛围的文化

---

① 申立、张敏：《集群化与均等化：全球城市的文化设施布局比较研究》，《上海城市管理》2019 年第 3 期。

圈。相比之下，东京的文化设施并不集中，分散在山手线地铁环线内的区域，而且其文化设施缺乏国际知名度，即便是旅游者参观最多的东京国家博物馆，年参观人数也不足 100 万，自然难以形成文化设施、文化消费和生产活动的空间集聚，也就难以形成强大的国际影响力。

因此，对于坚持对标一流、追求卓越、加快推进重大文体设施建设的深圳而言，首先要形成文化设施和文化活动的世界一流水平意识，在福田中心区（含市民中心片区、香蜜湖片区）、前海新城市中心（含宝安中心区、大铲湾片区）、后海深圳湾片区（含东角头片区、后海片区、超级总部基地）、国际会展城海洋新城片区、深圳北站片区、大运中心片区等区域规划打造一批新的现代化国际化文化核心城区。其中值得强调的是，核心文化城区要以真正一流的文化地标为依托，建设文化、教育、办公、居住等多功能融合的富有吸引力和活力的综合片区，实现文化与商业、创意、产业、城市公共空间的水乳交融。与此同时，要借鉴一些成功的"引爆点"工程经验，如古根海姆博物馆之于西班牙毕尔巴鄂，世界互联网大会之于中国乌镇，它们在短时间内实现了项目所在地的国际知名度的极大提升。就深圳而言，我们不妨以拟建的深圳歌剧院为例。作为具有国际一流水平、彰显城市形象以及进一步提升深圳在粤港澳大湾区中的文化影响力、聚合力和辐射力的地标性文化设施，深圳歌剧院的兴建可谓备受瞩目，但它未来能否达到预期的效果取决于以下几方面。一是建筑本身的国际一流（包括外观上具有标志性，注重节能环保和智能化等）；二是看它建成以后能否成为生产经营型剧院，既拥有专属的剧院场地及附属设施，又拥有自己的驻院乐团、歌剧团或芭蕾舞团等，以及齐全的舞台技术、舞美设计制作团队和完善的

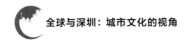

协调统筹运行系统；三是更重要的，看能否成为国际一流的表演艺术中心，包括在演出运营上拥有常驻院团、实行场团合一制，具备强大的艺术生产能力和演出经营能力，拥有齐全的舞台技术、舞美制作、宣传推广、市场运作等部门，成为艺术家和观众向往的艺术殿堂；同时具备多元化经营的文化功能，除拥有艺术生产、展示功能外，还拥有艺术普及教育、艺术交流、展览展示、艺术收藏与陈列、学术研究、文创开发和销售、殿堂经营等功能。[①]

（二）空间规划更加科学合理，实现文化设施的均衡化

作为未来城市文化地图的描述与筹划，城市文化规划的编制方法源于城市规划，它认为作为一类公共服务设施，文化设施的规划应根据设施适用对象和所在地区人群分布特点进行选址布局，从而提出公共文化服务均等化、"15分钟公共文化服务圈"等，并与创意城市和文化导向的城市复兴等相关联。[②] 对于城市的文化设施建设而言，在集群化之外，均等化之所以是必要的，一方面与实现公民文化权利、体现文化民主直接相关，另一方面，尽管如今风起云涌的新技术、新媒体对公众阅读、音乐欣赏、展览观赏等传统的文化消费习惯产生很大冲击，但文化在很大程度上仍然依赖于现场的亲身体验和面对面交流，因此建设文化设施、营造文化空间仍然是文化发展中的重要内容。事实上，作为实际管理人口达2000多万的超大规模城市，深圳既有必要

---

① 《深圳歌剧院怎么建？陈平：坚定文化自信，努力实现人民对美好生活的新期待》，深圳工务署公众号（微信号：Shenzhengongwushu）2019年10月21日。
② 申立、张敏：《集群化与均等化：全球城市的文化设施布局比较研究》，《上海城市管理》2019年第3期。

进一步提升文化设施的量和质，同时在空间分布上实现相对的均衡化。在过去，由于全市文体设施建设缺乏系统的规划，深圳的市级重大文体设施主要分布在原特区内的福田、南山等中心城区，龙华、坪山、大鹏等其他区（新区）的文体设施偏少乃至严重不足，部分区连标配的文化设施"三馆一中心"及体育设施"一场两馆"都没有建成配齐。据统计，在全市已建成的 50 个建筑面积 1 万平方米以上大型文化设施中，没有一个在大鹏新区；全市已建成的 21 个 3000 座以上的大型体育场馆中，没有一个分布在龙华区、光明新区和大鹏新区。即便是位居中心城区之一的罗湖区，由于是深圳最早的建成区，罗湖同样也遇到发展瓶颈，受制于土地资源有限、人口高度密集、早期城区规划不足等历史因素，目前罗湖的文体设施建设还存在不少亟待解决的问题，如区人均公共文化设施面积为 0.298 平方米，落后于 0.45 平方米的全市平均水平；人均体育设施面积为 1.27 平方米，同样落后于 1.59 平方米的全市平均水平。[①]

为实现文化设施的相对均衡，深圳应充分利用自身在不同的历史阶段"组团发展"、多中心分布的特点，重视发挥文化空间规划在统筹文化设施布局中的作用，借鉴巴黎等一些全球一流城市的有益经验，根据不同文化设施的特点，在通过规划促进美术馆、博物馆、剧院等集群化布局的同时，实现图书馆、社区文化设施等均等化配置，从而更好地提升社会文化效益。相对而言，剧院、美术馆、博物馆等承担着体现城市魅力和历史文化的功能，因而其建设主要依靠市场投资，但对于像公共图书馆、文化

---

① 深圳市人大教科文卫委：《关于我市文化体育设施建设情况的调研报告》，2018。

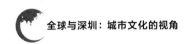

馆站这样的服务于社区居民的基础性设施来说，情形则有所不同，因此通过城市规划和公共政策来确保此类文化基础设施就非常必要，其规划布局应与人口的空间分布特征保持一致，[①] 这构成了文化设施"均等化"的基本理据。在这方面，深圳可以说已做出了很大的努力并取得了相当的成效，比如全市文体设施由原来的按行政区划配置，转向按行政功能、人口数量配置，出台了《深圳市基层公共文体设施规划和建设标准指导意见》《关于推进基层综合性文化服务中心建设的实施意见》等文化政策，研究制定文体设施的服务标准，规范基层文化设施建设；探索行政区域型与功能区域型相结合的公共文化设施配置模式，基本形成了覆盖行政性社区、厂区和大型屋村的公共文化服务网络。在未来，除了应按照标准加以贯彻落实之外，还应着眼于深圳未来的建设目标，特别是针对区域文化中心城市的发展要求，促使文化设施尤其是基础性文化设施的空间规划更加科学化、合理化，及时提高公共服务的实施标准，同时借鉴巴黎 21 世纪以来的文化设施发展经验，适应新的文化样式和审美趣味多元化的大趋势，规划建设新型的尤其是符和年轻人文化趣味的文化设施，整体上提升深圳的文化宜居度。

（三）推动城市更新中的社区文化空间再造

一些学者指出，从"文化设施"到"文化空间"，是当前国内外城市文化规划的重要趋向，亦即促进城市空间体系与文化空间体系相对接、促进文化空间适度集聚与均等化布局相协调、促

---

① 申立、张敏：《集群化与均等化：全球城市的文化设施布局比较研究》，《上海城市管理》2019 年第 3 期。

进文化空间规划与各类专项规划相衔接、促进政府能力建设与社会活力激发相互动。[①] 而其中的主要驱动力量，来自城市更新，即在中心城区从传统政治、商业中心到公共活动中心的更新过程中，文化成为其重要的驱动力。从形成过程来看，一方面，工业化时代衰退的内城往往是历史文化建筑的集聚区域，这些历史遗产为日后文化设施的集聚提供了空间，同时城市破旧的历史街区中的公共文化设施更新改造也是建设的重点之一；另一方面，由于中心城区通常是展现城市魅力、提升收益、塑造城市形象的场所，因而在城市更新中，在中心城区的一些门户地区会集聚一批作为城市文化与精神象征的标志性文化设施，如巴黎塞纳河发挥着历史性的、象征性的、娱乐性的、生活性的多重文化功能，从而形成左岸和右岸设施集聚区。[②]

文化成为城市更新重要的驱动力，反过来，城市更新也成为文化发展的驱动力。后者对于像深圳这样土地资源极其有限、面临空间紧约束的城市的文化而言，可谓意义重大。如何在土地整备、城市更新改造过程中，在以现有条件改善提升文化设施的同时，利用城市规划推动创设更多的文化空间，无疑是必要且紧迫的，包括严格落实深圳市政府关于街道、社区关于配建基层文体设施的要求；充分利用有条件的公园绿地、老旧厂房、仓库或闲置待开发用地等资源，将其改造建设成为文体场地设施；对一些街道、社区长期空置、租金较低且短期难以市场化运营，同时又符合开展文体活动的物业空间，探索推动购置或租赁以扩大公共

---

① 申立、陆巍、王彬：《面向全球城市的上海文化空间规划编制的思考》，《城市规划学刊》2016 年第 3 期。

② 申立、张敏：《集群化与均等化：全球城市的文化设施布局比较研究》，《上海城市管理》2019 年第 3 期。

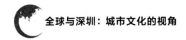

文体设施空间；做好全市老旧问题设施的更新改造工作，积极利用现代科技配套改造文体设施。

另外，要使文化有效成为城市更新重要的驱动力，必须同时发挥政府、市场和社会的作用，正如查尔斯·兰德利所说："打造'地方'是规划、设计和管理公私空间的一种方式"，"需要理解把规划规则、开发商的盈利目标以及让地方变得更特别这几点融合起来的可能性"。① 通过文化空间规划的约束与协调，借鉴很多城市的成功经验，大力推动和实施"艺术介入"或"文化植入"政策，实现文化设施与公共空间、公园绿地、商业楼宇和地下空间等的协同，将展览展示、演艺、阅读等功能融入各种公共空间，营造浓郁的城市文化氛围。

（四）促进投融资的多元化和管理运营的专业化、国际化

纽约、伦敦和巴黎等国际一流城市的文化设施建设，从投融资的角度上看，是多元化的，政府、市场和社会力量在其中扮演着重要的角色。其中，鉴于文化设施的不同特点，除了某些纯公益性的文化设施由政府主导之外，既具有商业性又具有公共性的文化设施，如剧院、音乐厅等演艺场馆，则大多由私人企业投资运营。如著名的中央公园是纽约最大的市政公园，缘起于1850年新闻记者威廉·布莱恩特在《纽约邮报》上掀起的公园建设运动，随后的1851年纽约州议会通过《公园法》，1853年确定中央公园的位置与规模，1858年公开举行设计竞赛，奥姆斯特德及沃克斯二人合作的方案在35个应征方案中脱颖而出，成为

---

① 〔英〕查尔斯·兰德利：《创意城市打造——决策者指南》，田欢译，社会科学文献出版社，2019，第25页。

实施方案，1873 年中央公园全部建成，历时 15 年，自此而成为纽约当仁不让的文化地标。但与中央公园主要由政府推动建设有所不同，百老汇主要由舒伯特（Shubert）、倪德伦（Nederlander）、朱詹馨（Jujamcyn）三大剧院集团掌控，他们占有 41 家剧院中的 31 家，如此虽会导致百老汇戏剧市场的某种封闭性，但剧院及其掌控方由于是真正的市场主体，具有一般市场主体的敏感性和灵活度，会根据市场需求的细微变化和行业趋势做出较为及时的投融资反应，有利于促进演艺市场的优胜劣汰和发展繁荣。① 反观深圳乃至中国大部分的城市，在文化设施尤其是一些大型文化设施的建设上，并不对文化设施本身的特点做出政策区分，政府往往成为当中单一的投资主体，建成之后也主要由有政府背景的团队进行运营，其缺点是在项目论证、投融资起点上不是从市场的有效需求出发，这可能会导致供需错位的结果，目前深圳部分文化设施的闲置就是某种体现。因此，要借鉴世界先进城市的相关经验，在文化设施尤其是重大文化设施建设上，积极探索政府与企业合作建设、社会资本投资建设等多元化投融资模式，在项目论证和具体投资方案上借助市场和社会力量的共同参与，提高文化设施投资的有效性，实现更大的社会和经济效益。

更为重要的是，在设施的管理运营上，要根据文化设施尤其是重大文化设施不同的性质特点，组建专业化、国际化的管理运营团队，实现"对标一流、追求卓越"的目标。其中，培养和引进高端专业、复合型管理人才，是极为重要的。在这方面，有

---

① 郑维雄、马天宗：《百老汇音乐剧的市场运营与产业机制》，《中国文艺评论》2018 年第 11 期。

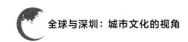

学者从充分发挥规模效益、全方位的市场分析、标准化的产品制作、多样式的市场渗透、差别式的票务销售和整合化的营销策略等方面，分析了百老汇的文化产业运营机制，① 由此也清晰可见专业化、国际化的制作管理人才和团队对于百老汇剧院运营的极端重要性。但恰恰在这方面，假如说拥有世界著名文化艺术人才特别是大师级人才是国际文化中心城市的显著特征，也是城市文化创意生态的重要组成部分，那么包括文化设施高端管理人才在内的国际文化艺术专业人才的匮乏无疑是深圳文化生态发展最大的"软肋"，要实现建设区域文化中心城市和全球标杆城市的目标，深圳仅仅拥有一批有一定知名度和影响力的文艺专才还远远不够，还必须不断开拓国际视野、加大政策支持力度，通过市场化招募等有效方式，加强对国际顶尖文化艺术制作和管理人才的引进、培养和扶持，同时极大地创新文化管理体制机制，尽力营造吸引人才前来的宽松包容的城市人文环境，为建设区域文化中心城市提供有力的人才支撑。

（五）打造可接近的文化设施

深圳文化设施大量建造，首先极大地拓展了城市的文化空间，在基础设施领域完善了城市的文化功能。但与此同时，文化设施不是简单地"盖房子"，硬件完成仅是其中的一步，而如何增强文化设施的使用率和吸引力，才是关键所在。因此，打造可接近的文化设施无疑是最主要的目标之一。这里的"可接近"包含两层意思，一是文化设施具有很强的公共服务意识，而不是

---

① 李冰洁、马爱萍：《探析百老汇的文化产业运营机制》，《歌剧》2019年第7期。

高高在上拒人千里，这本是二战后实现公民文化权利、体现文化民主的世界潮流的题中应有之义；二是其服务内容有较强的文化吸引力，既能适应更大范围群体的文化认知程度，又能增强社会公众的文化参与能力，使公众不至于因文化参与的高成本而却步。正如任一鸣指出的，"文化民主化"既是法国的传统文化理念，也是巴黎公共文化政策的核心；巴黎公共文化服务体系就是建立在这一核心理念之上的，具体体现在保障公共文化设施的投入和均衡分布、文化传承和文化创新融合发展、关注公众对城市文化活动的参与度和满意度等方面。比如围绕"文化民主化"的文化政策，巴黎市政府采取了降低票价或提供免费艺术服务、开拓参与性强的文化活动形式、提供设施和交通便利等各种措施，极大地增强了公众的文化参与能力，提高了其参与度，实为打造"可接近的文化设施"的一个典范。①

　　在未来，为了实现深圳大量建造的文化设施更大的公共效益，实有必要秉承"可接近的文化设施"的理念，不断增强和提高市民文化参与的能力和水平，营造更为浓郁的文化城市氛围。一方面，要从战略高度重视文化发展，不断加大对文化设施的投入力度，进一步填充、扩充设施的文化内容和艺术内涵，包括深圳博物馆、美术馆的高质量展品，音乐厅、剧院的优质艺术团体节目资源等，同时提升文化设施的公共服务意识和水平，使得进入文化设施成为人们生活日常重要的一部分；另一方面，则应通过国办博物馆免费开放、艺术公益讲座培训、高雅艺术票房补贴等方式开展艺术教育普及活动和专业观众培育，通过"低票价"工程和艺术进社区项目，不断拓宽市民的艺术接触渠道，

---

① 任一鸣：《巴黎公共文化发展及其启示》，《文化艺术研究》2012 年第 10 期。

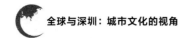

提升市民的艺术素养，特别是为年轻人提供艺术展示的平台，展现深圳先锋、时尚、青春、活力的城市文化特色。对于商业化的文化设施而言，为培育艺术消费市场，需要不断加强观众拓展，提高文化设施利用率。世界文化大都市的文化设施管理团队不仅利用丰富的文化资源吸引观众，而且在社会教育的拓展与延伸、文化艺术的传承与创新等方面都积极作为，如百老汇剧院集聚区有很多针对消费者的拓展项目，包括百老汇粉丝俱乐部、百老汇周、百老汇地带、百老汇儿童之夜、聚焦百老汇以及大量针对企业的项目。伦敦西区剧院集聚区有针对家庭观众的拓展项目，如家庭期刊、剧院礼券活动、儿童周、票价打折走进剧院活动、剧院导览指南、西区现场音乐会等。① 因此，学习借鉴国内外发达城市文化设施管理运营的先进经验，积极探索深圳文化设施建设运营的体制机制创新，打造可接近的文化设施网络，无疑对于文化设施的可持续发展和城市文化的持续繁荣，对于区域文化中心城市和全球标杆城市发展目标的实现，都有着极其重大的意义。

---

① 张蕾：《百老汇、西区与上海戏剧观众拓展比较分析》，《上海戏剧》2019年第2期。

第六章　打造国际一流文化活动体系

文化活动的重要性在现代社会中日渐凸显。内容丰富、形式多样的文化活动无处不在，活跃于城市的文化议程中。随着文化活动重要性的增强，文化活动在城市建设和社会发展中扮演着愈加广泛的角色，从维护文化群体的基本文化权利到构建特定区域的文化话语，从活跃地方文化经济到构建区域文化品牌。文化活动已然成为当代城市品牌战略中的重要组成部分。全球许多城市已建立了自己独特的文化活动系统。在当代城市竞争愈演愈烈的当下，利用文化活动来提升城市形象，以此作为城市自身发展文化品牌与吸引城市参与的重要契机，已然成为全球城市发展的普遍共识。提供丰富多样的文化活动是当代城市发展的重要功能之一。文化活动是当代城市提供文化服务、展现文化实力的重要舞台。

一　城市文化政策变迁中的文化活动

当代城市需要勾画愿景来塑造自己的未来，而城市文化活动是将城市愿景具体化再现的重要舞台。"城市已经成为持续不断的文化活动的舞台，最终导致城市的'节日化'。"[①] 随着现代社会的全面高速发展，社会文化的急剧变化和大众文化诉求的快速提升，如何更系统、更有效地组织和实施城市文化活动便成为城市政府决策和运行中不得不面对的重要议题。

早在 1971 年，美国参议院劳工与公共福利委员会便出版了关于《美国和外国政府对文化活动的支持情况的调查》（*Survey of United States and Foreign Government Support for Cultural Activities*）报告。这一报告由美国劳工与公共福利委员会下属艺术与人文问题特别小组委托美国国会图书馆完成。在调查报告的序言中，时任美国劳工与公共福利委员会主席哈里森·威廉姆斯（Harrison A. Williams, Jr.）特别指出，此报告对美国为艺术家所提供的支持做了最全面的描述，"我们的艺术和文化是我们的国家遗产。我们必须尽一切努力在这一遗产的基础上发展。我们必须保持现在和未来鼓励其进一步发展"[②]。显而易见，美国在50 年前就开始重视从政府层面系统性地研究与规划文化活动的发展。《美国和外国政府对文化活动的支持情况的调查》表明，

---

① G. Richards and J. Wilson, "The impact of cultural events on city image: Rotterdam, Cultural Capital of Europe 2001," *Urban Studies*, Vol. 41 (10), (2004): 193.

② Claiborne Pell, "Letter of transmittal," *Survey of United States and Foreign government Support for Cultural Activities*, 1971: p. x.

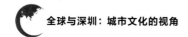

彼时文化活动的主体强调的是对以艺术家为中心的专业人士的支持，着重对音乐、舞蹈、戏剧等传统意义上高雅文化艺术的传承与发展。而这些支持总体上借由政府部门对相关文化设施和文化机构的支持来实现。

然而，随着文化活动的需求和形式快速发展，自20世纪90年代以来，西方城市文化政策发生了一个重要的结构性变化，即"文化政策的重点从机构到活动的运动形式"。① 文化政策从机构到活动的结构性变化具体表现为，西方城市的政府管理结构在公共资源的分配中，分配给图书馆和文化学校等传统地方文化机构的配额逐渐减少，而分配给诸如文化节庆等地方性文化生活新领域的公共资源则显著增加。对于这种结构性变化，大体可以从三个方面来解释。首先，政府文化部门的灵活性增强，这使文化部门得以在更广泛的领域内调配政府资金分配。其次，诸多专项资助计划均将地方资源导向文化艺术节等文化活动的新形式，从而提高了文化活动在地方文化事务中的地位。再次，在文化软实力、创意城市等诸多文化理论的影响下，许多城市政策的制定者均采用相关文化理论作为区域发展和城市竞争力的源泉。②

在过去数十年中，全球范围内各主要城市都更加重视艺术和文化政策的发展，这反映出文化在促进城市发展中的核心地位。

---

① Erik Henningsen, Lars Ha'konsen & Knut Løyland, "From institutions to events-structural change in Norwegian local cultural policy", *International Journal of Cultural Policy*, Vol. 23（3），（2017）：352.

② Erik Henningsen, Lars Ha'konsen & Knut Løyland, "From institutions to events-structural change in Norwegian local cultural policy," *International Journal of Cultural Policy*, Vol. 23（3），（2017）：353.

比安基尼和帕金森①、霍尔②、贾德和法恩斯坦③、迈尔斯和帕迪森④、史密斯和冯·克罗格⑤均强调了基于消费的经济发展在城市中的作用，文化消费被认为是城市繁荣的源泉⑥。在全球城市竞争的舞台上，城市试图通过构建文化设施和娱乐场所或组织和举办节日庆典等文化活动来提高自身知名度。

事实上，活动营销最初是公司通过如音乐会、体育赛事等特殊活动与消费者建立面对面互动的一种促销策略。活动营销被定义为"通过将组织与特定活动相关联来促进组织及其品牌利益的实践"。⑦ 与公司支持活动或组织以提高其品牌形象或知名度的赞助活动不同，活动营销则是指组织活动与实体活动相关联的活动。⑧ 公司可以通过活动营销来实现各种目标，包括提升企业

① Bianchini F. and Parkinson M. edited, *Cultural Policy and Urban Regeneration*: *The West European Experience*, 1993, Manchester: University Press.

② Hall P. , "The future of cities", Computers, Environment and Urban System, Vol. 23, (1999): 173 – 185.

③ Judd D. and Fainstein. S. edited, The Tourist City, 1999, New Haven, CT: Yale University Press.

④ Miles S. and Paddison R. , "Introduction: The rise and rise of culture-led urban regeneration", Urban Studies, Vol. 42, (2005): 833 – 839.

⑤ Smith A. and von Krogh Strand I. , "Oslo's new Opera House: Cultural flagship, regeneration tool or destination icon?" European Urban and Regional Studies, Vol. 18, (2011): 93 – 110.

⑥ Irina Van Aalst, Rianne van Melik, "City festivals and urban development: does place matter?" *European Urban and Regional Studies*, Vol. 19 (2), (2001): 196.

⑦ Shimp, T. A. , *Promotion Management & Marketing Communications*: *Instructor's Manual and Test Bank* (Dryden Press, 1993); Van Heerden, C. H. , *Factors Affecting Decision-Making in South African Sport Sponsorships* (University of Pretoria, 2002).

⑧ Close, A. G. ; Finney, R. Z. ; Lacey, R. Z. ; & Sneath, J. Z. , "Engaging the consumer through event marketing: Linking attendees with the sponsor, community, and brand," *Journal of Advertising Research*, Vol. 46 (4), (2006): 420 – 433.

169

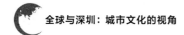

形象、增加企业销售、提高品牌知名度等。在传统的企业营销模式中，企业通常通过可以同时到达大量消费者的普通电视或广告牌消息来宣传自己。在这种情况下，消费者被动地接收营销信息。相比之下，活动营销使公司有机会在聚集点定位特定的个人或群体。对于许多企业而言，活动营销最吸引人的方面是可以将营销信息整合到社交聚会中。信息元素与特定的活动和事件紧密地联系在一起并传递图像。因此，如果战略性地计划，消费者可能不会认为自己参加了营销活动。与传统广告相比，活动营销使品牌可以更直接地接触消费者。它使与会者有机会与品牌互动，与会者可以决定是否、何时以及如何在活动中与品牌互动，因而具有传统营销模式无可比拟的可达性。投资活动营销的公司试图为目标客户提供动手实践的经验。通过成功的活动，品牌可以建立良好的印象并与消费者建立长期的互动关系。①

文化功能对城市经济做出了重要贡献已然成为一个不争的事实。"艺术设施的集中不仅代表审美能力，还提高了财产价值、商业发展，并吸引了人们的注意力。"② 与此同时，随着休闲和可支配收入的增加，"活动"是当代城市人们生活的核心部分，这导致城市中文化节庆、娱乐活动和公共活动的迅速增长。基于上述事实及活动营销的特征与成效，文化活动已成为城市品牌日益重要的组成部分。全球许多城市在试图找出活动在实现各种经济和城市发展目标中的潜力。全球城市不断开发各类文化活动以激发城市活力，构建城市文化活动系统已然成为全球城市打造城

---

① Chien-Chi Lin, Fang-Ping Chen, Hsiang Chen, "The influence of cultural IQ and performer's involvement on organizational attraction," *International Journal of Business and Information*, Vol. 13（4），（2018）：430.

② Zukin S., *The Cultures of Cities*, Oxford：Blackwell Publishers, 1995, p. 117.

市文化品牌的重要策略。

　　文化活动的全球增长反映了以文化为主导的城市再生策略的更广泛实施。"欧洲文化之都"（European Capital of Culture）项目是此轮文化城市建设的发端。欧洲是全球城市化程度最高的大陆之一，超过 2/3 的人口生活在城市地区，而且这一比例还将继续增长。与此同时，欧洲城市所面临的城市更新与城市再生问题亦最为突出。在此背景下，"欧洲文化之都"项目作为城市复兴的文化活动被提上日程。

　　"欧洲文化之都"最开始被称为"欧洲文化之城"，它于 1983 年由时任希腊文化大臣梅利纳·梅尔库里（Μελίνα Μερκούρη）构思，并由希腊文化部开始举办。梅尔库里认为，在当时的欧洲，文化并没有如同政治和经济那样受到足够的关注，因此需要欧洲共同体（现为欧盟）各成员联合开展一项计划，以宣传欧洲文化。这一项目的目的是在欧洲共同体的工作中发展文化层面，以使欧洲共同体各成员更紧密地联系在一起。"欧洲文化之城"计划自 1985 年夏天于第一个拥有此头衔的雅典开始运作，每年轮流授予欧洲各国。从 1999 年德国举办期开始，"欧洲文化之城"改名为"欧洲文化之都"。自计划启动以来，已有 60 个城市被指定为"欧洲文化之都"，成为欧洲目前最成功的文化项目之一。"欧洲文化之都"的目的主要是使欧洲受众可以充分体验所选择的城市文化，以描绘一个作为文化概念的欧洲，"欧洲文化之都"的起源纯粹是文化性的。然而，随着项目的发展，各城市已经以不同的方式使用了它。总体而言，指定城市的主要关注点是获得与旅游业增长、城市形象提升和城市复兴相关的经济利益。

　　"欧洲文化之都"成为欧洲推动城市发展的关键催化剂，并且总体上对城市产生了积极影响。最初，"欧洲文化之都"被视为强化欧洲著名文化中心地位的机会，例如雅典（1985）、佛罗伦萨（1986）、阿姆斯特丹（1987）、西柏林（1988）和巴黎（1989）。1990年的"欧洲文化之都"格拉斯哥在"欧洲文化之都"项目中确立了该项目促进城市复兴的可能性。格拉斯哥试图完善其文化基础设施和旅游产品，并以崭新的去工业化重塑自己的城市形象。格拉斯哥发展经验成为以文化为主导的城市更新的基石。自1990年以来，"欧洲文化之都"已成为一种非常受欢迎的城市更新工具，尤其是在具有工业历史的城市中，例如热那亚、里尔、鹿特丹、波尔图、塞萨洛尼基等。"欧洲文化之都"体现了欧盟创造可识别的共同欧洲身份的文化政策，其官方目的是强调各种欧洲文化的异同，以在文化中产生更大的欧洲认同感。

"欧洲文化之都"项目往往在多个层面上运作，特别是在地方和区域利益相关者提出广泛的城市复兴愿望的背景下，这些利益相关者将"欧洲文化之都"视为经济和社会变革的潜在催化剂。2008年，法国南部的马赛市赢得了主办2013年"欧洲文化之都"的竞标。马赛这个法国最贫穷的城市得以有机会在12个月内以创意、艺术、表演等各种文化活动形式产生新的城市文化，同时尝试通过旅游业和城市复兴来促进高水平的经济增长。在"欧洲文化之都"计划的背景下，马赛的目标就是将创造力纳入城市变革的政策和实践中。在2013年的"欧洲文化之都"实践中，马赛市以地中海港口文明为中心，以"中部之分－南方共享"（Le Partage des Midis-The Sharing of the South）为主题，举办了900余项文化活动。这些活动围绕地中海文明的主体，呼应马赛对变化和增长的渴望，强调探索城市的变化以及过去、现在和未来之间的连接。"在这里，在其他地方""尤利西斯：奥

德赛""地中海大航行""地中海宴会""水的边缘"等一系列
活动强化了文化活动的本地视角，为当年的马赛带来了 1000 万
游客，进而改善了马赛的国际形象。[1]

事实上，大型活动长期以来一直被城市用作确认全球认可和
吸引未来经济投资的战略。但是，"欧洲文化之都"的成功使得
越来越多的城市质疑并抛弃如奥运会等传统活动项目，进而选择
文化活动以推进城市发展。显而易见，"欧洲文化之都"项目的
成功运行激发了全球城市对文化活动的投入。作为城市复兴的推
动力，文化活动，特别是重大文化节庆活动成为城市文化的重要
舞台。文化活动的类型和受关注程度都得到了极大的增长。作为
城市的展示，文化活动为城市提供了特定的图像，"许多城市在
文化节庆中看到了一种解决其形象问题的'快速解决方案'"[2]。
同时，文化活动作为文化艺术的温床，为创意人才提供了专业化
的机会，并可能吸引具有特殊口味的观众。文化活动往往设定特
定的重点，文化活动的特殊焦点吸引了对这种特殊艺术形式感兴
趣的受众参与。这使当下的城市文化活动成为创意活动的重要平
台。此外，文化活动的发展可以激发或更新现有的文化基础设
施，进而促进城市内其他文化的发展。

二 城市文化活动的意义与目标

诚然，文化活动已成为当代城市文化的重要组成部分。然而，

---

① Angela Giovanangeli, Marseille, "European Capital of Culture 2013 Ins and Offs:
A case for rethinking the effects of large-scale cultural initiatives", *French Cultural
Studies*, Vol. 26 (3), (2015): 302 – 316.

② Quinn B., "Arts festivals and the city", *Urban Studies*, Vol. 42, (2005): 932.

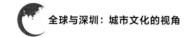

面对纷繁复杂的文化活动，政府文化部门如何对城市的整体文化活动做出科学、合理、系统的规划？要解决这一问题，首先需要从政策设计的顶层厘清文化活动开展与实施的具体意义与目标。

（一）活化城市空间

事实上，在所有的文化中，人们都认识到有必要为公共节庆和文化活动留出一定的时间和空间。文化活动长久以来都是表达个体与区域间紧密关系的工具。因而，文化活动对城市文化的影响首先直观体现在对城市空间和城市景观的活化与改造方面。文化活动的实施与运行必须增加现有供应和当地基础设施，以为文化活动提供恰当的文化空间，"城市中文化空间的迅速生产，以空间响应的方式应对城市文化面临的挑战"。[①] 文化活动为城市、机构和市民提供了更广阔的机会，让他们可以实践的方式，规划和介入城市空间的改造与活化。

纽约作为全球最重要的大都市，在 20 世纪 70 年代面临城市空心化的危机。随着企业的撤离，人们担心这座城市正处于衰退中，以至于它可能无法恢复。然而从 80 年代初开始，在向知识密集型经济过渡的过程中，纽约被"重新发现"。文化活动的活跃及其引发的都市空间的变迁在其中起着重要作用。以现今为人们所熟知的纽约 SOHO 区为发端，纽约以更丰富的艺术生活和文化活动为动力，开启大规模的城市更新过程。城市规划者试图通过混合用途和紧密互动来重现功能良好的城市品质。在以文化活动广泛改造城市空间的过程中，纽约继续进一步成为全球文化中

---

① 钟雅琴：《文化产业升级与城市文化更新》，《深圳大学学报》（人文社会科学版）2016 年第 6 期。

心城市。

全球城市纷纷效仿纽约，旧仓库、啤酒厂、钢铁厂、纺织厂、火车、巴士、消防局被改造成文化活动空间或体验中心，以实现更广泛的城市复兴。艺术家、音乐家、网页设计师、图形设计师等富有创造力的专业人员被吸引到了这些地方。他们的存在使他们成为城市空间再生的先锋，那些工作条件恶劣的地方开始被人们誉为新潮和时髦的地方。显而易见，文化让原本陈旧的都市空间成为更具灵活性的有趣结构。

莫斯科高尔基公园（Gorky Park）项目是近年来由地方政府主导，对城市公共空间进行改造以满足城市文化活动需求的成功案例。[①] 高尔基公园项目是莫斯科的第一个大型公共空间现代化项目，是连接莫斯科河沿岸六个景点的广阔公共空间。高尔基公园包含公园、花园、路堤、舞台、体育设施、教育中心、展览空间和户外电影院。它全天 24 小时免费开放，已成为莫斯科文化生活和活动的核心。

高尔基公园的一部分最初是沃罗比耶夫斯基（Vorobyevsky）宫的所在地，该宫是 15 至 19 世纪沙皇和王子的住所。沃罗比耶夫斯基宫在 1812 年被大火烧毁，到 20 世纪四五十年代，该宫殿的剩余建筑物被清理并供莫斯科大学使用。1932 年，高尔基公园建成，并在 20 世纪 90 年代逐渐发展成一个雕塑公园，成为莫斯科艺术展览的重要场所。2011 年开始，高尔基公园由莫斯科文化部主导，开始全面改造。至今，高尔基公园翻新了天文台、国际象棋俱乐部展馆、滑板公园、足球场等。高尔基公园每年举办 300 场画展，流动展出俄罗斯绘画历史上的十万多件作品。高

①　https：//park - gorkogo.com/en/vg，最后访问日期：2020 年 2 月 20 日。

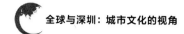

尔基公园设有户外电影院，夏季户外音乐节计划和学校展馆，并在公园里为不同族群提供乌兹别克、哈萨克、摩尔多瓦或塔吉克语言免费课程。高尔基公园项目充分展现了该地区的环境、历史和文化资源，将休闲、体育与文化设施相结合，形成了一个免费开放的文化活动互连区域。

（二）构筑城市形象

全球化迫使城市竞争加剧。构筑差异化和独特性的城市形象是全球城市竞争的必然要求。文化活动因为其流动、社交、娱乐、欢乐、互动等特性，成为当代城市形象构筑和城市行销的重要手段。大量研究表明，文化活动有助于提升人们对区域的形象认知。[①] 世界各地的城市都积极组织各种文化活动来吸引大众。如果安排得当，这些文化活动将有助于改变区域形象，从而为后者带来更多的收入和利益。目前来看，大型的地方性文化活动大多由城市政府部门组织，以期改善城市形象，并带来社会和文化利益。研究表明，认知图像对城市整体形象有重要影响。人们持有的关于区域的图像决定了对该地点的访问意愿，并通过口口相传或在社交媒体网站上发布评论和照片，将其推荐给他们的家人和朋友。这些建议可以有效地激励其他人通过参加活动来参观该区域。因此，城市管理者应特别注意认知形象，同时还应努力为访客提供独特的体验，以增强情感形象，这对于促进重访城市的

---

① José Manuel Hernández-Mogollóna, Paulo Alexandre Duarteb, José Antonio Folgado-Fernaándezc，"The contribution of cultural events to the formation of the cognitive andaffective images of a tourist destination"，*Journal of Destination Marketing & Management*，Vol. 8，（2018）：173.

愿望至关重要。①

　　因而，如何寻求更具地方特色及全球链接的文化活动是城市文化活动发展的主要目标之一。伦敦的"大舞蹈"（Big Dance）项目②作为一个始于伦敦的公共舞蹈倡议为组织文化活动提供了有益的参考。"大舞蹈"项目的理念是，舞蹈作为一种艺术形式本身具有独特的能力，可以对人和城市产生变革性影响。舞蹈非常容易普及，没有语言障碍，每种文化都有舞蹈。更为重要的是，舞蹈可以在许多重要的城市政策领域产生影响，包括将社区召集在一起庆祝，改善公民的健康和生活质量，与年轻人互动，跨越社区界限和以其他文化活动无法做到的方式为公共环境增添活力等。目前，"大舞蹈"已发展成为世界上最大的舞蹈项目，该项目每两年举行一次，连接从印度到黎巴嫩，从加拿大到波斯尼亚和黑塞哥维那的全球 25 个国家。

　　"大舞蹈"项目得以迅速发展的原因首先在于其创新的运行模式。"大舞蹈枢纽"（Big Dance Hub）模式由 21 个主要舞蹈组织领导的枢纽组成。在以伦敦为中心的活动框架下，各城市枢纽自行制订与当地相关的计划，但在一个框架下开展工作以产生战略影响。这一框架得到了国际合作伙伴、区域舞蹈基金会以及各行各业数百名合作伙伴的支持。"大舞蹈"项目的内容涉及艺术、健康、体育等类型众多的活动议程。在其他干预措施未能取得进展的情况下，这通常是地方政府计划的"黏合剂"。2012

---

① José Manuel Hernández-Mogollóna, Paulo Alexandre Duarteb, José Antonio Folgado-Fernándezc，"The contribution of cultural events to the formation of the cognitive andaffective images of a tourist destination"，*Journal of Destination Marketing & Management*，Vol. 8，（2018）：176.

② http：//www.worldcitiescultureforum.com/case_studies/big-dance，最后访问日期：2020 年 3 月 5 日。

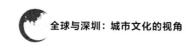

年，伦敦举办了奥林匹克运动会和残奥会，"大舞蹈"项目在其间举行了600多个活动，涉及文化、体育、健身组织等。无论是观看、表演、摄影、电影制作、舞蹈、设计、写作还是阅读，所有活动都通过"舞蹈"激发人们的参与。

"大舞蹈"项目在整个英国营造了一种社区意识。舞蹈对老年人的生活质量和心理状态有明显的积极影响。一项具有战略意义的泛伦敦大舞蹈计划将日间中心和住宅区的数百名老年人联系在一起，该计划鼓励这些参与者增强自尊，减少社会排斥并改善心理健康和获得幸福感。"大舞蹈巴士"将文化带入社区。一辆经过改装的经典伦敦巴士，带有弹出式舞池，通过大型舞蹈工作室在公共广场、公园、购物中心、房地产和海滩的表演，编织出了魔力。"大舞蹈巴士"接触各个社区，提供了数百个难忘的欢乐家庭日。

国际著名的编舞家韦恩·麦格雷戈（Wayne McGregor）提出的"大舞蹈学校誓言"则在25个国家和地区的城镇广场、田野、海滩和公园中，为12万多名年轻人提供了集体舞蹈表演的机会。这是世界上最大的集体公共舞蹈活动。"大舞蹈"项目在将舞蹈带回社区的同时，还将影响力扩展到英国以外，并与中国、巴西和澳大利亚建立了合作伙伴关系。由拉斐尔·波纳切拉（Rafael Bonachela）精心编排，数千名舞者黎明时分在悉尼歌剧院外的世界"和平之乐"两侧以及午夜在伦敦的特拉法加广场和格拉斯哥的市中心等世界主要城市的公共空间表演。"大舞蹈"项目通过文化实现全球联系的时刻，也为游客提供了一个关于城市的不同视角。

（三）促进城市经济发展

文化活动在当代城市快速发展的动力之一在于近几十年来全

球文化消费方式的根本性变化。随着家庭大众媒体产品消费的大幅度扩展以及文化、休闲和旅游业多种多样的形式的出现。城市不再充当生产的景观，而是充当消费的景观。许多城市工业基础的崩溃促使人们认真寻找替代方案，并转向服务经济。与先进工业社会的这种"文化转向"同时出现的是"图像生产"的相应膨胀，这也揭示了当代城市各类文化活动的戏剧性扩展。文化活动的增长代表着城市试图使用以消费为导向的文化形式在竞争激烈、日益全球化的市场中脱颖而出。

文化活动对城市经济的影响首先体现在旅游业。在利用艺术、文化和娱乐产品的人群中，游客占很大比例。一般而言，城市旅游，尤其是文化旅游，有望成为经济增长最快的分支之一。文化活动在吸引游客并使他们在当地发生消费行为以促进经济发展发挥重要作用。通过组织特殊的节日，一个城市将其与其他城市区分开来。作为旅游目的地，在这个意义上，城市不仅是一个地点；城市必须以能够适应某些旅游习惯的方式生产，也就是说，城市必须为人们提供更生动有趣的去处。文化活动将文化消费与文化参与结合，对城市经济产生积极影响。正是由于文化活动的这种乘数效益，地方政府越来越热衷于通过文化活动吸引更广泛的受众。

与此同时，文化活动的发展为创意产业和创意经济的发展提供了更丰沃的土壤。文化活动兼及大众文化参与、文化产业就业、创意阶层培育等促进创意经济发展的重要因素。全球知名学者查尔斯·兰德利（Charles Landry）于 1988 年提出"创意城市"的构想，以应对全球化水平的提高、世界经济的结构调整以及城市日益贫乏和同质化的问题。兰德利强调了我们需要如何思考城市的硬件及其软件，包括其活动、氛围和组织方式。在

《与众不同之处：文化与创造力》一文中，兰德利回顾了文化如何成为社区和城市更新的关键因素，以及文化创意在实现这一预期目标中的重要作用。对他来说，文化就是我们的身份，创造力决定着我们将成为什么样的人。因此，越来越多的人、组织、城镇、城市、地区和国家发现文化和创造力可以为他们提供一些东西，尤其是在更新他们的位置感、经济和城市生活的背景下。因此，创意被认为是至关重要的可再生资源。

对于兰德利而言，通常以创意区为中心的场所更新来适应当地经济的核心是文化活动的情况，因为它不仅涉及经济和物质变革，而且涉及思维方式和观点的转变。为了将人们吸引到城市中来，城市需要让他们参与城市更新的故事。行动中的城市必须根据当地的独特性和雄心壮志提出引人入胜的故事，以激发动力和承诺。文化活动的发展为音乐、设计、表演、新媒体等各行业的创意人才提供了丰沛的机会，让他们得以参与城市发展，成为城市向创意城市转型的重要力量。

英国近年来实施的"文化之城"（City of Culture）项目高度体现了城市以发展文化活动争夺文化旅游和投资，促进城市经济发展的迫切冲动。2009年，时任英国文化部部长安迪·伯纳姆（Andy Burnham）提出设立英国"文化之城"，获得"文化之城"资格的城市可以获得公共和私人的资金支持以举办为期一年的文化活动，这些活动包括如特纳奖、曼布克奖、斯特林奖和全英音乐奖等英国最重要的大型文化活动。显而易见，"文化之城"项目对于主办城市而言是当地发展创意经济，建设创意城市的强心剂，因此，该项目自推出以来便受到英国各城市的热烈追捧，已成为当前英国城市竞争最为激烈的文化项目之一。

（四）构建文化认同

城市化进程的加速运行和全球化的一个重要结果是，新的城市地方特色的下降和人们对城市归属感和身份认同的丧失。从理论上看，文化活动可以在应对全球化背景下城市面临的认同危机中发挥作用。休斯（Hughes）认为，在 20 世纪 90 年代，人们对文化活动的兴趣日益浓厚，与将其作为一种社会战略来对抗公共空间中日益增长的疏离感和不安全感有关。[①] 的确，节日在历史上一直被认为是一种地方社区表达自己的身份、共同的价值观和加强社会纽带的机制。因而，节日必须与一个地方的居民和访客及社区团体不断变化的艺术需求相呼应并不断发展。

文化活动在构建文化认同、增强社会凝聚力中发挥作用。一个更有趣的变化在于，这种作用已然延伸到了信息社会中更为抽象的领域。"信息社会正在导致更多的个人消费形式，尤其是在家庭中……视频和计算机游戏、互联网。另一方面，这也导致更多的人想出去……因为人们需要分享、交流并向文化和社会发展的过程开放。最终……个人化使我们对集体主义产生了兴趣。"[②]无论是对于文化活动的组织者、生产者还是参与者而言，文化活动提供了现代社会所稀缺的在场感和参与感。显然，文化活动的主要目标之一就是要确认活动参与主体的文化身份。因此，

① HUGHES, G. , "Urban revitalization: the use of festival time strategies", *Leisure Studies*, Vol. 18 (2), (1999): 119 – 135.

② Pepa Ninou, O. , Montserrat Crespi-Vallbona & Greg Richards, "The meaning of cultural festival", *International Journal of Cultural Policy*, Vol. 13 (1), (2007): 112.

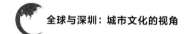

认同的主题是文化活动组织者和生产者需要回应的一个中心问题。这反映在文化活动的定位上，生产者和参与者尤其将其视为自己当地身份的重要元素。在文化活动中，当地的身份非常重要。在每次活动中，地方文化元素是标识文化活动不可或缺的因素。同时，文化活动可被视为社会融合的工具。使用文化活动来塑造身份本质上是文化区分的过程，而围绕这样的身份创建凝聚性的社区需求则意味着可以减少当地社区内部的社会和文化差异。

"国际移民运动"（Immigrant Movement International）[1] 是活跃于纽约皇后区科罗纳的社区活动组织。纽约是全球最大的移民城市，其中纽约市超过 1/3 的移民人口居住在皇后区，而科罗纳（Corona）有 64.2% 的居民是外国出生的。与其他人口群体相比，移民居民往往很难获得城市服务、教育机会和艺术节目。新移民在受教育程度、健康状况以及其他生活质量和社会福祉指标方面的得分通常低于平均水平。尽管与艺术的互动通常与其他指标的提高相关，但是文化组织在与传统文化受众之外的人们建立联系方面面临困难。"国际移民运动"为皇后区科罗纳的移民提供免费培训和支持，旨在确保整个市政居民都参与艺术和文化活动，以响应社区的迫切需求。到目前为止，"国际移民运动"的课程涵盖舞蹈、营养、育儿、艺术史、语言学习、丝网印刷、古典音乐、计算机知识等。同时，"国际移民运动"还为从事社交活动的艺术家提供了平台，以扩大移民权利并解决社区问题。

---

[1] http：//www.worldcitiescultureforum.com/case_ studies/immigrant - movement - international，最后访问日期：2020 年 3 月 5 日。

三　国外主要城市代表性文化活动

（一）爱丁堡：艺术节庆支持

爱丁堡是全球著名的艺术节庆之城。爱丁堡国际艺穗节
（Edinburgh Festival Fringe）和爱丁堡国际艺术节创办于 1947 年，
每年 8 月在苏格兰首府爱丁堡举办，已成为全球规模最大的艺术
节之一。爱丁堡国际艺术节的理念是"为当代艺术的繁荣提供
舞台"，艺术节一开始以音乐为主，后来舞蹈、戏剧也成为重要
的项目。与艺术节不同的是，艺穗节并无任何审查，只要能找到
场地，任何人都可进行演出，也因此节目领域十分多元，常有大
胆创新的作品以爱丁堡国际艺穗节为首次演出的舞台。

对独立艺术家的支持对于全球文化界至关重要，尤其是在爱
丁堡。爱丁堡拥有大量经验丰富的独立表演艺术家。然而，2014
年首都剧院委托爱丁堡市议会撰写的一份报告发现，这些艺术家
中的大多数缺乏获得资金、制作和公司管理专业知识以及负担得
起的工作空间的机会。他们对爱丁堡市议会如何支持他们几乎一
无所知，并且缺乏归属于可辨别的艺术社区或网络的感觉。因
此，该报告建议建立一种新的支持模式，以帮助爱丁堡的独立表
演艺术家发挥其潜力。借此，爱丁堡推出了"爱丁堡表演艺术
发展"（Edinburgh Performing Arts Development）项目①，向爱丁
堡的独立表演艺术界提供支持。该项目涉及三个计划领域：空

---

① http：//www.worldcitiescultureforum.com/case_ studies/edinburgh – performing –
arts – development – epad，最后访问日期：2020 年 3 月 5 日。

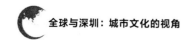

间、支持和网络。以最大限度地扩大城市全年用于创意用途的空间和场所，为爱丁堡的表演艺术家和制作人寻求项目或实践的支持，并将爱丁堡的演艺部门召集起来，为爱丁堡表演艺术工作者提供非正式交流环境。这一项目使爱丁堡政府部门得以更直接、全面地了解艺术家的需求，并在需求驱动下为本地艺术家提供相应的培训、促进计划和网络活动，进而为城市表演艺术和艺术节庆的常续发展提供动力支持。

（二）伦敦：城市文化活动的内部平衡

伦敦是享誉全球的文化中心。然而，研究表明，许多生活在伦敦的市民并未享受到伦敦所能提供的文化服务。只有 1/3 的伦敦人觉得他们在家门口就享有了伦敦的文化。伦敦外围地区的居民与市中心的主要文化机构之间也存在脱节。例如，在北伦敦布伦特附近接受采访的一群年轻人中，没有人参观过泰特现代美术馆或听说过国家大剧院，尽管这两个机构每年吸引了数百万的全球游客。为此，伦敦市长于 2017 年启动了伦敦"文化自治市镇奖"（London Borough of Culture Award）。①

伦敦"文化自治市镇奖"的灵感来自"欧洲文化之都"项目。"欧洲文化之都"项目证明了这种方法可以为城市注入富于活力的主要经济和社会利益。伦敦"文化自治市镇奖"在地方一级复制了这一点。他们特别关注社区领导，目标是将文化融入该地区的长期计划。伦敦有 32 个行政区或街区，该奖项涉及全市范围内向所有人开放的竞赛。该奖项非常受欢迎，比赛第一年

---

① http：//www.worldcitiescultureforum.com/case_ studies/london – borough – of – culture – award，最后访问日期：2020 年 3 月 5 日。

有 22 个行政区申请该奖项。2018 年，两个获胜的行政区，沃尔瑟姆森林（Waltham Forest）和布伦特（Brent）各获得了 135 万英镑的奖励，用于开发社区主导的文化计划。两个行政区都将充分的社区参与作为其提案的核心。沃尔瑟姆森林的目标是使 85% 的家庭参与其中，并吸引另外 50 万游客。布伦特专注于让年轻人发出声音，并将创建与体育运动相吻合的文化计划。此外，其他六个行政区还获得了文化影响力奖，使他们能够制定重点项目，包括在养老院中举办"创意老龄化文化节"。伦敦文化自治市镇奖是协调城市内部文化活动平衡发展的有益尝试。

（三）新加坡：更广泛的社区参与

"艺术抵达"（ArtReach）是新加坡国家艺术委员会（National Arts Council）的一项新举措，旨在促进新加坡更广泛的社区接触艺术和文化。[①] 自 2012 年以来，"艺术抵达"与视觉艺术、舞蹈、音乐和戏剧从业人员合作，为新加坡的老年人活动中心、心理健康设施和家庭中心开发艺术项目。新加坡有 400 多个志愿福利组织，与 40 万新加坡人合作，例如处于危险中的儿童和年轻人、孤立的老年人和残疾人。"艺术抵达"鼓励艺术从业者和志愿福利组织合作，利用艺术活动来开发短期或长期项目，以使这些社区受益。"艺术抵达"还为医护人员、社会护理人员和志愿者提供了可用于发起和领导自己的艺术计划的资源。

新加坡国家艺术委员会在《新加坡艺术和文化战略回顾报告 2012》中指出，国家艺术委员会的发展目标之一就是发挥艺术和

---

① http：//www.worldcitiescultureforum.com/case_ studies/artreach，最后访问日期：2020 年 3 月 5 日。

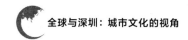

文化在建立整个社会关系中的作用。到 2030 年，预计 65 岁以上的新加坡人将增加 90 万，达到总人口的 1/5。艺术活动被视为对老年人特别有益，因为它们是保持积极与社会联系的包容性、参与性的方式。新加坡特别支持扩大老年人可用的艺术和文化活动范围，并将艺术活动纳入健康和业余爱好计划。尽管"艺术抵达"旨在跨不同的社会群体开展工作，但实施的头两年主要集中于老年人。自 2012 年以来，"艺术抵达"发起了一系列计划，涉及各种艺术形式的从业者。除了老年人活动中心外，富有创造力的从业人员还曾在儿童之家、家庭中心和精神卫生机构工作。"艺术抵达"已在新加坡的志愿福利组织中引起关注。现在，新加坡社会护理部门的不同部门可以使用"艺术抵达"的学习资源和培训课程，以鼓励各部门更多地采用艺术活动的方式介入社会服务。

（四）东京：文化活动新时态

日本东京已经拥有高度发达的博物馆和美术馆网络。在此背景下，如何创造更丰富的文化项目和文化活动以补充及支持永久性基础文化设施的常续运行是东京在城市文化发展中面临的重要问题。作为回应，东京开展了包括一系列艺术节庆和文化工作坊在内的"东京文化创造项目"（Tokyo Culture Creation Project）①，旨在鼓励公众的广泛参与，增强东京的区域形象。这一项目覆盖艺术、电影、音乐、戏剧和传统文化等各门类，为政府、艺术文化组织和非营利机构建立更紧密的合作，并为艺术家和创意从业人员提供更广阔平台。其中"六本木艺术之夜"（Roppongi Art

---

① http://www.worldcitiescultureforum.com/case_ studies/roppongi - art - night，最后访问日期：2020 年 3 月 5 日。

Night）便是该项目的重要活动之一。

"六本木艺术之夜"是在东京六本木地区举办的通宵节。六本木是东京东海岸港区的一部分，是东京大部分使馆所在地和东京相当一部分外国出生人口的所在地。自 20 世纪 60 年代以来，六本木一直是东京夜生活的中心，但是，从 2000 年起建造的大型高端房地产开发项目已开始改变该地区的特征。2003 年森美术馆（Mori Art Museum）开幕，2007 年东京国家艺术中心（National Art Center）以及三得利美术馆（Suntory Art Museum）搬迁到该地区，共同创造了一个"艺术三角"，以证实该地区的文化特色。2013 年六本木艺术之夜有 130 位艺术家和创意从业人员参加，并提供免费音乐、戏剧、舞蹈表演、艺术和设计展示、大型公共设施以及与当地学校合作的特别游行。

"六本木艺术之夜"从星期六早晨的上午 10 点开始，一直持续到下一个星期日的下午 6 点，其活动遍及 6 个不同的场所，并进入了公共和半公共场所，例如餐厅、公园和商店。六本木的"艺术三角"（Art Triangle）场馆的开放时间延长，并且特别推出了折扣联票门票计划。在 2014 年"六本木艺术之夜"，艺术节的艺术家、策展人和项目人员汇集了三场免费的"六本木艺术之夜"学校课程，探讨 2014 年艺术节背后的创作过程、主题和计划。"六本木艺术之夜"自 2008 年成立以来，活动的参与人数从 55 万上升至 90 万。晚上举行的非正式和包容性艺术节的节目塑造了六本木作为夜生活胜地的标识，并日渐发展为东京的高端文化休闲活动。

（五）奥斯汀：数字媒体艺术之城

奥斯汀于 2015 年被联合国教科文组织认定为"媒体艺术之

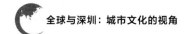

都"。"媒体艺术之都"旨在利用它向全世界的观众介绍该城市的媒体和艺术创新者，奥斯汀是美国唯一实现这一目标的城市。奥斯汀获得"媒体艺术之都"称号基于其长期展示前沿艺术装置及数字技术的多学科艺术经验。展现数字媒体艺术，以创造性方式吸引观众是奥斯汀文化活动发展的优先考虑因素。因此，奥斯汀于 2015 年推出"可玩耍的城市"（Playable City Austin）①，旨在为城市空间开发富有想象力的新想法，并吸引人们的参与。该项目通过数字技术手段向整个奥斯汀的成千上万的人"交流"城市的灯柱、桥梁、景观等公共设施，以互动的方式鼓励人们参与奥斯汀的城市优化。

奥斯汀当代艺术博物馆、布兰顿艺术博物馆和奥斯汀的众多画廊定期举行新媒体艺术展。ROTOS 音乐节、TURN UP 女性多媒体音乐节等本地音乐节均突出展示电子音乐和数字艺术的开创性作品。此外，作为联合国教科文组织创意城市网络的成员，奥斯汀与创意城市网络的其他城市合作，促进创造力和文化产业，加强对文化生活的参与，并将文化纳入城市发展计划。奥斯汀通过多项举措鼓励和培养新媒体艺术和艺术家，为本地新媒体艺术家参加国际展览提供支持，以彰显其作为引领潮流的全球新媒体艺术之城的地位。

（六）米兰：文化活动合伙人

与国际上许多地方一样，意大利米兰可用于文化发展的公共资源正在减少。作为回应，米兰着力于对文化活动的运行模式的

---

① http：//www.worldcitiescultureforum.com/case_ studies/austin - unesco - city - of - media - arts，最后访问日期：2020 年 3 月 5 日。

探索，削减政府管制与审批，将政府在文化活动中的角色由组织、实施者转变为活动合伙人，为文化活动创造有利环境，调动多元主体的文化活动参与。

米兰市与创意产业的众多合作伙伴共同协调了该市的活动日历，形成了以文化活动周为中心的文化活动发展模式。[①] 自 2012 年以来，这种模式保持了持续发展。但 2014 年之前，在米兰举办活动所需的授权和许可来自 11 个不同的办公室，这使得组织者合法地对活动进行设计异常困难，活动实施昂贵且耗时，活动不确定性因素众多。2015 年，米兰在筹备世博会时解决了这个问题，当时设立了集中式活动服务中心，该服务中心汇集了市政府各部门，分别负责文化、安全、公民服务、数字化转型、经济和运输，所有这些部门集中于活动服务中心负责不同许可证的发放。其他地方机构，例如当地警察局等也与集中活动服务中心合作。该服务中心不仅是一站式的许可授权中心，还为文化活动提供政府建议和行政支持。此后，这一政府机构被保留下来，用于支持米兰活动周的运行。

米兰通过对"设计周"和"时装周"开发，将活动周模式向摄影、艺术、音乐和电影等领域推广。政府作为活动合伙人和调解人，邀请城市中各种文化机构、协会和艺术家参与这些计划，通过公共和私人参与者之间的联合伙伴关系使各项活动周计划得以顺利推广。活动周项目使米兰能够为游客和市民提供更丰富多样的文化活动，而私人与公共部门的伙伴关系和自下而上的方式意味着政府部门避免了不必要的时间和资源的消耗。通过确

---

① http://www.worldcitiescultureforum.com/case_studies/centralised-event-desk，最后访问日期：2020 年 3 月 5 日。

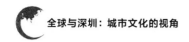

定自己作为合伙人的地位，米兰找到了一种理想的方式来管理不断发展的创意场景。

（七）罗马：高雅艺术的现代弥合

罗马拥有复杂而分散的城市景观，在大范围内混合了城乡空间。2016 年欧洲晴雨表调查的结果表明，罗马有 50% 的人口不信任自己的邻居，这反映了地区分裂感的加剧。借此，罗马推出"歌剧巡回"（Opera Camion）项目①，旨在提高社区的凝聚力，同时使位于市中心的文化机构能够到达城市周边地区。"歌剧巡回"项目用一辆卡车将歌剧带到罗马的公共广场。

"歌剧巡回"项目由罗马歌剧院与罗马的市政图书馆合作实施。歌剧表演由歌剧院的年轻歌手和青年管弦乐队在附近的地方图书馆举行。在 2017 年，这项合作使一个夏天的夜晚，超过 1 万名公民在自己的社区欣赏免费、高质量的歌剧；15 个罗马行政区中有 8 个举办了活动，并且有 30 多个年轻音乐家参与其中。这项活动的持续时间超过一夜，青年管弦乐队和 Fabbrica 青年艺术家在当地图书馆举行免费的预备聚会，以便市民可以在演出前讨论歌剧。到了晚上，广场上有非正式的节日气氛，表演在舞台上举行，市民很早就聚集在演出现场，分享轶事和有关歌剧的知识。

"歌剧巡回"项目的重点不是创造直接的经济价值，而是在随着时间的推移发展受众的同时，改善当地人民的文化环境和彼此之间的关系。这一过程使相关机构能够分析许多人脱离歌剧的

---

① http://www.worldcitiescultureforum.com/case_studies/operacamion，最后访问日期：2020 年 3 月 5 日。

原因即将其视为一种"精英"艺术形式。项目还为表演者提供了机会，使歌剧与现代观众相关，其中包括通常不参与文化活动的观众。这项工作鼓励了罗马的文化机构进行合作，超越了建筑物的范围，并重新考虑了他们的活动和使命。"歌剧巡回"项目在国内和国际媒体上赢得了广泛赞誉和报道，这对公众舆论产生了积极影响并形成了一种观点，即歌剧并非排他的和不可访问的高雅的、经典的、传统的艺术形式，而是可以面向新型观众的开放的艺术形式。

四　构建多层次、多样态、国际化、高水准的城市文化活动体系

深圳在 40 年从无到有的发展中，创造了举世瞩目的经济和社会成就。在建设社会主义先行示范区的当下，深圳如何继续发展一种更具创造力和跨越性的文化，是深圳城市文化建设面临的重要问题。如何设计我们的城市文化活动是这一问题中的重要内容。深圳有必要构建多层次、多样态、国际化、高水准的城市文化活动体系，以开发创意经济，创造就业机会，构建文化身份，释放社会创新，增强文化自信，形塑文化吸引力。

（一）深圳现有文化活动的基本情况

深圳近年来在文化活动的培育和发展上取得了长足进步。初步形成了以高端会展为引领，以创意设计为特色，群众文化活动与高端体育赛事齐头并进的文化活动格局。

中国（深圳）国际文化产业博览交易会、中国国际高新技术成果交易会经多年运行，已成为深圳享誉海内外的国家级品牌

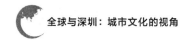

文化活动。中国（深圳）国际文化产业博览交易会是中国唯一一个国家级、国际化、综合性的文化产业博览交易会，自 2004年首办以来，就肩负着中华文化承载者、传承者和传播者的历史使命，先后被列入党的十七届六中全会《中共中央关于深化文化体制改革 推动社会主义文化大发展大繁荣若干重大问题的决定》《国家"十二五"时期文化发展规划纲要》等重要文件，是推动中国文化产业发展、促进中华文化"走出去"的国家级平台。中国国际高新技术成果交易会自 1999 年举办以来，现已发展为我国高新技术领域规模最大、最富实效和最具影响力的品牌展会。中国国际高新技术成果交易会是展示国内外最新技术、项目和产品的重要载体，也是推动高新技术成果产业化、促进国内外新技术推广和交流、深化国际经济科技交流和合作的平台，在提升科技创新能力、深化创新开放合作、促进创新成果转化、营造良好创新环境等方面发挥了重要作用，有"中国科技第一展"之称。

深圳于 2008 年获联合国教科文组织"设计之都"称号，此后十余年深圳围绕"设计之都"建设发展了一大批以创意和设计为中心的专业会展与相关活动，包括中国设计大展、深圳创意设计新锐奖、深圳国际工业设计大展、深圳设计周、"创意十二月"、深澳创意周、深港设计双城展等。

中国设计大展由原文化部筹划推动，2012 年首次开展，已成功举办三届。中国设计大展汇集我国设计的丰硕成果，展示中国设计的整体形象，搭建起国家级、综合性的设计类展览和研究平台，形成了广泛的社会影响。深圳创意设计新锐奖则主要面向年轻设计师，以追求可持续的美好城市生活为宗旨，契合深圳作为新兴城市的发展需求。深圳国际工业设计大展于 2018 年获得全球展览业协会（UFI）认证，其展览规模、展商品质、现场服务、专业化水平以及国际化程度均得到了社会各界的高度评价。深圳设计周始于 2017 年，主题紧扣设计与未来、设计与生活、设计与社会等主题，展现深圳设计的人文关怀与对设计可能性的探索。

"创意十二月"从 2005 年成功举办第一届至今，已成为中国最具影响力、成长力和创意力的创意博览会、创新策源地、创作孵化器。"创意十二月"活动每年十二月集中举办，目的是通过全市创意活动在一个月的集中展示，激发深圳市民对创意的激情，推进深圳创意产业发展及"设计之都"建设。"创意十二月"累计举办数千项人文科技创意活动，已成为深圳市民追踪文化潮流、享受创意理念及参与创意设计的文化节庆。同时，深圳加强粤港澳大湾区城市间区域文化合作，与香港、澳门合作开展深港设计双城展、深澳创意周等，充分调动深港澳三地创意产业优势，拓展粤港澳大湾区文化交流与合作。

作为新兴城市，深圳大力推进深港城市/建筑双城双年展的发展。深港城市/建筑双城双年展现已成为全球唯一以城市和城市化为长期固定主题、每两年举办一届的常设性国际文化活动。深港城市/建筑双城双年展关注中国城市化发展进程，以城市空间和人文环境为载体，借助现代视觉的艺术形式，探讨交流城市化进程中存在的问题和发展对策，搭建国际交流和与公众互动的平台。自 2005 年开办以来，深港城市/建筑双城双年展已积累了较强的行业影响力和较高的国际知名度，成为深圳城市的一张闪亮文化名片。

在群众文化活动方面，深圳现有"一带一路"国际音乐季、"周末剧场"、"美丽星期天"、"鹏程金秋"市民文化节、深圳

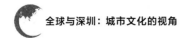

读书月、深圳市民文化大讲堂、深圳合唱展演等一批品牌文化活动。"一带一路"国际音乐季是深圳近年来重点打造的国际文化活动。自 2017 年举办以来的数年时间里，音乐季荟萃世界顶尖艺术、鼓励各类艺术创作、聚焦传统和现代，凝聚各地人文与创意，已成为深圳国际文化交流的重要平台。"周末剧场"、"美丽星期天"、"鹏程金秋"市民文化节、深圳读书月、深圳市民文化大讲堂、深圳合唱展演等则都是扎根十余年，面向市民日常文化生活的常设性文化活动，为丰富深圳市民文化生活提供了较丰富的活动选择。如"美丽星期天"是深圳音乐厅自 2007 年开业以来在全国首创的，目前仍是国内规模最大、坚持时间最长的大型系列公益演出项目。

此外，深圳近年来加快高端体育赛事发展。深圳国际女子网球公开赛、深圳国际男子网球公开赛、国际女子职业网联年终总决赛、中国网球大奖赛、中国杯帆船赛、深圳国际马拉松赛等国际级和国家级体育赛事成功落地深圳。2018 年，深圳凭借独特的区位优势、良好的网球氛围、优美的城市环境、发达的城市文明和雄厚的经济实力，击败了英国曼彻斯特、俄罗斯圣彼得堡、捷克布拉格和新加坡，成功取得国际女子职业网联年终总决赛十年举办权。国际女子职业网联年终总决赛是目前为止中国乃至亚洲范围内最高级别的网球赛事。深圳主办国际女子职业网联年终总决赛展现了深圳立足顶级大赛，致力于打造"网球之城"的决心与实力，也将极大地带动相关产业和文化活动的发展。2007 年创立于深圳的中国杯帆船赛是中国规模最大的国际大帆船赛事。中国杯作为帆船赛事头部 IP，不仅为专业选手提供了优质竞赛，为国人提供了滨海生活方式，还深层次引导了滨海经济消费，促进航海产业的完善和升级，已然成为深圳重要的文化名片之一。

综上所述，深圳在较短的时间内从无到有地推动了一批城市文化活动的快速发展。但是，从总体上看，深圳的城市文化活动依然呈现品牌效益不显著、产业导向较突出、面向群众的文化活动层次较低、城市文化活动系统尚不完善等突出问题。深圳当前正处于加快建设区域文化中心城市和彰显国家文化软实力的现代文明之城的关键时期。深圳立足于到 2025 年，基本建成开放多元、兼容并蓄、创新创意、现代时尚的城市文化特质更加鲜明、公共文化服务水平和文化产业发展质量达到国际先进水平、城市文化软实力大幅提升、城市文明建设引领全国的区域文化中心城市。到 2035 年，深圳致力于建成文化高质量发展和文化竞争力世界领先、具有全球影响力的创新创业创意之都，成为在国际上彰显中国国家文化软实力的城市文明典范。要在更高起点、更高层次、更高目标上推进城市文明进步，深圳有必要在更高维度上推动城市文化活动系统建设。在深圳城市文化的整体建设中，更有效地识别、培养、启动、支持和利用各种文化活动相关要素，为人们提供具有更生动体验的城市文化活动系统。

（二）文化活动体系建设的主要内容

1. 文化节庆活动

深圳现有的文化节庆较多集中于工业设计、科技产业等专业领域，这与深圳建设"设计之都"创意城市的诉求不无关联。然而，创意城市建设至今，深圳已经初步确立了自身设计之都与产业先锋的城市形象。在此背景下，深圳有必要在深度和广度上提高创意城市的建设格局，从更多样的内容形态与更广泛的群众参与方面打造更丰富的文化节庆。事实上，近几十年来，全球范围内城市文化节庆活动的数量急剧增加。欧洲许多城市形成了一

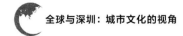

年一度大型狂欢节庆与全年百余次文化节庆的活动序列。相关研究指出，节庆活动有助于人们重新定位某个地区的图像。图像是一种基于知识和情感感知的心理结构，是对特定元素的感知，这些元素最终会在人的脑海中成为一种印象或价值。活动图像是对活动的主观感知。理查兹和威尔逊（Richards and Wilson）指出，当人们了解到城市正计划举办大型节庆活动时，他们对城市的印象就会发生积极变化。柏和巴瑟（Boo and Busser）则指出，如果人们不能充分参与区域的活动，那么节庆活动的举办最终也无法改变他们对相关区域的印象。①

作为新兴移民城市，深圳有必要深挖移民文化和多元文化汇聚的特质与需求，在现有的"创意十二月"的基础上设计贯穿全年的、丰富多样的文化节庆活动，这也是当前世界众多城市的主流做法。如新加坡作为一个多元文化和谐共存之地，从热闹的华人农历新年到刺激的一级方程式赛车活动，各类节庆活动精彩不停。新加坡艺术周、妆艺大游行、大宝森节、新加坡美食节、新加坡大奖赛车季、新加坡国际艺术节、国际冠军杯足球赛新加坡站、新加坡仲夏夜空、圣诞仙境等活动贯穿全年。② 人们无论在任何时候到访新加坡都有机会参与各种文化节庆活动，与本地人一起欢庆。

2. 公共文化活动体系

深圳当前城市发展的目标之一是要率先构建现代公共文化服务体系，建设国际一流城市文化地标。公共文化活动是公共文化

---

① See Chien-Chi Lin, Fang-Ping Chen, Hsiang Chen, "The influence of cultural IQ and performer's involvement on organizational attraction", *International Journal of Business and Information*, Vol. 13（4），（2018）：432.

② https：//www. visitsingapore. com. cn，最后访问日期：2020 年 3 月 11 日。

服务最重要的内容之一，公共文化活动的广泛实施不仅意味着经济和物质的转变，更涉及观点和观念的转变。如兰德利所言，"'文化'是一个无所不包的术语，但它的核心是描述一个地方的本质、特征、特殊性和独特性。这源于其历史、地理位置、资源以及人们对它们的理解、如何将文化融入人们的性格、他们的存在感以及在处理环境和潜力时如何体现这一点。"[①] 为了吸引人们，城市需要让人们参与城市更新的故事。

行动中的城市需要引人入胜的故事来激发动力和承诺，让城市居民成为故事的创造者与实践者是当代城市文化发展的重要选择。公共文化活动体系设置的目标是要使文化成为最广泛市民日常生活的一部分，进而增强和改善市民的文化认同感和幸福感。韩国首尔于 2017 年启动的社区艺术运动（Community Arts Campaign）[②] 提供了有益的参考。社区艺术运动旨在使所有人都能享受艺术，并使当地人与社区更加紧密地联系在一起。这一项目由首尔市政府和首尔文化艺术基金会的社区艺术部共同组织，支持各种社区艺术活动，为人们创造和享受艺术提供平台和场所。该项目在首尔的 25 个地区确定了 2000 多个社区艺术俱乐部以促进日常文化艺术活动的开展。这一项目的基本思路是从单纯地支持文化消费到鼓励人们积极的文化参与，鼓励人们在当地社区内创造自己的文化形式。深圳应在已有公共文化服务体系的基础上，继续拓展公共文化活动体系的发展方式和路径，构筑

---

① Charles Landry, "Distinctiveness and Place: Culture and Creativity", Martín Fernández-Prado and Luis Domínguez Castro edited, *City Policies and the European Urban Agenda*, Palgrave Macmillan, 2019, p. 142.

② http://www.worldcitiescultureforum.com/case_studies/community-arts-campaign，最后访问日期：2020 年 3 月 11 日。

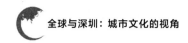

"政府领导、业界支持、社区参与、市民受益"的公共文化活动体系。

3. 标志性国际文化活动

在全球城市竞争中，各地城市都着重强调标志性国际文化活动在文化投资和城市形象构建中的重要意义。国际性文化活动在同一地点的重复举行是城市树立形象和声誉的最重要方式。当活动随着时间的推移而成功时，节日就可以成为主办城市形象的核心。[1] 国际性文化活动的举行可以被视为以文化为主导的城市再生策略的一部分。在过去的几十年中，全球文化活动在广泛的文化领域中不断寻求突破创新。如爱尔兰首都都柏林就通过主办国际都柏林文学奖在全世界确立了其在城市图书馆网络的重要影响。1994 年，都柏林基于自身丰厚的文学遗产，开始探索设置都柏林文学奖。都柏林国际文学奖的提名由全球主要城市的图书馆进行，参与图书馆每年最多可提名三本小说。目前，全球 177 个国家/地区的 400 多个图书馆系统参与其中。促进文学发展的国际工作使都柏林享有全球"文学之都"的国际声誉，文学已然融入都柏林城市整体的经济、文化和社会生活。[2]

深圳近年来开始逐渐重视国际性文化活动的举办。但因为起步较晚、文化底蕴较单薄，尚未形成具有广泛国际影响的标志性国际文化活动。这不仅与世界一流城市有较大差距，较之北京、上海、广州等城市也存在诸多不足。北京、上海、广州经过多年

---

① Gibson Cand Davidson D., Tamworth, "Australia's 'country music capital': Place marketing, rurality, and resident reactions", *Journal of Rural Studies*, Vol. 20, (2004): 387 – 404.

② http://www.worldcitiescultureforum.com/case _ studies/the – international – dublin – literary – award，最后访问日期：2020 年 3 月 11 日。

培育、大力发展，其国际电影节、艺术节、戏剧节、书展等与市民广泛连接的文化活动已具有一定国际影响力和标识性。事实上，推动标志性国际文化活动发展的过程，有助于进一步探讨如何构建城市与世界的联系，进而更深入地思考城市的社会文化特性，为城市提供更多样的文化实践，从而增强城市的整体吸引力和独特性。

4. 文化活动数字化

一个毋庸置疑的现实是，数字化已然全面进入我们的城市与文化领域。数字化不仅改变了科技与经济领域的运行规则，也创造了全新的城市环境与文化形式。数字化无所不在，改变着人们对时空的理解。数字化是城市创造未来文化愿景不可或缺的重要内容。"数字化代表着一种结构性转变……它的影响将与 200 年前工业革命席卷全球的变化一样强大。"[①] 当今全球最大的出租车公司 Uber 没有自己的出租车，最受欢迎的媒体所有者 Facebook 没有创建任何内容，最具价值的零售商阿里巴巴没有库存，所有这些戏剧性变化均来自数字化。同理，在考量文化活动与城市发展时，我们不得不重新设计新的智能架构以适应数字时代的要求。

数字化的发展使城市决策者获得了一个千载难逢的机会，可以利用社交媒体功、互动平台、开放数据等前所未有的方式重塑城市。事实上，数字技术越来越被地方政府和文化提供者视为一种强大的工具，作为其受众发展战略的一部分。深圳作为新兴科技城市，在全国乃至全球数字科技中具有先发优势。因此，有必

---

① Charles Landry, "Distinctiveness and Place: Culture and Creativity", Martín Fernández-Prado and Luis Domínguez Castro edited, *City Policies and the European Urban Agenda*, Palgrave Macmillan, 2019, p. 143.

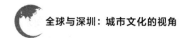

要在未来的城市文化活动设计中，更充分地利用深圳的科技优势，更大力地推进"文化＋科技"的深圳模式，拓展文化与科技融合的广度与深度，将数字化打造成为深圳文化活动的响亮品牌。

自 20 世纪 80 年代以来，席卷全球的城市更新活动和创意经济的强劲发展，为当代城市文化注入了全新要素，对经济和社会发展产生了重要影响。诸多经验表明，文化活动的举办对城市发展具有较大推动力。深圳正处于建设中国特色社会主义先行示范区的关键时期，大力发展构建多层次、多样态、国际化、高水准的城市文化活动体系将有助于增强深圳的文化凝聚力、文化自信心和文化吸引力，为深圳实现建设世界一流城市的目标贡献文化力量。

第七章　培育创新创造创意全球领先的城市文化产业

从大湾区核心引擎到全球标杆城市，面向世界的城市定位必然要求深圳未来的发展要对标全球最先进最发达的城市，文化产业亦不例外。那么，全球文化产业发展最新趋势是什么，对深圳而言，带来了哪些机遇与挑战？经过 40 年发展，深圳文化产业拥有哪些优势，又存在何种不足，如何扬长补短，更好地培育创新创造创意全球领先的城市文化产业，是我们需要认真思考的问题。

一　全球文化产业发展的新趋势

今天，创意经济已成为各国经济发展的重要组成部分。文化创意与科技发展的关系愈发密切，新技术的突飞猛进为文化产业提供了强大的技术支撑。与此同时，全球城市更新和创意产业兴起共同形成了一种新的城市形态——创意城市成为城市发展模式的首选。创意城市中活跃着众多的创意阶层，他们提供了源源不断的创意资源，这个阶层正在成为城市的主体。此外，世界多极化、去中心化为以中国为代表的东方文明带来了新的发展机遇。

（一）创意成为21世纪最重要的经济驱动力

2001 年，约翰·霍金斯出版了《创意经济：如何点石成金》一书，书中提出，创意并不一定就是经济行为，但是，一旦创意具有了经济意义或产生了可供交换的产品，创意就可能是经济行为。[①] 由此，创意经济走入学术界、经济界、城市政府和广大民众的视野。

事实上，早在 20 世纪 80 年代，世界银行首席经济学家保罗·罗默就引领新增长经济理论的发展，他认为创意（ideas）是推动经济持续增长的重要动力。创意具有非竞争性（即共享属性），同时又由于专利版权等保护措施使得创意拥有"部分"

---

① 〔英〕约翰·霍金斯：《创意经济：如何点石成金》，洪庆福、孙薇薇、刘茂玲译，上海三联书店，2006，第 3 页。

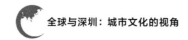

排他性。① 今天，创意经济在创造收入、提供就业机会、出口创收方面显示出强劲的发展驱动力。

美国学者理查德·佛罗里达在《创意阶层的崛起》一书中指出："从根本上说，当今经济属于创意经济……创意才是最重要的经济驱动力，创意来源于'知识'，是创造有益新颖的形式的能力。我认为，'知识'和'信息'是创意的工具，'创新'是创意的产品，这种产品既可以表现为一种全新技术产品，也可以是一种新颖的商业模式或方法。"②

联合国教科文组织在《创意经济报告（专刊2013）：拓展本土发展途径》的"经济增长策略"部分提出，文化与创意产业应成为经济增长战略的一部分。这些产业是世界经济中最具活力的部门之一，在全球范围内共创造22.5亿美元收入与2950万个就业机会。③ 2019年1月，联合国贸易和发展会议发布了题为《创意经济展望：创意产业国际贸易趋势（2018）》的最新研究报告。报告认为，创意经济对世界经济贡献巨大，从2002年到2015年，尽管其间全球经济遭受了2008年全球金融危机的沉重打击，但创意产业出口增长率仍超过7%。报告对2002年至2015年全球130个国家创意产品及服务的相关数据进行统计分析后发现，在全球贸易增长放缓的大形势下，创意经济却逆势显著增长，中国更是在创意产品及服务方面持续占据全球主导地

---

① 夏杰长、王丽华：《把创意经济培育为上海经济增长新动能》，《中国发展观察》2018年第1期。
② 〔美〕理查德·佛罗里达：《创意阶层的崛起》，司徒爱勤译，中信出版社，2010，第50页。
③ 〔美〕理查德·佛罗里达：《创意阶层的崛起》，司徒爱勤译，中信出版社，2010，第50页。

位，表现优异，潜力巨大。①

当前，发达国家创意经济在世界经济舞台仍然占据主要地位，英国创意产业特别工作小组在 2003 年就指出，从产出与就业两个角度衡量，伦敦的创意产业对经济发展而言重要程度已经超过金融业。如今，经过 20 多年在创意生产、融资、人才引进等方面的探索，创意产业在英国已经成为仅次于金融服务业的第二大产业，成为国民经济增长的支柱产业。② 同时发展中国家，特别是中国，开始迅速走向全球创意经济的前台，成为一支不可忽视的创新创意生力军。今天的创意经济正在跨界、扩容、转型升级，各国都在积蓄力量展开竞争。

创意产业的先锋国家具有很多先天优势，有着成熟的产业链条、完善的配套政策、众多的创意人才、悠久的艺术传承、普适的价值观念。发展中国家的创意经济起步较晚，发展相对不成熟，更需要行业内部和政府部门高瞻远瞩，因势利导，在新一轮创意经济发展中把握态势，引领竞争潮流。

（二）新技术不断发展为文化产业插上科技的翅膀

自法兰克福学派"文化工业"理论始，技术就在文化成为工业产品的过程中起到了无与伦比的作用。当然，霍克海默、阿多诺以及马尔库塞等学者是从批评的视角来谈"文化工业"的。他们认为，文化工业提供的并不是艺术品，而只是商品，它从一开始就是为了交换而被生产出来的，并且实现了意识哲学都没有

---

① 宋佳烜编译《全球创意经济逆势增长 中国表现优异》，《中国文化报》2019年 2 月 18 日。

② 陈端、聂玥煜、张涵：《英美日数字创意产业发展差异》，《经济》2019 年第 6 期。

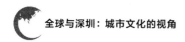
实现的梦想，那就是把这个世界变成了人造的世界。本雅明、哈贝马斯和海德格尔等著名学者也对此进行了相当程度的批判与反思。

尽管文化与科技的融合在初期出现了诸多不同声音，但二者相互交融、不断创新却势不可挡。

进入 21 世纪，文化创意与科技发展关系愈发密切。特别是计算机、互联网、信息化、数字化、智能设备等新一代科技的应用，不仅动摇了近代工业社会和工业组织的根基，在文化领域更是掀起了新的"文化革命"，对文化艺术的生长环境、传播途径、业态模式和消费方式产生了颠覆性的影响。这些都导致了文化与科技走向深度融合，反过来又促进了文化新兴业态的不断涌现。[①]

随着数字经济时代的来临，科学技术与文化艺术的互动融合达到了空前的高度，这集中体现在数字创意产业中。移动互联网、大数据、云计算、虚拟现实、物联网、区块链等数字创意技术装备奠定了数字创意产业发展的高新技术基础。

一直以来，以美国、英国、日本等为代表的西方发达国家凭借知识产权优势、市场优势和资本优势在全球范围内占据传统产业的主导地位。但随着近年来，中国等发展中国家开始在数字创意产业领域逐渐崛起，与欧美国家竞争日渐激烈。中美贸易摩擦中，美国重点打击并封锁华为、中兴、大疆等企业，原因就是这些企业的快速发展打破了原有的世界格局，特别是威胁到了美国试图独占新兴的数字创意产业全球价值链的意图。

---

① 李凤亮、宗祖盼：《文化与科技融合创新：演进机理与历史语境》，《中国人民大学学报》2016 年第 4 期。

英国政府把创意产业分为 13 个行业 9 个大类。[1] 其中第 5 项电影、电视、视频、音频和摄影与第 6 项 IT、软件和计算机服务在整个创意产业中的经济占比最大，两项占比合计超过 50%。值得关注的是，从 2017 年开始，英国统计局不再单独发布数字创意产业的经济数据，而将其合并至 DCMS 部门（数字、文化、媒体和体育部）的统计数据中。这一举措充分反映了繁盛的数字化趋势下，创意产业与数字技术、文化和媒体行业联系愈发密切与"难分难舍"，创意产业与数字技术的融合发展已成数字时代新趋势。[2]

臧志彭从产业价值链的角度将数字创意产业价值链分为上、中、下三个层次。位于第一层的是为消费者提供创意内容的环节，代表企业如华特迪士尼、时代华纳、21 世纪福克斯等，这一层是数字创意产业最为核心的价值所在。处于中间层的是为内容创意提供传输通道和消费平台的环节，这一层的价值在于通过软硬件开发为上层的内容创意构建传输通道和消费平台。这里的传输通道主要是指美国 AT&T、英国电信、中国移动、瑞典爱立信等电信运营商和设备制造商为数字创意内容传输提供的信息和通信通道及相关硬件设备；消费平台则包含了美国苹果 App Store、谷歌 Google Play、亚马孙、腾讯等提供的在线消费服务，也包含百思买、万达构建的线下消费网络，还包含了苹果（Iphone /Ipad）、三星（Galaxy）、华为（荣耀）等提供的智能硬

---

[1] 英国统计局近年公布的 9 个领域分别是①广告和营销；②建筑；③工艺品；④时尚设计；⑤电影、电视、视频、音频和摄影；⑥IT，软件和计算机服务；⑦出版；⑧博物馆、画廊和图书馆；⑨音乐、表演和视觉艺术。

[2] 陈端、聂玥煜、张涵：《英美日数字创意产业发展差异》，《经济》2019 年第 6 期。

件设备平台。位于第三层的是支撑整个数字创意产业发展的技术
开发环节，本层的价值在于为第一层创意内容的生产和第二层媒
介载体的开发提供核心技术支撑，包括产业技术标准、数字设备
操作系统等。① 从以上三个层次来看，全球范围内数字创意产业
最核心的创意内容的提供，依然是美国的市场，中国企业还未能
进入核心领域。而在第二层次，为内容创意提供传输通道和消费
平台的环节中，中国移动、腾讯、万达、华为（荣耀）等中国
企业占据一定市场。

（三）创意城市成为全球城市的目标、角色与定位

创意经济从一开始就与城市密切相关。城市拥有密集的人
群、活跃的市场和活动交互网络，是文化创意产业最重要的发展
载体。斯科特（Scott）认为："城市作为一个整体充当着创意场
的作用——当然，城市也是完全向外界开放的，在这个创意场
中，大量的零碎信息在城市空间所包含的经济和社会活动的多样
化单元之间以特殊的强度流动着。"② "创意"主要发力的设计、
传媒、艺术等行业，都明显指向城市物理空间。③

创意城市的崛起是伴随着国外一些老牌工业城市的衰落出现
的，人们在尝试如何利用创意产业的兴起进行城市更新、产业升
级，最终走向一种新型城市形态和发展模式。

---

① 臧志彭：《数字创意产业全球价值链：世界格局审视与中国重构策略》，《中
国科技论坛》2018 年第 7 期。
② 转引自联合国教科文组织、联合国开发计划署编《创意经济报告
（2013）——拓展本土发展途径》，意娜等译，社会科学文献出版社，2014，
第 17 页。
③ 意娜：《创意经济、创意城市与城市可持续发展》，《中国文化报》2019 年
12 月 21 日。

2000 年，在欧洲城市面临重建过程中，英国学者查尔斯·兰德利出版了《创意城市：如何打造都市创意生活圈》一书，以帮助城市重新定位自身的角色与目标，响应当时欧洲出现的戏剧性的经济、社会及文化变迁。他指出，在这场全球性新动能（dynamics）中，无论大小城市，都需要用地区、国家与全球的观点，来重新评估和省思自身的目标、角色与定位。而这为城市从创意（creativity）、创新（innovation）、拥有资产或缺乏资产等角度，来思考现今城市所面临的各种机会及问题，制造了特殊的理由。[①]

创意城市是在经济全球化的背景下，由产业转移和产业升级推动伴随城市更新和创意产业兴起而出现的一种新型的城市形态，是在消费文化和创意产业基础上向社会其他领域延伸的城市发展模式，是科技、文化、艺术与经济的融合。[②] 创意经济催生创意城市，伦敦、纽约、东京、曼彻斯特、伯明翰、旧金山、迪拜、阿布扎比等城市都在创意城市建设中取得了卓著成效。创意城市已成为全球城市发展模式的首选。

美国学者佛罗里达认为，创意城市的建设至少需要满足三个条件。第一，社会文化的多元性和开放性可以促进创意人才、企业和创意产业的交流、融合。第二，城市产业发展能提供足够的发展机会。第三，具有能够吸引创意阶层的高品质的生活环境。[③]他还提出了著名的"3T"理论，"3T"是指人才（talent）、技术

---

① 〔英〕查尔斯·兰德利：《创意城市：如何打造都市创意生活圈》，杨幼兰译，清华大学出版社，2009，中文版序。

② 李明超：《英国创意城市兴起的基础与启示》，《国际城市规划》2010 年第 4 期。

③ 转引自李明超《英国创意城市兴起的基础与启示》，《国际城市规划》2010年第 4 期。

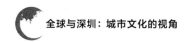

（technology）、宽容（tolerance），基本逻辑是宽容吸引人才，人才创造科技，三者构成了创意城市的基本要素。

创意城市在联合国教科文组织的语境中是将文化纳入城市发展规划中的举措，指的是将创意视为经济、社会、文化和环境层面可持续发展战略因素的城市。为了促进文化和创意产业的合作伙伴关系，加强对文化生活的参与，分享最佳实践，联合国教科文组织于 2004 年成立了创意城市网络（UCCN）来与这些城市合作，并且加强这些城市之间的合作。创意城市网络涉及七个创意领域：手工艺与民间艺术、媒体艺术、电影、设计、美食、文学和音乐。①

2008 年 11 月，深圳是第一个加入联合国创意城市网络的中国城市，成为世界上第六个"设计之都"。至今，中国已有十多个城市加入联合国创意城市网络中。其中，深圳、北京、上海、武汉是"设计之都"，成都、澳门、扬州是"美食之都"，哈尔滨是"音乐之都"，杭州、景德镇、苏州是"民间手工艺之都"，长沙是"媒体之都"，青岛是"电影之都"，南京是"文学之都"。

（四）创意阶层为企业创造财富与繁荣提供源泉

进入 21 世纪以来，创意经济改变着人们生活，创意的主体——创意人才对地区经济增长和竞争力的贡献日益凸显，被广泛认为是城市发展的关键驱动力。创意人才不仅成为世界经济发展的重要推动力量，而且成为全球各大城市争夺的对象。一定意义上讲，城市拥有创意人才，也就拥有了未来。

---

① 意娜：《创意经济、创意城市与城市可持续发展》，《中国文化报》2019 年 12 月 21 日。

2002 年理查德·佛罗里达出版《创意阶层的崛起——关于一个新阶层和城市的未来》一书，宣告了创意阶层的兴起及其特征、生活方式、价值观。佛罗里达认为，创意阶层是创意经济时代的宝贵资源，他指出，创意阶层的核心成员包括科技、建筑和设计、教育、艺术、音乐及娱乐等领域的工作者。此外，创意阶层还包括一个更为广阔的"创造性专业人员"群体，分布在商业和金融、法律、卫生保健等相关领域。[①] 佛罗里达的定义将创意人才的范围扩大到与创意产业相关领域，将更多的人才纳入创意阶层。创意阶层的价值观主要体现在个性化、精英化、多样性与包容性等几个基本点上。

佛罗里达的理论深刻影响了全球商界、学界以及城市规划者，乃至地产开发商。期望从后工业时代废墟中重整旗鼓的城市，都在积极吸纳创意阶层的顶尖人才。中国城市管理者的政策也逐渐从"招商引资"转变为"招才引智"。随着中国城市发展目标的升级，以北京、上海、深圳、广州等大城市为代表，开始进军全球城市、国际性城市和全球区域中心城市等目标。如果我们想从"中国制造"转型升级为"中国智造"，就必须培养和吸引创意阶层。

当然，佛罗里达的创意阶层理论并非完美无缺，甚至他本人也曾经承认，他们所倡导要吸纳的年轻知识阶层也在事实上"挤走"了一部分城市原住民，造成了城市新的割裂。[②] 进而造成了城市生活成本升高，贫富差距拉大，疏离感加剧，这种现象

---

① 〔美〕理查德·佛罗里达：《创意阶层的崛起——关于一个新阶层和城市的未来》，司徒爱勤译，中信出版社，2010，第 9 页。
② 〔美〕艾博·索瓦尔：《"创意阶层"的崛起是城市发展的助推器还是灾难?》，《IT 经理世界》2017 年第 12 期。

在全球许多知名城市出现了，例如旧金山等。

许多人将矛头指向了佛罗里达的理论，称其"创意阶层"本身即为一个谬误和失败的实验。他们指出，佛罗里达博士的错误不在于"投资兴建城市软硬件能吸引到创意阶层人士"，而在于他鼓吹的"这样做能使整个城市受益"这一点。①

不可否认的是，佛罗里达的理论带来了城市的发展，许多城市因此重生，经营环境因此改善，重新焕发了城市活力。因此，中国目前在城市发展的过程中应当注意，在吸纳和培养创意阶层的同时，注重城市的公平，特别是控制房价的上涨，提供更多经济适用房、公共教育和安全设施，并注意维护城市原有文化的存续和发展，使不同阶层都能因城市发展而获益，这样的城市才能永续发展。

（五）"权力的扩散"为东方文明带来发展机遇

今天的世界呈现出多极化、去中心化的特点，全球政治格局、经济格局和文化格局都面临着重大转折。"权力的扩散"②趋势带来了世界经济政治重心的东移，从大西洋两岸转向亚太地区。这一历史性的变化，很可能迎来东方文明的复兴，而此时，古老的东方文明中"和而不同""协和万邦"的哲学将会有助于解决国际多极化格局下的大国间合作与交流问题，也是中国文化

---

① 〔美〕艾博·索瓦尔：《"创意阶层"的崛起是城市发展的助推器还是灾难？》，《IT 经理世界》2017 年第 12 期。

② 美国国家情报委员会的报告《全球趋势 2030：变换的世界》中描述了一个很重要的趋势就是"权力的扩散"："不会有任何霸权主义强国，权力将会转移到一个多极世界中的一个网络或联盟之中。"美国国家情报委员会编：《全球趋势 2030：变换的世界》，中国现代国际关系研究院美国研究所译，时事出版社，2016。

产业走向世界的最佳机遇。

互联网时代到来之前，人们通过电影、电视、收音机、报纸杂志等传统媒介被动地接受文化产品。而今天，在世界范围内，互联网赋予了每个文化消费者更多主动权。在互联网的冲击之下，即使许多国家的本国文化产品受到"文化例外"政策的保护，来自世界范围的优质内容仍吸引着消费者进行跨文化圈文化消费，文化消费呈现出马太效应。[①]

自媒体时代，人们通过 YouTube、抖音、微博、Lofter、AO3 等网络平台将创作内容上传，成为文化的生产者。近来备受关注的"李子柒文化现象"在一定程度上激发了许多海外人士对中华传统文化的兴趣和热爱，"黄发垂髫，并怡然自乐"的桃花源式生活令中外粉丝无限向往，无形中推广了我国的非物质文化遗产。

还有火爆 B 站的七人组，身着传统服饰，以传统乐器演奏传统音乐及流行音乐、动漫音乐，将中国古风发布在 B 站、YouTube、微博，总播放量 5000 多万，受到国内外网友一致好评。

互联网冲击下，文化市场的国家边界逐渐消弭，来自全球范围的优质文化内容吸引着消费者进行跨文化圈的文化消费。互联网时代，文化市场显现了资本输出国、内容生产国和消费市场国的区分。[②]

值得我们思考的是，我们生产什么样的文化内容奉献给世

---

① 《文化消费全球化：从互联网的视角》，中华网，https://culture.china.com/zx/11160018/20181231/34851752.html，最后访问日期：2021 年 6 月 21 日。

② 《文化消费全球化：从互联网的视角》，中华网，https://culture.china.com/zx/11160018/20181231/34851752.html，最后访问日期：2021 年 6 月 21 日。

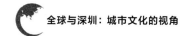

界？《中国国家形象全球调查报告2018》中调查结果显示，中餐、中医药、武术仍是海外受访者认为最能代表中国文化的元素。从严格意义上讲，这些并不能真正反映中华文化的核心价值。高铁、网购、移动支付、共享单车的"新四大发明"，也只是成就而已，还说不上文化。博大精深的中国文化IP的塑造，不应只是中餐、中医药和武术。文化的国际传播需要打破教条化、模式化的束缚，既要依赖主流媒体，也应鼓励民间文化输出。甚至从某种意义讲，民间文化输出的效果有时远远超出官方，李子柒和七人组就在一定程度上说明了问题。

二 深圳文化产业的优势与不足

特区成立40年来，深圳以市场主体为中心，积极培育新型文化业态，推动产业结构优化升级，逐步形成了"文化+科技""文化+互联网""文化+创意""文化+金融""文化+旅游"等发展模式。文化产业已成为深圳重要的支柱产业，全市九个区形成了和而不同的产业特色。深圳文化产业的发展有着政策保障、创新文化、技术创新、现代产业体系、国家级平台和建设先行示范区等显著优势，也存在产业结构不尽合理、文创空间资源紧缺、高端创意人才较为缺乏、创意教育不够完善等明显不足。

（一）深圳文化产业发展概况

深圳文化产业经历了自发和自觉两个发展阶段。建特区后，随着市民精神文化生活的需要和承接香港产业转移的趋势，从1980年起，深圳相继出现了以西丽湖歌舞厅等为代表的各类文化设施和娱乐场所，歌舞娱乐业成为深圳文化市场的领头羊，成为深圳文化产业发展的重要阵地。1989 年，华侨城集团锦绣中华主题公园问世，开启国内人造主题公园建设先河。紧接着，中华民俗村、世界之窗、欢乐谷，华侨城集团四大主题公园带动国内文化旅游热。此外，华侨城集团还建成何香凝美术馆、华夏艺术中心，成立了华侨城控股股份有限公司，成为中国文化旅游标杆。

与此同时，深圳还形成了以大众传媒、印刷制作、文艺演出和文化娱乐、文化旅游为重点的产业群体。2002 年深圳主要文化产业的年产值 258.05 亿元，增加值 78.47 亿元，约占深圳当年 GDP（2262.82 亿元）的 3.48%，占比远高于全国水平。[①] 这个阶段，深圳虽然从政府层面并未给予更多的引导和扶持，但文化市场和产业理念已初步形成，为文化产业作为深圳第四大支柱产业奠定了坚实的基础。

自觉阶段是从 2003 年开始，深圳提出"文化立市"发展战略后，深圳文化产业进入快速发展阶段。2005 年，深圳将文化产业作为城市的第四大支柱产业。2011 年，文化产业被纳入深圳六大战略性新兴产业之一。2015 年，深圳提出文化产业要走质量型内涵式发展新路。

在政府的高度重视下，深圳文化产业在自发的基础上得到自觉的发展，呈爆发式增长，文化产业规模和竞争力已位于国内第一方阵。到 2018 年末，深圳市有经营性文化产业法人单位101106 个，比 2013 年末增长 277%；从业人员 101.9 万人，比

---

① 李小甘主编《深圳文化创新之路》，中国社会科学出版社，2018，第210 页。

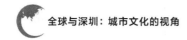

2013 年末增长 13.8%。① 截至 2019 年 11 月 21 日，深圳现有上市公司总计 427 家，其中文化类上市公司 31 家，占比约为 7.3%。其中，深圳文化上市公司市值最大的是腾讯控股，其市值高达 28229.91 亿元。② 文化产业已成为全市重要的支柱产业和加快转变经济发展方式、推动社会经济快速健康发展的重要引擎。

2017 年，深圳文化创意产业增加值达 2243.95 亿元，增长 14.5%，占全市 GDP 的 10%，已成为增强城市文化软实力和综合竞争力，加快转变经济发展方式、带动深圳经济快速健康发展的重要引擎之一。③ 2018 年，全市文化产业增加值约 1900 亿元，占全市 GDP 的比重达 7.9%。2019 年，全市文化产业增加值预计超过 2000 亿元。

（二）各区文化产业发展状况

1. 南山区

南山区是深圳文化产业大区，现有文化企业 7000 多家，17 家企业获评市"文化 + 科技型示范企业"，占全市半壁以上江山。南山的文化领军企业有一个共同的特征——既是深入文化核心层的创业企业，也是运用最新科技手段的高科技企业，文化与

---

① 深圳市统计局深圳市第四次全国经济普查领导小组办公室：《深圳市第四次全国经济普查主要数据公报 1~7 号》，http://tjj. sz. gov. cn/zwgk/zfxxgkml/tjsj/tjgb/content/post_ 7294578. html，最后访问日期：2021 年 6 月 21 日。
② 深圳市文化广电旅游体育局：《深圳文化产业呈爆发式增长》，http://wtl. sz. gov. cn/ztzl_ 78228/tszl/whcy/shgg/202001/t20200109_ 18973402. htm。最后访问日期：2021 年 6 月 21 日。
③ 按照国家统计局口径，2017 年全市文化及相关产业增加值 1529.75 亿元，占 GDP 的比重为 6.82%。

科技、创新与创意实现深度融合创新。[①] 截至 2019 年底，南山
区的国家级高新技术企业总数突破 4000 家，[②] 已培育出腾讯、
华强方特、迅雷、A8 新媒体、环球数码等一批文化科技融合型
企业。

南山区文化产业重点领域主要有创意设计、文化软件、动漫
游戏、影视演艺和音乐、新媒体和网络文化、文化旅游、高端文
化装备等七大类别。文化产业园区和基地是南山文化产业发展的
引擎，有国家级文化产业示范园区——华侨城 OCT，还有国家
级文化产业示范基地——腾讯、雅昌、华强方特等。文化产业在
南山经济发展中的支柱地位和作用日益凸显。

2. 宝安区

宝安区实施"文化强区"战略以来，文化产业业态多元，
充满活力。"文化＋科技"也是宝安区文化产业的强项。截至
2019 年底，宝安区的国家级高新技术企业总数超 4800 家。[③]
2019 年，宝安区规模及限额以上文化企业 414 家，同比增
长 7%。

经过多年发展，宝安区形成了创意设计、印刷包装、数字视
听、动漫游戏等文化产业集群。宝安区有着先进的电影制作技术
与经验，电影产业园区具有一定区域影响力。深圳市定军山科技

---

① 《文化＋啥最有前途？从文博会展演看深圳十区"文产竞争力"》，http：//
　static. nfapp. southcn. com/content/201705/21/c435964. html。最后访问日期：
　2021 年 6 月 21 日。

② 《2020 年南山区政府工作报告》，http：//www. szns. gov. cn/xxgk/qzfxxgkml/
　gzbg/202001/t20200122_ 18990651. htm。最后访问日期：2021 年 6 月 21 日。

③ 郭子平：《2020 年宝安区人民政府工作报告》，http：//www. baoan. gov. cn/
　xxgk/gzbg/zfgzbg/content/post_ 6999145. html，最后访问日期：2021 年 6 月
　21 日。

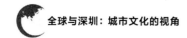

有限公司是宝安区数字电影文化科技的领军企业，主要开展电影技术设备研制、数字电影尖端技术研发成果转化等。

宝安区拥有国家级文化产业示范基地——深圳市创意投资集团有限公司，旗下的深圳 F518 创意园 2007 年创园以来，已完成工业设计、智能硬件、动漫游戏、互联网、创意设计等重点行业的高度聚集，业态良好，成绩优异。[①] 还有裕同科技和鸿兴印刷两家"全国印刷 10 强"企业，深圳市文化创意产业百强企业 10 家，上市文化企业（含新三板）12 家，国家级动漫企业两家。目前，宝安区以影视产业发展为重心，出台《宝安区关于促进文化创意产业发展的实施办法》《宝安区关于促进影视产业发展的若干措施》等政策，推进文化产业创新发展。

3. 福田区

福田区是深圳市创意设计产业的主要聚集地，目前有文化企业 13000 多家，其中上市文化企业 19 家，规模以上企业 600 多家。文化产业从业人员 29.4 万人。已认定文化创意产业园区 12 个，其中国家级园区 2 家、市级园区 4 家。[②]

福田区文化产业的重点领域是创意设计、动漫游戏、影视演艺、新媒体及文化信息服务、高端工艺美术、文化软件、数字出

---

① 截至 2019 年上半年，园区企业累计创作作品 16.63 万件；知识产权登记近 1.59 万项；获得德国红点、IF、G-MARK、红星等国内外知名设计大奖 177 项，累计实现销售额超过 90 亿元，涉及宝安区供应链企业近 4500 家；累计为宝安区引进各类设计研发从业人员近 1.48 万人。资料来源：《宝安区文化产业增加值位列全市第二》，宝安日报数字报，http://barb.sznews.com/PC/content/201905/16/content_653011.html，最后访问日期：2021 年 6 月 21 日。

② 《看福田区文化创意产业创新发展》，南方都市报·奥一网，http://epaper.oeeee.com/epaper/H/html/2018-05/10/content_25884.htm，最后访问日期：2021 年 6 月 21 日。

版、非物质文化遗产开发、高端印刷、文化设备、文化旅游等重点发展领域的文化、旅游、体育企业及社会组织等。

福田区文化产业结构、质量以及整体竞争力近年来逐步提升，目前优势产业有建筑装饰设计、服装设计等，拥有奇信股份、建艺集团、亚泰国际、维业股份、深装总等一大批建筑装饰行业龙头企业。时尚产业也是福田区的核心产业，诞生了玛丝菲尔、影儿、歌力思等高端女装品牌。福田区成立了全国首个城市国际时尚战略执行机构"福田国际时尚战略委员会"并成功举办时尚产业高峰论坛、中国建筑装饰设计奖颁奖典礼。今后，福田区将大力发展时尚产业，力推"时尚＋文化""时尚＋科技""时尚＋旅游"发展模式，着力打造国际时尚科技中心。

4. 罗湖区

文化创意产业已经成为罗湖的重要特色产业之一，规模效益日益显现、明星企业辈出，并形成了黄金珠宝、工艺美术、影视动漫、创意设计四大重点产业集群。2019年罗湖区规模以上文化产业企业528家，全年实现产值/营收约1200亿元。2019年以来，重点聚焦电子竞技、动漫电影、泛娱乐以及体育科技产业。

罗湖区拥有中国规模最大的黄金饰品产业集散地——水贝街区珠宝产业基地，集中了近5000家珠宝企业，出品了全国70%～80%的黄金饰品及镶嵌珠宝饰品，珠宝品牌2400个，孕育的珠宝类"中国驰名商标"就达21个。拥有国内最大的工艺礼品展示、交易和出口基地——笋岗工艺礼品城，这里被喻为"软装设计师的天堂"，是中国最重要的高端工艺美术品集散地。此外，点石数码是全球顶尖的视效创意公司之一，其制作工艺成为行业风向标，成就了多部行业里程碑式的作品。迄今为止，在影

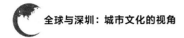

视广告、数字视效、动画短片等领域的国际一线赛事中共获得119 项奖项。柏星龙则是中国创意包装行业的风向标，以中国元素国际范为创意理念，设计了 3 万项的创意作品，获得 66 项国际设计大奖。

5. 龙岗区

文化产业是龙岗区战略性新兴产业之一，是龙岗区经济支柱产业。目前共有超过 6000 家文化企业，规模以上 591 家，有龙岗区大芬油画村和南岭中丝园两个国家级文化产业示范基地，省级文化产业示范园区两个，市级文创园区 10 个。

龙岗区文化产业重点领域有数字创意（包含影视动漫、新媒体及文化信息服务、文化软件、数字出版和游戏等）、演艺音乐、文化遗产开发、创意设计、时尚产业、文化旅游、高端印刷、艺术与高端工艺美术、高端文化设备、文化会展 10 个领域。

在行业布局上形成了六大优势产业集群，工艺美术产业集群和文化装备产业集群，以铁汉生态、天擎建筑、绿尚设计等屡获国际设计大奖的实力设计机构为代表的创意设计产业集群，以上影深圳、叁鑫影业、大地动画等企业为代表的影视动漫产业集群，以中华商务、通产丽星等全国龙头印刷企业为代表的数字印刷产业集群和演艺娱乐产业集群。①

6. 盐田区

"文化 + 旅游"是盐田区发展的一大亮点，实施"全域 + 全季"旅游发展目标，实现"旅游 +"产业融合，打造宜居、宜业、宜游的现代化国际化创新型滨海城区。为更好地推动产业融

---

① 《文化产业发展深圳龙岗样本》，https：//www.sohu.com/a/325177325_160257，最后访问日期：2021 年 6 月 21 日。

合发展，盐田区成立了全域旅游协会，出台了全域旅游发展促进措施，促进旅游与跨境商贸、黄金珠宝、文化创意等多个产业融合发展。

盐田区有古老的鱼灯舞、璀璨的非遗珠宝、充满现代设计语言的文创产品，还借助盐田港、周大福珠宝等龙头企业资源，形成了海上观光、黄金珠宝创意设计、跨境采购等系列旅游体验产品，以及"旅游＋港口""旅游＋珠宝""旅游＋商贸""旅游＋健康""旅游＋文创"等新业态，不仅丰富了产业旅游的内涵，更形成了以旅游助推产业发展的良好局面。

沙头角深港国际旅游消费合作区是深圳市推进深港合作重大战略平台之一，作为与香港"一步之遥"的盐田，围绕"打造粤港澳世界级旅游休闲湾区"的目标，进一步打造中英街特色街区。

7. 其他区

龙华区文化产业主要以"工艺美术品创新设计与制造""文化用品、设备制造与印刷服务""文化休闲旅游及娱乐服务"为三大支撑，特色是"文化＋设计""文化＋制造"的业态融合。龙华区有大浪时尚创意小镇、1980 油松漫城产业园、上围艺术文创产业园等文化产业园区。大浪时尚创意小镇云集了艺之卉、梵思诺、歌力思等众多国内知名服饰品牌，小镇着力打造时尚企业总部集聚区、时尚创意人才集聚区、时尚创新中心、时尚发布中心和时尚消费中心，目标是成为世界知名的时尚中心。

坪山以文营城而独具特色。聚焦"IP 文创产品开发""城市书房品牌推广""特色文创空间建设运营"三大板块，着力打造坪山文化 IP。坪山大剧院坚持开放、先锋、品位、全球化的定位，推出了《天鹅湖》、波兰克拉科夫皇家管弦乐团音乐会、

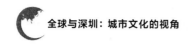

《亨德尔歌剧精粹》音乐剧、亨德尔歌剧《赛尔斯》多台高品质文艺演出，赢得社会各界好评。

大鹏新区拥有得天独厚的历史文化资源、天然的山海资源，正在建设国家文化产业和旅游产业融合发展示范区。文化产业主要有非遗"海防所城"品牌的开发活化、文化旅游产业、文化创意产业、婚庆婚博文化产业等。大鹏所城是深圳文化的根脉，大鹏新区依托海防所城文化名片开展跨界重大文化遗产保护，构建大鹏全域博物馆体系，通过品牌内容、空间承载、产品体系、文化符号等系列文化元素，全面提升大鹏新区文化产业的竞争力和影响力。依托山海资源，培育海洋文化产业、影视文化产业、文化体育产业等新型文化业态。

光明区文化产业主要包含时尚钟表、自行车休闲文化、红木文化、烙画非物质文化遗产等内容，刚刚建成的华强创意园是深圳华强集团打造的创意产业园区，将形成以华强为龙头的创意产业集群，未来目标是建设成为文化创意产业、高新技术产业和战略性新兴产业等集聚，科技园区、科技产业和科技金融深度融合的国家级特色科技园区。

（三）先行示范区文化产业发展的现实基础

1. 政策保障优势

2005 年，文化产业成为深圳市第四大支柱产业，这一年是深圳的"文化产业年"。从这时起，政府领先其他城市出台了大量扶持政策，大力支持文化产业发展。多年来，深圳构建了涵盖组织保障、政策支持、资金扶持等较为完备的产业支持保障体系。

2011 年的《深圳文化创意产业振兴发展规划（2011—2015

年)》及其配套政策的出台为深圳文化产业确定了创意设计、文化软件、动漫旅游、新媒体及文化信息服务、数字出版、影视演艺等十大重点发展领域。深圳市各级财政每年拿出超过 8 亿元扶持资金鼓励文化企业发展，争当文化产业发展的领头羊。

进入新时期，深圳相继出台了《深圳文化创意产业振兴发展政策》《深圳新一代信息技术产业振兴发展政策》《关于深入实施文化立市战略建设文化强市的决定》《关于促进文化与科技融合的若干措施》等一系列政策文件，以及大量与科技创新有关的政策法规，推进文化产业发展。①

仅 2020 年前三个月就出台了一系列重要文件，1 月出台《深圳市文化产业发展专项资金资助办法》，3 月 5 日印发了《深圳市时尚产业高质量发展行动计划（2020－2024 年）》，3 月 16 日又出台《关于加快体育产业创新发展的若干措施》全面地引导促进体育产业发展，单项最高资助可达 8000 万元。

2020 年 4 月，为深入贯彻落实《中共中央、国务院关于支持深圳建设中国特色社会主义先行示范区的意见》和中央关于完善文化经济政策、加快文化产业发展的工作部署，推动构建以质量型内涵式发展为特征的现代文化产业体系，深圳市文化广电旅游体育局正式发布《关于加快文化产业创新发展的实施意见》，提出构建以质量型内涵式发展为特征的高水平现代文化产业体系，推动深圳成为创新创意引领潮流、文化科技特色鲜明、文化形象开放时尚、文化产业充满活力的国际文化创新创意先锋城市。到 2025 年，数字文化、创意设计、时尚文化、文化旅游等新型业态产值占文化产业的比重超过 60%，进一步巩固提升

---

① 任珺：《深圳文化产业发展现状及对策建议》，《开放导报》2018 年第 2 期。

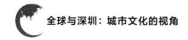
文化产业的国民经济支柱产业地位。①

2. 创新文化优势

创新是深圳这座移民城市的文化基因，无论是观念创新还是实践创新，深圳都走在前面。"敢为天下先""改革创新是深圳的根，深圳的魂""鼓励创新，宽容失败"，这些观念在城市中形成了浓厚的创新氛围，创造了深圳的经济奇迹和文化奇迹。

深圳的企业特别是民营企业创新极为活跃，过去人们总结深圳自主创新是"4 个 90%"，现在已升级为"6 个 90%"，90%以上的创新型企业是本土企业，90%以上的研发机构设立在企业，90%以上的研发人员集中在企业，90%以上的研发资金来源于企业，90%以上的职务发明专利出自企业，90%以上的重大科技项目发明专利来源于龙头企业。②"6 个 90%"，成为深圳协同创新体系建设的主要亮点。

深圳的创新的活力还来自年轻城市的年轻人，根据《2018全国城市年轻指数》中的数据，深圳已连续三年成为"最年轻一线城市"。深圳常住人口平均年龄为 32.5 岁，其中 13.4% 为 0~14 岁的儿童，另外约 76% 为 15~44 岁的青壮年。深圳最大的吸引力就在于各种文化在这里交融汇聚，海纳百川、开放包容、多元互补的区域文化，这为创新提供了很好的土壤。青年们在这里创新创业，城市中到处都洋溢着活跃的创新氛围，诞生了众多具有自主知识产权和核心竞争力的创新型企业。

---

① 《关于加快文化产业创新发展的实施意见》，深圳市文化广电旅游体育局网站，http：//wtl. sz. gov. cn/ztzl ＿ 78228/tszl/whcy/whcyflfg/content/post ＿ 7259614. html。

② 《深圳高科技产业崛起靠的是什么？》，新华社客户端，https：//baijiahao. baidu. com/s？ id = 1622158821355698760&wfr = spider&for = pc，最后访问日期：2021 年 6 月 21 日。

3. 技术创新优势

2017 年 4 月颁发的《文化部"十三五"时期文化科技创新规划》中明确指出，文化科技创新是国家科技创新的重要组成部分，是社会主义文化强国建设的关键支撑力量。这意味着文化创意产业的发展由过去以演出业、出版业、旅游业等为核心的发展方式，转变为以与高科技、互联网相关的高端产业为我国未来文化创意发展的支柱性的产业。

深圳拥有出色的技术创新优势，2017 年，深圳 PCT 国际专利申请量已达 2.04 万件，以一城之力超过德国（1.89 万件）和韩国（1.57 万件），仅次于东京位列全球第二，是中国第二名北京（0.51 万件）的四倍。[①] 2018 年，深圳市 PCT 国际专利申请量达到 18081 件，连续 15 年全国第一，约占全国总量的 34.6%，其中华为公司以 PCT 国际专利申请 5405 件居全球企业第一。[②] 2017 年深圳国家级高科技企业有 1.12 万家，还有近 19 万家不同类型、不同规模的科技企业。全年高科技产业增加值 7359 亿元，占 GDP 的 32%。[③] 华为、腾讯、大疆科技、比亚迪、研祥高科、华大基因等高科技企业支撑起深圳文化产业的高科技基础。此外，迈瑞医疗、顺丰控股、大族激光、金蝶软件、创维数字、深桑达、中国长城、海能达、达实、华强文化等一大批科技

---

① 《为什么是深圳》，瞭望智库，http：//www.lwinst.com/cjgjzk201812/7010.htm，最后访问日期：2021 年 6 月 21 日。

② 《深圳国际专利申请居全国首位》，奥一网深新闻深圳 24 小时，http：//www.oeeee.com/html/201911/15/840434.html，最后访问日期：2021 年 6 月 21 日。

③ 张思平：《反思深圳高科技产业：为何国企民企冰火两重天？》搜狐网，https：//www.sohu.com/a/272234779_100291228，最后访问日期：2021 年 8 月 21 日。

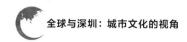

公司，共同构成了深圳强大的技术创新优势。

4. 现代产业体系优势

深圳初步形成了较为完备的现代产业体系，注重创意引领和科技支撑，形成了"文化+科技""文化+互联网""文化+创意""文化+旅游""文化+金融"等模式，培育了创意设计、动漫旅游、文化旅游、高端印刷、黄金珠宝、文化会展等具有较强竞争优势的行业。深圳是中国第一个联合国教科文组织认定的"设计之都"，其平面设计、工业设计、建筑设计、室内装饰设计、服装设计等行业在国内具备较强的竞争优势。腾讯、华强动漫、环境数码、创梦天地等动漫游戏类公司是行业内的龙头企业。2019 年腾讯净利润达 943.51 亿元，同比增长 22%，其中网络游戏收入同比增长 25% 至 302.86 亿元。智能手机游戏在中国及海外市场增长强劲，包括《和平精英》、*PUBG Mobile* 以及 **Supercell** 旗下的游戏等。截至 2019 年底，全球排名前十最受欢迎的智能手机游戏（按日活跃用户数计算）中有五款由腾讯开发。[①] 华侨城、华强方特连续多年入选"全国文化企业 30 强"，其主题公园入园人数分别位居全球第四和第五。

5. 国家级平台优势

深圳的文化会展业在全国具有重要的影响力，打造了全国唯一的国家级、国际化、综合性的文博会，已经成为引领中国文化产业发展的重要引擎和推动中华文化走出去的重要平台。深圳文博会为文化产业发展搭建起展示、交易、信息平台，使大量资金、项目、技术、人才在深圳汇聚，有力推动了区域文化产业的

---

① 《腾讯 2019 年净利润 943.51 亿元同比增长 22%》，腾讯新闻，https：//new. qq.com/rain/a/TEC2020031802828700，最后访问日期：2021 年 8 月 21 日。

发展。深圳还在国内较早组建了文化产权交易所，参与发起设立了首支国家级文化产业投资基金。2013 年，深圳还被文化部命名为国家对外文化贸易基地，努力建立泛珠三角对外文化贸易辐射圈。此外，国家版权交易中心、数字出版基地等也落户深圳。

6. 建设先行示范区优势

2018 年 8 月，《中共中央、国务院关于支持深圳建设中国特色社会主义先行示范区的意见》中提出，深圳要发展更具竞争力的文化产业和旅游业；支持深圳大力发展数字文化产业和创意文化产业，加强粤港澳数字创意产业合作；支持深圳建设创新创意设计学院，引进世界高端创意设计资源，设立面向全球的创意设计大奖，打造一批国际性的中国文化品牌；深圳要用好香港、澳门会展资源和行业优势，组织举办大型文创展览；推动文化和旅游融合发展，丰富中外文化交流内容；有序推动国际邮轮港建设，进一步增加国际班轮航线，探索研究简化邮轮、游艇及旅客出入境手续。①

从经济特区到中国特色社会主义先行示范区，40 年的快速发展，深圳已成为珠三角大经济圈的核心、连接香港和内地的桥梁纽带，并成为粤港澳大湾区的重要节点。作为区域经济中心，深圳有着突出的市场优势，在城市规模、经济体量和发展态势方面有着周围城市无可比拟的条件。

目前，深圳正在努力建设全球区域文化中心城市和国际文化创意先锋城市。先行示范区建设更是为深圳带来了难得的发展机遇，深圳将在更高水平上发展文化产业，向着全球标杆城市进发。

---

① 《中共中央、国务院关于支持深圳建设中国特色社会主义先行示范区的意见》，人民出版社，2019，第 8 ~ 9 页。

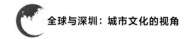

（四）深圳文化产业与世界的差距

1. 产业结构亟待优化

文化产业以生产和提供精神产品为主要活动，以满足人们的文化需要为目标。其最大的特点是内容为王，内容是文化产业的核心竞争力。而这恰是深圳文化产业的弱项，制约着深圳文化产业高质量发展。深圳文化产业核心层比重偏低，产业转型升级有待加强。2017 年全市文化创意产业实现增加值 2243.95 亿元，占 GDP 比重超过 10%。但文化产业结构不尽合理，核心层（新闻出版、广播影视、文化艺术服务等内容产业）比重偏低，仅占 3.4%；创意设计服务只占 15.1%，文化信息传输服务占 35.4%，文化制造业占 37.1%，其他（文化休闲娱乐服务等）占 9.2%。[①] 总体来讲，产业结构中，文化制造类企业比重偏高，新闻出版、影视制作等内容产业整体实力还不强，支撑产业可持续发展的内容资源不足。企业规模总体偏小，行业龙头企业不多，除腾讯科技（深圳）有限公司等少数堪称文化产业标杆企业和全球知名企业外，规模和品牌影响力可以与国际知名文化企业竞争的骨干企业还不多。

2. 文创空间资源紧缺

受制于深圳整体产业用地增量不足，深圳文化产业的规划用地和办公用房也同样不足，对企业进一步发展壮大和重大产业项目落地造成一定影响，制约着深圳文化产业发展。而文化企业多为轻资产型企业，即使是文化产业的龙头企业也难以与制造业、

---

① 李小甘：《坚定文化自信，推动深圳文化繁荣兴盛》，《深圳社会科学》2018年第 1 期。

金融业等企业相比，难以符合深圳总部企业用地用房政策条件，无法享受用地用房的优惠政策。特别是近年来办公用房房租快速增长，对初创文化企业带来较大压力。

3. 创意人才较为缺乏

创意产业首先取决于人才，因为创意说到底是人的创意。虽然从总量来讲，深圳文化创意产业人才不算少，但大多集中在附加值较低的产业链中低端，缺乏高端创意人才，特别是具有国际视野和创新能力的高素质创意人才更为匮乏。深圳在建设先行示范区过程中需要大批创意人才，虽然政府制定实施了各类人才政策，但由于没有充分认识到创意人才的价值及特殊性，加之城市文化氛围、教育医疗、高房价高生活成本等因素，人才的培养和吸引存在诸多困难。因此，人才缺乏将是文化产业发展以及文化品牌建设最大的瓶颈。

4. 创意教育不够完善

相比国内很多城市，深圳对创意教育比较重视，2017 年的"创意十二月"的开展就是为聚焦创意教育，推动创意教育进校园。活动计划建造一百所"创意十二教育空间"，建立创意教育拓展基地，率先推进中国特色的 STEM 体系教育，储备创意新生代人才，培育深圳创意手工教育新兴产业。[①] 但由于中国文化产业起步较晚，相对于英美日韩等文化产业大国，中国在创意教育体系、创意教育环境、创意教育平台等方面还存在很大差距。特别是学校教育在美术、音乐、设计、舞蹈、表演等培养创意理念和创意精神的课程上并未给予足够重视。

---

① 《"创意十二月"聚焦创意教育 将设百所"创意十二教育空间"》，深圳新闻网，http://www.sznews.com/news/content/2017 – 11/30/content_ 17895105. htm，最后访问日期：2021 年 6 月 21 日。

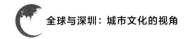

5. 文旅融合亟须加强

文旅融合观念和文旅运营思维已经成为国家层面的战略思维。虽说 20 世纪 80 年代，华侨城集团在文化旅游上的"拿来主义"开创了国内主题公园先河，锦绣中华、中华民俗村、世界之窗等引领国内"文化＋旅游"的潮流。但由于深圳自身历史文化资源相对不足，在一定程度上限制了其文化旅游业的发展。增量文化资源近年来不断增多，但认识和利用不够，未能成为文化旅游新增长点。深圳缺乏高端的、有全球影响力的文化旅游产品，例如赛事游、会展游、创意游等，应进一步丰富文博会会展内容与形式，扩大影响力，吸引更多人为文博会而来。与经济地位相比，深圳文化旅游的国际影响力十分有限，没有从城市整体层面进行推广。

6. 文化消费有待提升

2018 年深圳全市居民人均可支配收入 57543 元，居民人均消费支出 40535 元，其中教育文化娱乐消费为 3934 元，与 2012 年的 2960 元相比，提升近千元，占人均消费支出比重为 9.7%。2017 年上海市居民消费支出中教育文化娱乐消费为 4648 元，占人均消费支出比重为 11.8%；北京市居民消费支出中教育文化娱乐消费为 3999 元，占人均消费支出比重 10%。尽管深圳文化消费支出比例并不算低，但文化消费结构有待改善，上网、游戏、看电影等被动接受型较多，高雅艺术、知识性的文化消费不足，多数市民并未将文化消费看作自我提升文化素养和知识水平的必要途径。

三　加快发展更具竞争力的城市文化产业

面对全球文化产业发展的新趋势，深圳将发挥数字技术方面的显著优势,大力发展数字文化产业和创意产业。积极培养和引进创意人才,为文化产业发展提供前提和基础。搭建更具全球视野的大型文创展览展示平台,不断提升平台的国际化、市场化、专业化水平,扩大中国文化产业的全球影响力。推动文旅融合发展,通过打造世界级旅游目的地提高城市的国际知名度和国际化程度,力争在 2050 年成为竞争力、创新力、影响力卓著的全球标杆城市。

(一)大力发展数字文化产业和创意文化产业

面对数字创意产业在全球范围的迅猛发展,国家层面给予了高度重视。2016 年 3 月,"数字创意产业"首次出现在国家的《政府工作报告》中。2016 年 11 月,国务院印发《"十三五"国家战略性新兴产业发展规划》,特别强调"以数字技术和先进理念推动文化创意与创新设计等产业加快发展,促进文化科技深度融合、相关产业相互渗透"。《2016 中国数字创意产业发展报告》指出,目前中国数字创意产业有 36948 家企业、将近 384 万从业人员,2015 年行业产值为 5939 亿元,占 GDP 比重仅为 0.7%,与英国的 8% 相比尚有自身十多倍的提升空间。

2019 年 8 月,隶属于国务院发展研究中心的东方文化与城市发展研究所、中国社科院中国文化研究中心,联合腾讯社会研究中心等单位等发布了《中国数字文化产业发展趋势研究报告》。报告指出,中国文化产业在 2004 年到 2017 年的增速两倍于 GDP 增速,2017 年数字文化产业增加值为 1.03 万亿 ~ 1.19 万亿元,总产值为 2.85 万亿 ~ 3.26 万亿元。①

---

① 发展研究所:《中国数字文化产业发展趋势研究报告》,https://www.sohu.com/a/332195591_99934757,最后访问日期:2021 年 6 月 21 日。

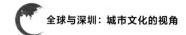

2019 年 8 月，《中共中央、国务院关于支持深圳建设中国特色社会主义先行示范区的意见》明确提出，支持深圳大力发展数字文化产业和创意文化产业，加强粤港澳数字创意产业合作。在数字文化产业方面，深圳拥有丰富的创新资源，深厚的产业基础，在数字技术方面具有国内其他城市无可比拟的优势。以 VR 产业为例，深圳是"VR 重镇"，2017 年上半年，全国 VR 企业数量已超 800 家，深圳就有超过 500 家。①

面对全球数字文化产业的迅猛发展，深圳应继续加强科技创新支撑；加强文化共性关键技术研究，支持大数据、云计算、增强现实、虚拟现实、人工智能、物联网和 5G、4K/8K 等先进技术研发及在文化产业中的应用，加快发展数字文化产业；推动传统出版的数字化转型，鼓励对文化典籍、艺术品、文物、非物质文化遗产等文化资源进行数字化转化和出版开发；加强数字出版的技术攻关，支持建设数字出版研发、资源管理和在线服务平台；建设好广东国家数字出版基地深圳园区。

近年来，腾讯不断发挥新文创的优势，助力建设面向下一个 600 年的"数字故宫"。不仅让故宫和文物在数字世界里"永葆青春"，还打通线上与线下，让人们用最潮流的方式体验最传统的文化。腾讯和故宫博物院还将携手中国广电，探索与 5G 等前沿技术融合的多媒体体验，更生动地再现故宫营建的过程，应用新技术打造 5G 时代的内容范本，尝试更多新的可能。② 随着

① 《深圳 VR 企业数量占全国"半壁江山"》，央广网，http：//www. cnr. cn/gd/gdkx/20171213/t20171213_ 524060528. shtml，最后访问日期：2021 年 6 月 21 日。
② 参见《腾讯程武：新文创 助力建设面向下一个 600 年的数字故宫》，科学中国，http：//science. china. com. cn/2019 – 09/17/content_ 40895572. htm。

2020 年"5·18 国际博物馆日"的临近，腾讯新闻启动宝藏四方文化传播计划，带观众在新冠肺炎疫情期间线上云赏 50 家国家一级博物馆，同步征集民间藏品故事。

2020 年初开始的新冠病毒肺炎疫情给聚集性的文化娱乐消费和文化生产活动带来了极大的冲击，电影院线、演艺娱乐、旅游演艺、综艺节目等一片萧条。但与此同时，互联网文化产业、广播电视、新闻传播、数字出版、文化软件等数字文化娱乐活动却十分活跃，以数字文化产业为代表的文化新兴业态有着更大的发展空间。

专家分析，近期文化产业将加速数字化、智能化、虚拟化，5G、人工智能、云计算、大数据、虚拟现实等数字技术的发展和应用速度加快，数字文化产业占比快速提高，新兴业态持续涌现。[①]

（二）着力发展创意教育构建创意人才培养体系

创意人才是文化产业发展的前提和基础，而创意人才的培养需要一整套创意教育体系的保障。通常文化产业发达的国家是创意教育发达的国家，美国、英国、法国、韩国、日本都是如此。

以英国为例，2012 年，英国提出了中学生新课程标准，其中美术、音乐、设计、舞蹈、表演等艺术类课程被弱化。由此引发艺术界知名人士的抨击，他们认为此举会重创英国全球领先的创意经济，因为创意精神来自英国一流的艺术教育。如果英国希

---

① 刘德良、沈楠、段卓杉：《疫情之后文化产业将发生的十大变化》，https：//page. om. qq. com/page/OiEJmpp7IzjYYpw8ba4G_ yYA0，最后访问日期：2021 年 8 月 21 日。

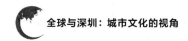

望在时尚、设计、表演等领域继续保持先锋地位，就应当加大对艺术教育的投入。

英国创意经济发达关键是得益于完善的创意教育体系，政府、企业、学校三方联系，共同打造了系统完善的创意教育体系。学校教育作为创意教育的核心，以"3E"——Everyone（为每一个儿童提供创意教育）、Every chance（提供每一个培养创意的机会）、Each stage（每一个教育阶段的衔接）——为特色，成为英国创意教育的"孵化器"。而高等教育作为正规学校教育的最高层次，以"3优"——"优秀"的培养目标、"优化"的课程设置、"优越"的教学内容——为系列优势，打造了英国创意教育的"新高地"。[①]

深圳未来的发展目标是建成现代化国际化创新型城市，建成具有全球影响力的创新创业创意之都，到21世纪中叶成为竞争力、创新力、影响力卓著的全球标杆城市。这里所有的目标都离不开文化，离不开创新创意。

我们应当从政府、社会、企业、学校各个环节入手，建立起完善的创意教育体系。政府通过政策鼓励、资金支持等措施，制订创意教育计划，营造创意教育环境，统筹保障创意教育的实施；企业则培养技能，提供实践平台，帮助年轻人亲身体验各类工作，塑造具有创新和创意精神的新型员工；学校教育应尽快普及从幼儿园、小学、中学到大学的各个阶段涵盖美术、音乐、设计、舞蹈、表演、时尚、设计等领域的创意教育；社会方面，继续推动创意教育进校园，在深圳计划建造百个"创意十二教育

---

① 郭强：《"3E""3优"：英国创意教育的实施路径探析》，《文化产业研究》2017年第3期。

空间"，率先推进中国特色的 STEM 体系教育，储备创意新生代人才，培育深圳创意手工教育新兴产业。将深圳的博物馆、美术馆、艺术馆等公共文化设施充分运用起来，使其成为美育教育的最佳课堂。

正在规划建设的深圳创新创意设计学院、深圳音乐学院等专业院校，与深圳大学、南方科技大学等综合高校一道，以多元化、开放式、重实践的教育方式，更新教育理念，为深圳文化产业培养跨学科、复合型创意人才。高校的创意教育还应重视国际间的交流与合作，既"走出去"也"引进来"。这是一个全球化时代，国际间的交流极为频繁，人才的流动不仅带来多元的文化结构，还能吸引众多国际化人才来深创业。在此基础上，积极引进世界高端创意设计资源，设立面向全球的创意设计大奖，打造一批国际性的中国文化品牌。

（三）搭建更具全球视野的大型文创展览展示平台

深圳目前最大的文创会展是每年 5 月召开的中国（深圳）国际文化产业博览交易会，至今已 15 届。作为全国唯一国家级、国际化、综合性文化产业展会，深圳文博会不仅为中国文化产业发展搭建起展示、交易、信息平台，而且使大量资金、项目、技术、人才在深圳汇聚，有力推动了区域文化产业的发展。但在全球影响力方面还应继续扩大，应努力提升国际化、市场化、专业化水平，将深圳文博会打造成全球文化会展核心平台。

深圳是联合国创意城市网络认定的"设计之都"，在创意设计领域深圳取得了突出的成绩。在此基础上，深圳需要强化创意设计的战略引领功能，不断提升"深圳设计周即暨环球设计大奖"的国际影响力，使深圳设计成为城市名片，以设计助推产

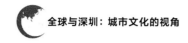

业高质量发展。

深圳应积极参与粤港澳大湾区建设，发挥深港澳创意设计联盟的引领作用，用好香港、澳门会展资源和行业优势，加强与港澳在创意设计、影视动漫、演艺音乐、文化旅游等领域合作，建设好前海深港设计创意产业园，合作办好深港城市/建筑双城双年展、深港澳设计三城展、文博会澳门精品展、深澳创意周等大型文创展览和交流活动，推动形成粤港澳大湾区文化圈。不断提升国际会展中心能级，争取国际展会便利化综合政策，携手港澳规划举办国际专业展、特色主题展。继续推动举办"一带一路"沿线国家和地区经贸博览会，高水平办好中国海洋经济博览会。

深圳是历史上海上丝绸之路的重镇，南头·赤湾丝路历史文化古迹位居"广东十大海上丝绸之路文化地理坐标"榜首，这是深圳从古海上丝绸之路迈向新海上丝绸之路的新起点。深圳应抓住"一带一路"机遇，讲好中国故事，讲好"一带一路"故事，借助亚洲最大的陆路口岸和海港、空港、信息港三港联动优势，打造"21世纪海上丝绸之路"枢纽港。

（四）推动文旅融合发展建设世界级旅游目的地

从世界范围内看，世界级的旅游目的地城市应具有相当的国际影响力、吸引力、聚集力和知名度。第一，要具有世界级的旅游地标，或是著名的历史文化遗产，或是自然文化遗产，或是娱乐购物天堂等。第二，要有被全球认知的旅游品牌，具有全球品牌辨识度、高知名度和美誉度，在同类型旅游目的地中处于世界前列。第三，具有面向全球的多元市场结构，客源市场覆盖全球。第四，具有全球一流的旅游服务和设施，除了要为顾客提供精细化、标准化、个性化服务等，还要求有与世界级目的地匹配的设施，以及开放、包容、高效、活泼的人文环境和友好的生态环境。①

　　深圳最大的旅游资源是城市的创新力。2019 年 1 月，世界最著名的私人旅行指南 *Lonely Planet* 公布了 2019 年十大最佳旅行城市榜单，深圳排名第二，成为中国唯一入选城市。*Lonely Planet* 评价深圳是"中国最具创新力的城市""中国的'硅谷'""中国最富裕的城市""设计之都""有许多新开的设计场馆和创新企业，大批的创意人才涌入"等，还推荐了深圳众多的游玩"打卡地"，如海上世界艺术中心、华侨城创意园、大芬油画村、观澜版画村、大鹏所城、莲花山公园、东部华侨城。②

　　深圳正在规划建设深圳歌剧院等"新十大文化设施"，加快海上世界、大鹏所城、南头古城、大浪时尚创意小镇、华侨城甘坑新镇等"十大特色文化街区"建设，推动文化与旅游深度融合。不断挖掘和活化利用特色古建筑、古墟镇、古村落、历史街区的文化内涵和旅游价值，提升博物馆、纪念馆等文化设施和文化产业园区的文化旅游功能，促进旅游景区、景点改造升级，丰富中外文化交流内容。

　　整合滨海岸线资源和传统文化、海洋文化、生态文化，推进大鹏半岛、西部滨海沿线和深圳湾文化旅游业发展，绘制城市文化旅游地图，打造国家全域旅游示范区。规划建设一批集文化创意、度假休闲、康体养生等主题于一体的文化旅游综合体。联合

---

① 参见李君轶《打造传承中华文化的世界级旅游目的地建设具有国际影响力的国家级城市群》，《西安日报》2018 年 2 月 27 日。

② 《中国唯一入选城市！深圳要在全世界出名了！》，https：//baijiahao. baidu. com/s? id = 1623552751737990459&wfr = spider&for = pc，最后访问日期：2021 年 6 月 21 日。

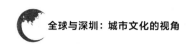

世界知名湾区城市创办世界湾区旅游城市联盟，定期举办世界湾区旅游发展大会。①

入境旅游是衡量一个城市国际化程度和国际知名度的重要指标。深圳将持续推进邮轮母港、游艇及海上客运航线基地建设，大力拓展邮轮航线，构建特色邮轮产业链和海上旅游发展创新体系，举办中国邮轮发展大会暨国际邮轮博览会。不断探索研究简化邮轮、游艇及旅客出入境手续。在大鹏半岛、前海蛇口自贸片区等地探索建设粤港澳国际游艇旅游自由港。研究建立功能便捷、规范清晰的游艇出入境政策体系和管理机制，探索游艇入境备案制，建立数字化联合查验平台等。优化 144 小时过境免签政策，争取实施外国旅游团乘坐邮轮经深圳蛇口入境免签政策。②

据《深圳统计年鉴 2019》数据，2018 年末，深圳有星级酒店 102 家，其中五星级酒店仅 24 家。而 2017 年末，伦敦拥有五星级酒店达 75 家、迪拜 61 家、纽约 59 家、巴黎 56 家、上海 33 家、罗马 32 家。③ 深圳在旅游基础设施及服务水平的提升上与世界级旅游目的地目标相比，还有很大差距。

（五）深圳建设全球标杆城市的目标与愿景

全球城市都在努力营造一个适合创新创造创意产业发展的环境，无论从宏观愿景还是微观行动，各大城市都在研究城市

---

① 参见中共深圳市委、深圳市人民政府《深圳市建设中国特色社会主义先行示范区的行动方案（2019～2025 年）》，2019 年 11 月。

② 参见中共深圳市委、深圳市人民政府《深圳市建设中国特色社会主义先行示范区的行动方案（2019～2025 年）》，2019 年 11 月。

③ 王英武：《伦敦五星酒店数量居全球榜首》，《世界文化》2018 年第 6 期。

未来应如何发展。纽约在 2015 年发布的"一个纽约"规划中提出，建设一个富强公正的纽约，以"成长、公平、可持续发展与韧性"为原则，继续成为全球最具活力的城市经济体，采取措施解决住房、产业、劳动力、基础设施及社会不公等方面的问题，建设一个包容的、平等的经济体和可持续发展的韧性城市。

伦敦也提出了 2036 年伦敦城市发展愿景，总体愿景是成为一个顶级全球城市，成为全球城市的领军者。2030 年"巴黎大区"的发展愿景是建设成为一个创新型、可持续发展的国际大都市，成为一个带有法国色彩的"智慧型城市"。"巴黎大区2030 规划"着眼于可持续发展理念，目标在于提升巴黎的吸引力，提升大区的辐射力。东京 2030 年城市发展愿景定位为"世界一流大都市"，即"能为居民提供最大幸福"的城市，目标为在社会福利、经济活力、城市基础设施、艺术文化振兴等各方面超过伦敦、纽约、巴黎等城市。[1]

深圳建设全球标杆城市的目标与愿景是 2025 年文化软实力大幅提升，建成现代化国际化创新型城市；2035 年建成具有全球影响力的创新创业创意之都，成为中国建设社会主义现代化强国的城市范例；2050 年成为竞争力、创新力、影响力卓著的全球标杆城市。

经历短短 40 年时间，深圳已跻身世界一线城市。2018 年 11月，全球化与全球城市（GaWC）研究网络编制的全球城市分级排名——《全球城市名册 2018》正式出炉。该榜单被认为是全

---

[1] 肖林主编《上海 2050：发展愿景与挑战》，格致出版社、上海人民出版社，2016，第 193~206 页。

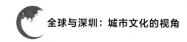

球最权威的全球城市排名。深圳从 Beta 升至 Alpha –，首次进入世界一线城市行列。

虽然成绩辉煌，但我们应清醒地看到深圳与世界其他一线城市的距离，我们缺乏高质量的文化设施、著名的博物馆及艺术馆、著名的歌剧团、著名的交响乐团、著名的电影中心和电影节、著名的剧院中心、著名的国际体育赛事场地等。深圳在培育创新创造创意全球领先的文化产业上，还有很长的路要走。

40 年来，深圳形成了"文化 + 科技""文化 + 旅游""文化 + 互联网""文化 + 创意""文化 + 金融"等"文化 +"发展模式，走出了一条不同于其他城市的文化创新之路。建设中国特色社会主义先行示范区的道路上，深圳会以文化凝聚力量、创造活力、增强软实力，不断彰显国家文化软实力，塑造展现社会主义文化繁荣兴盛的现代城市文明，力争在 2050 年成为竞争力、创新力、影响力卓著的全球标杆城市。

第八章　打造具有全球影响力的创意名城

经过 40 年快速发展，深圳到了一个必须严肃思考文化问题的时刻。打造具有全球影响力的创意名城，因应深圳城市发展的迫切需求，是贯彻落实《中共中央、国务院关于支持深圳建设中国特色社会主义先行示范区的意见》，到 2035 年 "建成具有全球影响力的创新创业创意之都" 的实质性举措。

一　深圳与全球主要创意名城的差距

深圳与纽约、伦敦、巴黎等城市在全球城市体系中还处在不同的层级之上，深圳全方位落后于纽约等城市，如经济体量、国际地位、城市竞争力和影响力等。但相比较而言，深圳与纽约、伦敦、巴黎等在创意领域的差距更加明显。

（一）城市文化设施网络与文化活动体系的质量水平和可达性不足

全球创意名城伦敦、巴黎和纽约的文化活动的丰富性与精彩性，既在于其主要文化机构在组织文化活动上体现出来的高水平与引领性，也在于这些机构积极与社区互动、向大众开放、重视为市民和学校提供教育资源的公共理念与实践。从国际经验来看，尽管不同城市处于不同的发展阶段，但文化设施网络及文化活动体系对城市发展的综合作用已被广泛认知，成为促进城市转型、城市复兴、城市品牌建设、创意城市建设，以及吸引人才、游客和投资的战略性举措。譬如，伦敦、纽约的文化设施大多呈团块分布，体现了文化活动与文化机构的集聚效应，这对于提高各场馆之间的业务交流和专业水平，吸引公众来访和集中参观，形成浓厚的文化氛围有很大助益。构筑差异化和独特性的城市形象是全球城市竞争的必然要求。文化活动因应其流动、社交、娱乐、欢乐、互动等特性，成为当代城市形象塑造和城市行销的重要手段。全球创意城市均善于利用具有地方特色及全球链接的文化活动，创造经济价值，发展受众，改善当地人民的文化社会和彼此之间的关系。

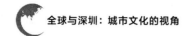

深圳规划 2035 年建成文化高质量发展和文化竞争力世界领先、具有全球影响力的创新创业创意之都，成为在国际上彰显中国国家文化软实力的城市文明典范。对照此目标，深圳有必要在更高维度上更有效地识别、培养、启动、支持和利用各种文化活动相关要素，为人们提供具有更生动体验的城市文化活动系统及文化价值观念传播载体。与纽约、伦敦、巴黎、东京等国际一流城市及北京、上海等国内一线城市相比，目前深圳文化设施在规模、质量、结构、影响上都存在较大差距，尚未形成有国际区域或全球影响力的核心文化城区，特别是缺少世界级文化设施与机构，文化设施运营等"文化市场的成熟状况"及与其紧密相连的文化生态也十分不足。城市文化活动呈现出专业程度不够、品牌效益不显著、产业导向较突出、面向社区的文化活动层次较低、城市文化活动系统尚不完善等突出问题。

（二）创意人才的吸引及培育机制与体系不健全

全球创意名城纽约、伦敦、巴黎、东京等都十分注重培育创意阶层，人口的多元化、融合度及开放性得到充分彰显。这些城市不仅拥有相当数量的创意人才规模，而且创意人才占关键多数。富有开放性、创新性、机智性、懂得弹性思考、有冒险精神的创意人才，在起到决定性、超凡影响力的关键性岗位上获得重用。根据英国数据平台"伦敦数据商店"的统计，2016 年伦敦创意相关就业人数达 88.3 万人，占总就业人数的约 17%。其中伦敦 1/3 的创意工作岗位由国际人才完成。纽约具备其他城市无可比拟的艺术人才资源，艺术从业人员自 20 世纪 90 年代以来呈持续上升的态势。据美国劳工统计局统计，2018 年纽约从事艺术、娱乐和休闲产业就业人数约 9.4 万人，占全部从业人员的比重达到 2.63%。纽约市拥有全国 28% 的时装设计师、14% 的制片人和导演、12% 的印刷和媒体编辑以及 12% 的艺术总监。纽约创新创意生态系统比硅谷和伦敦更为多元，容易取得人才、资本等流动性资源，且是大型媒体、时尚与金融业者的聚集处。近年来新创公司社群迅速壮大，以广告、新媒体、金融科技等领域为主。2006~2016 年纽约市科技从业人员增长 8 万人左右，增速是全市总体的 2 倍，是美国科技行业的 3 倍。

与全球创意名城相比，2018 年末，深圳有文化及相关产业从业人员 102.94 万人，但人才大多集中在附加值较低的产业链中低端，缺乏高端创意人才，特别是具有国际视野和创新能力的高素质创意人才更为匮乏。当前城市文化氛围、教育医疗、高房价高生活成本等因素，导致人才的培养和吸引也存在诸多困难。此外，我们在创意教育体系、创意教育环境，创意教育平台等方面与全球创意城市相比还有很大差距。学校教育在美术、音乐、设计、舞蹈、表演等培养创意理念和创意精神的重要课程上并未给予足够重视。高等学校提供的创业教育与培训不足，知识产权保护不力。几乎所有的研发以企业为主，基础性研究非常不足，政府在研发投入上还不够，在未来会制约深圳长远的发展。

（三）创意经济对经济的贡献率相对不足

创意经济的崛起使城市的文化资源整合能力成为地方经济发展的深层动力。伦敦、纽约、巴黎、东京等城市不仅自身文化资源丰富，而且全球文化资源整合能力也很强，从而确立了它们在世界文化城市的轴心地位及世界经济舞台的主导地位。譬如，根据英国官方 2018 年 11 月公布的数据，2017 年英国创意产业产值超过 1000 亿英镑，对英国经济总量贡献率约为 14.6%。创意

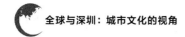
产业在英国已经成为仅次于金融服务业的第二大产业，而伦敦创意产业内部行业的增加值占全英国的比重基本维持在一半以上。创意产业为纽约市提供了30.5万个工作岗位，经济产出约为1040亿美元。[①]

深圳是中国一支不可忽视的创新创意生力军，2018年深圳文化及相关产业增加值为1996.11亿元，位居全国大中城市第三名。但与全球文化创意名城相比，深圳相关产业起步较晚，在产业链条、配套政策、创意人才、文化艺术传承与创新、全球文化资源整合能力方面仍亟待加强。尽管2018年深圳文化核心领域实现增加值1433.36亿元，占文化及相关产业增加值的比例为71.8%，但与创意产业发达地区相比，内容产业整体实力还不够强，支撑产业可持续发展的内容资源不足。深圳在国际文化市场上的竞争力、文化效率竞争力和文化资源竞争力方面差距明显。深圳尽管部分文化产品在国际市场上占有一定甚至较高份额，如工艺品等，但文化含量不足，核心技术掌握不够，尤其是文化服务的国际市场占有率极低。深圳文化创意产业在国内市场占有率较高，但参与国际竞争的能力相对不足，规模和品牌影响力可以与国际知名文化企业竞争的骨干企业还不多，文化竞争力与深圳的经济体量和经济影响力不相称。

（四）文化话语权和影响力亟待提升

深圳目前在创意城市中"能见度"极低，除2008年加入联合国教科文组织创意城市联盟，成为全球第六个"设计之都"，

---

① The Mayor's Office of Media and Entertainment（MOME），https://www1.nyc.gov/site/mome/about/about.page，最后访问日期：2021年6月21日。

2011年成功举办第26届世界大学生夏季运动会等事件引起国际关注之外，深圳的文化产品和文化服务在国际文化市场上影响微弱，文化竞争力和文化影响力与深圳的经济体量和经济影响力不相称。此外，深圳在智能硬件制造上所形成的国际影响力在一定程度上也引起国际上对深圳城市文化的注意。

值得注意的是，2018年9月，深圳海上世界文化艺术中心入选美国《时代周刊》发布的2018年"全球百佳目的地"排行榜；同年11月，《孤独星球》评选的"2019全球十大最佳旅游城市榜单"，深圳成为中国唯一上榜的城市并且名列前茅。通常《时代周刊》评价标准是以经济质量、创新能力、可持续发展等方面为依据；《孤独星球》选中深圳的理由有：设计、创新、科技、音乐、文化以及各种层次的独特的艺术空间。

这是深圳获得的非常积极的国际评价。但深圳这一并未有意打造的国际影响力让我们看到：一是深圳实践经验未能获得有效推广传播；二是深圳在创新创意城市打造方面的潜在优势，当前亟须超前视野规划的精准引导。深圳作为以经济特区立市的功能性城市，早期因缺乏文化的涵养而为人诟病，被认为"只有物质诱惑力，没有精神凝聚力"的城市形象亟待改变。深圳在实现物质丰富的基础上，要在更高的精神生活层面上孕育出全新的生活方式。亟须在人文精神内在涵养方面重视文化对城市的内生性价值，促进市民文化参与，促进文化的社会整合力量，以文化艺术的温情与力量化解人的精神焦虑和社会冷感，使文化成为真正的社会福祉，并回归至人民的文化。深圳亟须在城市宜居特质和城市文明与个性塑造方面有更多新的突破，实现从"物"的构建到对人居文化氛围的构建。

值得注意的是，量化文化指标大都将社会发展状态简化成为可以量化表现的内容，尤其经济面向的表现，但事实上经济上的最优并不就等于使所有各方都好，文化经济的发展不同于文化的发展。文化作为人类发展的文明产物，它在生态环境、生活品质、社会公平等方面所起的作用，很难通过量化来衡量。尽管世界各地均建立了各种文化统计框架收集文化数据，但统计口径的差异及概念界定范围的不同，导致很多数据缺乏国际可比性，只能作为比较研究较为宽泛的参考依据，不能真正落实到文化数据对比上面。所以，以下数据仅供参考。

表1 深圳与地区性或全球性文化中心城市主要数据比较

指标	柏林	伊斯坦布尔	约翰内斯堡	伦敦	孟买	纽约	巴黎
博物馆数	158	78	60	173	10	131	137
美术馆数	421	264	76	857	152	721	1046
世界文化遗产数	3	1	1	4	2	1	4
公共绿化区比例（%）	14.4	1.5	24	38.4	2.5	1	9.4
公共图书馆数	88	42	234	383	80	220	830
影院银幕数	266	501	368	566	232	501	1003
电影节数	33	35	16	61	6	57	190
剧院数	56	184	24	214	120	420	353
现场音乐场所数	250	91	46	349	98	277	423
节日和庆祝活动数	63	136	82	254	34	309	360
外国人人口比例（%）	13.2	—	5.7	30.8	1.4	36.8	12.4
国际学生数	21805	6643	37067	99360	1500	60791	96782
公映电影数	508	254	203	557	3781	610	575
舞蹈表演数	111	154	250	2756	130	6292	3172
国际游客（万人）	287.1	805.8	398.8	1521.6	219.5	838.0	1330.0
书店数	245	463	1020	802	525	777	1025

指标	圣保罗	上海	新加坡	悉尼	东京	深圳
博物馆数	111	114	53	60	47	52
美术馆数	—	208	252	122	688	11

续表

指标	圣保罗	上海	新加坡	悉尼	东京	深圳
世界文化遗产数	—	—	—	2	1	0
公共绿化区比例（%）	—	2.6	47	46	3.4	43
公共图书馆数	116	477	25	154	377	674
影院银幕数	282	670	239	295	334	—
电影节数	29	2		36	35	
剧院数	116	97	55	73	230	24
现场音乐场所数	294	44	—	69	385	
节日和庆祝活动数	—	33		312	485	
外国人人口比例（%）	—	9	26.9	34.4	2.4	0.002
国际学生数	15432	45016	91500	—	43188	—
公映电影数	303	252	352	342	799	554
舞蹈表演数	100	1686	1572	283	1598	297
国际游客（万人）	160.0	851.1	1164.2	261.0	59.4	167.6
书店数	869	1322	164	439	1675	700

注：受伦敦市长鲍里斯·约翰逊委托，BOP咨询公司和伦敦国王学院联合调查了全球12座代表性城市的文化设施和文化活动情况，并于2012年8月初发布《2012年全球城市文化报告》。受调查城市均是本国的最大城市，同时是地区性或全球性的文化中心，具有相当高的代表性。这12座城市分别是上海、柏林、伊斯坦布尔、约翰内斯堡、伦敦、孟买、纽约、巴黎、圣保罗、新加坡、悉尼和东京，调查的内容共60多项。这是目前为止可获得的最权威、最全面的国际文化城市比较数据。本课题加入了可获得的深圳相关最新数据（2019年）。

表2 全球重要创意城市互联网搜索指数比较*

城市	指数	城市	指数
纽约	164.0	新加坡	15.5
旧金山	29.8	上海	14.8
伦敦	17.4	迪拜	14.3
巴黎	N/A	深圳	9.0
东京	16.7	圣何塞	8.6

*采集时间为2020年6月14日上午11：00。

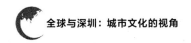

二　深圳打造具有全球影响力创意名城的
目标定位

（一）愿景

文化设施和文化活动达到世界一流水平，创意阶层实力雄厚，文化多元包容，具有强大的文化创意资源要素聚集能力，成为具有浓厚氛围和国际影响的文化艺术中心，具有中国风格和深圳特色的、与国际创意理念和潮流接轨的创意流派集聚地，文化、创意、时尚、消费与产业相互激荡的创意先锋区，代表国家参与全球文化竞争、形成中国文化产品全球影响力的国际文化创意产业基地，文化竞争力、创新力、影响力卓著，实现深圳从生产型社会向创意型社会的转型，成为全球重要的区域创意枢纽。

（二）阶段性目标

第一阶段（2020～2025年）。建立丰富多样的公共文化空间，搭建一流文化机构和平台，吸引一流文化人才，开展一流文化活动，创造一流文化产品和文化品牌，建设具有国际先进水平的文化设施，打造一流城市形象和国际城市品牌，文化软实力大幅提升。

第二阶段（2026～2030年）。文化高质量发展，文化创意综合竞争力国际领先，城市文化发展的内在活力进一步激发，现代公共文化服务体系进一步完善，文化创意产业更具国际市场竞争力，以一流的管理服务匹配一流的设施，一流的企业、团体、艺术家提供一流的文化产品，一流的观众群体培育活跃文化消费市场，成为粤港澳大湾区文化建设的先锋，辐射华南、海外的文化艺术中心。

第三阶段（2031~2035年）。人才、资金、创意等全球流动的文化资源要素在深圳集聚，浓郁的城市文化创意氛围全面形成，一流的文化设施和文化活动影响亚太，成为世界知名文化艺术重镇，全面建成面向国际，具有全球竞争力、创新力、影响力的文化创意名城。

三 深圳打造具有全球影响力创意名城的战略路径

围绕中央对深圳的要求，将如何全面推进城市精神文明建设，如何发展更具竞争力的文化产业和旅游业，如何加快建设区域文化中心城市和彰显国家文化软实力的现代文明之城，如何率先塑造展现社会主义文化繁荣兴盛的现代城市文明等重要精神，融入深圳打造具有全球影响力的创意名城的战略。

（1）文化、创意与经济、科技的互动战略。顺应技术进步导致文化生产方式革命性变革的大趋势，拥抱数字世界；利用好深圳科技产业发达、创新驱动强劲的基础与条件，形成深圳城市文化特色。

（2）公共文化服务与产业发展的媒合战略。确立新的城市规划理念，打破事业与产业界限，实现事业与产业的良性互动；探索建立政府与市场在文化创意发展中的新关系，推动有为政府与有效市场更好地结合。

（3）注重核心竞争力的文化创意产业市场导向战略。坚持市场在资源配置中的决定性作用，坚持社会效益与经济效益相统

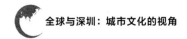

一；促进文化创意产业转型升级，构建现代文化创意产业体系。

（4）追求综合效益的文化创意溢出战略。不以对 GDP 贡献率的单一指标衡量文化创意发展，注重文化创意在创造收入、扩大就业和增加出口的潜力的同时，注重文化创意对经济多元化和经济结构转型的贡献度，注重文化创意创造和运用智力资本的能力，注重创意、文化、经济和技术之间的交互作用，注重文化创意促进社会凝聚力、文化多样性和人的全面发展的战略意义；放大文化创意的"文化溢出"效应，带动城市创意生活圈形成，丰富市民生活，提升环境美感，增大城市竞争力，提高城市发展质量。

四　深圳打造具有全球影响力创意名城的对策措施

立足建构开放包容、创新卓越的创意生态系统，创意城市新一代动力系统和创意成长的支持体系，打造集约、多元、宽松的文化创意空间，凝聚支撑创意发展的创意阶层，建立和强化深圳在全球创意城市网络中的国际枢纽地位，快速提升深圳文化创意的国际影响力，选择十大重点突破口。

1. 出台《创意深圳：战略与策略》

从战略上确定创意是城市未来可持续发展的关键要素以及其在全球标杆城市建设中不可替代的地位和作用，为深圳建设更加开放包容、创新卓越的创意生态系统提供具体实施路线图。①加强以标准化、均等化、社会化为特点的现代公共文化艺术服务体系建设，让市民及来深建设者平等地获得文化艺术接触机会、公共文化服务和资源。②促进创意资源转化，培育创意生产消费群体，营造有利于创意阶层出现和发展的人文氛围，打破产业界限，鼓励相互渗透、交叉融合发展。③提高创意营造和文化环境的意识和归属感，推动创意主体全民化，用文化和艺术的力量调动每个社区和每个人的参与热情，支持社区营造，用设计思维和创意发展社区，促进城市包容、公平正义、社会融合。④支持创意内容社会化，鼓励和支持公共空间作为创意表达和社区建设的重要场所，建立公共空间项目机制，鼓励将多元设计元素融入城市基础设施和环境中。⑤加强机构间和政府间的合作，协调政府相关部门支持文化创意发展，鼓励全社会合作性的组织模式和伙伴关系，支持跨机构文化项目运作。⑥改善现有的和新开发的文化设施、工作室空间和可负担的经济适用住房，满足创意工作者生活、工作、展示和演出的需求。⑦为创意合作空间提供多元支持性资源，利用政府物业解决创意企业租金负担，通过公共服务平台让更多文化创意组织能共享后勤资源，降低创意工作者的行政成本。⑧实施创意资本支持计划，加大资金投入，拓宽支持文化创意组织的资金来源，为非营利表演场馆（所）补贴电费，提供周转贷款，鼓励以社区服务抵扣文化创意工作者部分税赋。⑨投资改造创意空间，支持市政工程中高质量的建筑与设计服务，鼓励在公共建筑、广场和公园开展文化艺术活动及公共教育项目。⑩支持创意部门的发展，建立更加广泛的文化创意组织联盟，制定确保创意部门更加多元的策略，提供技术援助和项目支撑。

2. 打造东部创新创意谷

在创新创意成为城市发展动力的新一轮发展中，开辟城市空间组织、产业升级新思路，打造一条"环境吸引人才－人才集聚产业－产业繁荣城市"的城市发展新逻辑链。借鉴伦敦、纽

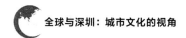

约等文化创意名城不断打造新的文化创意集聚区，特别是伦敦硅环、剑桥肯德尔广场、纽约硅巷、波士顿海港广场创新街区、西雅图南湖地区、22@巴塞罗那创意街区和肯德尔广场等地方的经验，利用坪山可建设开发用地空间最大的、定位为深圳国家高新区核心园区、未来产业东部中心，按未来城市的标准，规划东部集约、多元、宽松的文化创意空间及产业集聚区，在城市边缘地带打造因"思想交流"而兴盛的新城市空间。

①充分发挥创新企业、知识员工、地方政府和开发商四个关键行动主体在创新街区的兴起和建设过程中的作用，形成可持续的内生动力。最大限度地降低企业入驻成本以吸引企业入驻，创造创新集群式的城区环境帮助创新企业获取知识"溢出效应"。创造良好的办公氛围和生活休闲环境，集聚和激发知识员工创新创意。施行适当的土地混合利用政策，并在较小的城市空间中实现功能复合，提升城市经济弹性。在确保能以较低成本吸引创新企业入驻前提下，让开发商能从房地产或区域联动开发中获得相对稳定的收益，实现整体开发上的成本收益平衡。②促进不对称信息、隐性知识和不完整知识的交流与传播。实施信号鲜明的公共空间计划以吸引人才和就业，推进街区公共创新中心的建设，以促进街区创新的交流和沟通。打造知识型员工和知识型企业更加偏好的开放式办公空间，注重在街区或场所等小尺度城市空间里，建设小型城市设施以吸引人流。如建造适宜步行的街道、适宜骑行的自行车道、方便市民休憩和交流的咖啡店、餐厅、公园、艺术场馆、演出场地等。③建设能够集聚人才和激发创新的生态系统，打造"产－城－人"深度融合的新城市化空间。注重新型知识密集经济的空间组织单位建设，打造小尺度的街区或场所，使之成为吸引人才、匹配人才和工作岗位、激发创新和经

济成长的主要平台。如将"创新空间单元"的面积设定在 1～3 平方公里内，步行一般 15 分钟内可达。在此空间范围内，提供就业、居住、优质的公共服务、高品质的公共空间以及特色城市风貌，满足一个家庭多样化的工作、生活和服务需求。④探索建立包容渐进、多方参与、共建共享的城市有机更新和创意空间创造实践新范式，实现人与自然和谐共生。打造未来城市中心、人与自然和谐共生的生态艺术中心、以深圳自然博物馆为重要节点的全域自然博物馆群。打造以未来产业为支撑的文化、科技、创意、艺术、时尚相互交融，传统与现代、全球与地方、人文与科技、边缘与中心相冲突与融合的文化新生地带。实现博物馆、艺术馆、传统民居、现代公共文化空间与马峦山自然生态文化带、坪山河沿岸滨水气质公共服务与城市文脉带的完美结合。

3. 实施"文化创意公共空间"计划

建设服务社区、面向世界的文化创意公共空间网络，实现城市文化创意空间布局的多中心化、街区化和团块化。①规划和打造"一带双核分层多元"的文化创意空间。"一带"指规划和打造从罗湖经福田、南山到宝安的沿河、沿湾、沿江"滨水文化创意带"。"双核"指重点打造前海文化创意核心区和坪山创新创意谷。"分层"指打造大尺度文化创意集聚区，小尺度创意街区，以及遍及社区、企业、街头巷尾的公共文化创意空间。"多元"指打造具有丰富文化多样性的文化创意空间类型。②建设一流文化艺术设施、密集的文化和艺术步行区，营造强大多元的文化氛围，实现时尚、艺术、电影、音乐和设计的相互交融与创意共通，让创意圈子与街头风情相映成趣。③建设多点布局的文化艺术设施，提升文化设施建设的标准和强度，集中建设代表国家参加全球文化竞争的标志性文化艺术集聚区。④建设特色鲜明、充满活力的文化创意街区，全力协助发展具有文化创意产业能量和文化旅游产值效能的多元文化创意街区。规划建设原创音乐创意街区、时尚创意街区、酒吧街区、美食及艺文特色街区、设计街区、时尚设计街区、文化娱乐街区、街头艺人表演街区等。⑤鼓励以休闲性消费和体验性消费为特点的夜生活，发展以购物、休闲、文化、健身为主要形式的夜经济，为文化创意提供交汇平台。

4. 推动"设计之都"再造

制订"设计之都"可持续性发展计划，注重"设计之都"的市场化运作，强化深圳设计的国际枢纽与桥联作用，增强"设计之都"在全球创意网络平台中的话语权和竞争力。①强化"设计之都"市场运作机制。改革现有管理框架，实施"政府支持、市场主导"的原则，坚持市场化、专业化、国际化的发展方向，引入企业主体，充分发挥深圳设计产业市场化程度高、市场竞争力强的优势，促进文化、创意与城市发展的融合。②在联合国教科文组织创意城市网络（UCCN）中发挥好核心作用，全面建立和提升深圳与该网络现有 246 个城市以及未来不断增加的城市之间的交流合作，在承担"使创意和文化产业成为地区发展战略的核心，并且积极开展国际合作"的共同使命中发挥更加主动、积极和有影响力的作用。申请承办全球创意城市网络大会。创办有国际影响力的创意城市主题会议。③全面发挥好创意城市的各项功能。加强将创意视为可持续发展战略因素的城市间的国际合作；着重通过公私部门和民间团体的合作伙伴关系，激发并强化成员城市引导的视创意为城市发展重要组成部分的各类举措；加强文化活动、产品和服务的创建、制作、传播和宣传；建立创意和创新枢纽，拓宽文化领域创意者和专业人士的机遇；

改善人们对文化生活的获取和参与，促进人们尤其是边缘化和弱势群体与个人对文化产品和服务的享有；将文化与创意充分纳入地方发展战略和规划中。④着力提升深圳"设计之都"全球美誉度。制订和实施"深圳设计推广计划"，对接深圳本土与国际创意设计资源；优化创意设计国际交流渠道，支持与国际一流设计机构开展实质性合作；成立深圳创意设计顾问团，为深圳参与国际创意设计合作和竞争提供咨询建议。⑤夯实深圳创意设计发展基础环境。高定位、高标准统筹规划设计，增加各区域设计特色和识别性，提升城区环境整体设计水平；完善知识产权服务及相关公共服务；加强创意设计教育体系建设，组织实施创意人才培养专项，扶持创意设计专业人才发展。⑥推动创意设计产业高质量发展。推动工业设计、平面设计、时尚设计、建筑设计、工程设计、集成电路设计、影视动漫设计、游戏设计等重点门类发展；支持创意设计引领优势传统产业转型升级和提质增效；组织实施创意设计领域基础性、引导性重大工程和重点项目。⑦深化创意设计与社会人文环境建设的融合。实施深圳创新创意设计发展扶持计划，引导扶持创意设计与科技、文化、旅游、体育、教育等方面的融合发展；鼓励创意设计人才、组织机构和企业积极参与城市基础设施建设和社会治理。

5. 建设深圳国际艺术品交易中心

艺术品交易博览与交易中心是世界文化创意名城的标配，打造国际艺术品交易中心，形成交易活跃、机构和人才集聚、产业链成熟、服务优质的艺术品交易市场，将深圳打造成为比肩纽约、伦敦、香港的国际艺术品交易市场，将进一步提升深圳文化创意的国际影响力和话语权。

①出台打造国际艺术品交易中心支持政策。制定《深圳市

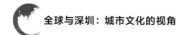

关于加快发展艺术品产业打造国际艺术品交易中心的意见》及具体实施方案，设立促进艺术品产业发展专项资金，重点支持艺术品产业发展、艺术品交易中心建设和艺术品博览会举办等。②优化艺术品产业布局。加强艺术品产业集聚区规划引导，依托引领性文化艺术项目、艺术展示空间、艺术展会、艺术主题活动，吸引国内外知名艺术机构与知名艺术家入驻。大力促进画廊快速发展，加紧引进世界知名艺术机构在深圳开设画廊。打造品牌化拍卖机构，积极吸引国际知名艺术品拍卖机构以及全国排名靠前的艺术品拍卖机构落户深圳。规范发展鉴定评估机构，积极引进全球及国内知名鉴定评估机构落户，推动艺术品评估鉴定标准及体系建设。③加快艺术品交易场所建设。整合国内外艺术品展览展示、交易交流和文博教育培训资源，打造具有时代特征和国际化视野的文化艺术创新发展平台，形成行业带动和产业集聚效应，助力国际艺术品交易中心建设。支持引进国际艺术品经营先进理念、高端人才和经营模式，加强与世界民间博物馆联盟协会的合作。支持建设适用国际通用规则的文化艺术品（非文物）拍卖中心。支持至正文博集团等实力机构建设国际艺术博览交易平台。鼓励发展网上艺术品交易平台，培育艺术品在线展示、交易、拍卖、定制等新业态。④打造国际顶级艺术博览会。按国际顶级水平和标准，策划、培育和打造深圳艺术博览会，建立深圳艺术博览会强大的策划力和号召力。策划举办多层次艺术博览会，引进全球顶级艺术博览会落户办展，鼓励国际知名机构、艺术家等携海外艺术精品办展。支持艺术品产业集聚区或相关文化产业园区举办各类艺术品主题展会，创办艺术品交易活动，促进艺术品交易。⑤完善艺术品交易机制。规范艺术品鉴定评估，设立权威的第三方独立评估机构，规范评估鉴定流程，创新评估手段，运用区块链技术、大数据分析和科学评估流程，构建完善的艺术品评估体系。建立健全与国际接轨的艺术品交易规则体系，建立以法治为核心的监管体系，构建完善的配套服务体系，加强艺术普及教育和投资教育。⑥创新金融支持艺术品市场发展机制。拓展艺术品质押贷款，建立完善的鉴定评估机制，由银行通过设立多元化鉴定评估专家库，聘任各艺术领域权威专家参与鉴定评估，并实行预收购人机制，提高鉴定评估的可靠性和公信力。支持银行设立专业的艺术品仓储库，解决艺术品存放托管问题。加强与金融机构合作，引导金融机构拓展服务艺术品市场的金融产品，解决艺术品经营融资难的问题。把艺术品质押贷款纳入文化产业发展专项资金贷款贴息支持范围。积极稳妥推进艺术品信托业务，发展艺术品保险业。⑦建设国际艺术品保税服务中心。建设集艺术品仓储物流、展览展示、拍卖洽购、评估鉴定、版权服务、金融服务等功能于一体，依托深圳建设先行示范区的政策优势，能提供国际艺术品保税临时出区展示、国际艺术品海关保证金代垫、国内艺术品交易税费补贴等政策与服务叠加的便利化措施，为全球艺术品营造便捷高效的仓储、展示和交易平台。探索保税仓库"境内关外"的政策创新，实现保税仓库文物艺术品与境外自由流通。试点探索艺术品异地保税展示。⑧优化艺术品交易市场环境。推动艺术品交易市场对外开放，积极争取国家文化和旅游部、国家文物局、海关等的支持，推进在外资拍卖机构设立、鉴定评估机构引进、保税仓内作品对外展出、艺术品进出口等领域适度突破现有政策框架，推动文物拍卖行业适度向外资开放。便利通关服务，探索艺术品通关便利政策，着力优化艺术品市场文化内容核准与海关查验放行等准入流程，推动试点延长艺术品、文物临时进境通关单证有效期相关政策。深化

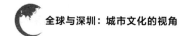

营商环境改革，设立统一办事窗口，为艺术机构提供工商登记、展览审批、通关报检、外汇结算、财税申报、配套扶持、配套服务。加强对艺术品行业税费减免政策的指导服务，推动艺术品行业切实减税降费，在先行示范区框架内争取对艺术品交易相关税费的减免政策，降低艺术品产业主体的经营成本，促进海外文物和艺术品回流。

6. 创办国际生态艺术节

创意城市需要通过一流艺术节庆活动呈现活力与风采。借鉴日本越后妻有大地艺术节 2000 年创办后快速发展成为全球最大户外艺术展，被联合国旅游组织定为"国际旅游可持续发展全球示范案例"的经验。① 依托深圳坪山区的生态资源、地理条件和发展理念，选取该区域作为主展区，创办国际生态艺术节。以艺术、生态为触媒，将当代艺术与生态旅游观光、生态产业、生态教育、生态生活方式链接在一起，争取将其逐步打造成为中国最具国际影响力的户外艺术展，传递生态文明理念。①选取深圳东部如坪山区全域范围，以辖区内空置的房舍、民居、河流、山川和森林为基地，邀请国际知名艺术家、建筑师和表演者参展，进行驻地式创作。作品分散布局于全区范围，分为永久性作品和临时性作品，与本地环境相协调的经典作品将永久性保存，临时性作品则陆续拆除。②由著名艺术家担任发起人和艺术总监，成立市级执行委员会，设创意产业部、旅游与交通部、地域创造

---

① 越后妻有大地艺术节三年一届，从 2000 年正式举办第一届开始，每一届越后妻有大地艺术节都会吸引来自世界各地的艺术家前来，结合当地的自然和人文景观进行创作，践行"人类是自然的一部分"的理念。越后妻有大地艺术节通过艺术发掘地区资源（自然、历史、文化及产业等），在凝聚社区情感投入公众事务、提振地方就业机会、表现地方力量及生态环境可持续发展等方面有着积极的影响价值，是艺术振兴地区发展的重要案例。

部、策划运营部等。③学习国际经验，构建有效的艺术节运作模式，进行广泛的社会动员，形成各方共同参与机制，用文化和艺术的力量调动辖区内每个人的参与热情。

7. 提高公园文化活动水平

全面提升公园文化活动水平，促进公园展览演艺、艺术创意、时尚展示、体育休闲等活动的品质提升，打造国际知名公园文化活动品牌，调适部门、层级之间的条块分割管理体制。①成立由市政府主要领导牵头、相关部门领导以及社会各界别专家组成的"深圳公园文化建设委员会"或"深圳公园文化建设领导小组"，就公园管理服务职能定位、公园文化发展规划等专项问题进行研究磋商，对公园建设及其文化发展的相关决策提供各个领域的专业意见。②建立市、区城管部门与宣传文化、发展改革、国土规划、公共财政以及公共安全、城市交通等部门之间的沟通联系机制，加强面向全市的公园文化发展的统筹。③建立协同推动公园文化发展的机制，优化相关部门优质资源投入，在政策调整、资金投入、场地使用、内容供给、人才配置、园区管理等方面，促进"公园＋文化"的联动发展和公园文化品位提升。④调整市文体旅游局职能，设公园和休闲娱乐处，全市公园文化建设职能划归该处管理，包括制定公园文化发展规划、指导各类公园文化建设、策划主办公园文化艺术活动、打造国际化公园文化节庆品牌等。

8. 建全多层次创意教育体系

创意教育水平与创意城市的建设水平直接相关，一流的创意城市都拥有强大的创意教育体系。深圳打造具有全球影响力的文化创意名城，必须在办好深圳创新创意设计学院和相关高校创意设计类学院的基础上，进一步加强文化艺术领域高质量、多样化

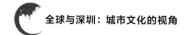

和连续性的相关知识技能教育，建立健全创意教育体系，着力在多层次教育领域提升学生创新实践能力和综合素养，培养深圳本土创意人才和创意人才后备军。①实施全民创意能力培育计划，在中小学开展创意教育，将设计、媒体、艺术、文化欣赏体验融入基础教育，积极推动文艺团体进社区、进校园，由财政编列预算补助学生观赏文艺展演，建立培育创意能力的多元化立体的人才开发支持系统，通过各类文化创意机构与学校合作从事一些长期文化项目，为5～18岁的学生提供多元创意创业新技能。②支持深圳各高等院校培养各门类、多层次文化创意产业专门人才，支持专业教学资源库建设，利用网络平台推动互动学习，加强院校及培训基地与国际创意教育领域中顶尖院校、培训机构的合作与交流，加强深港双城在文化创意及高科技领域的教育合作，鼓励和支持国内外著名创意机构与深圳院校的合作项目。③建立以企业为主体的文化创意人才再培训机制，鼓励并支持旗舰文化创意企业创建企业大学或内部培训学院，发挥腾讯学院等知名企业大学在行业的品牌影响力，为深圳乃至全国培养、输送高素质专业人才。

9. 引进国际一流博物馆在深圳设立分馆

一流博物馆是全球文化创意名城的必备要件。要想在较短时间内拥有一流博物馆，在贯彻落实《中共中央、国务院关于支持深圳建设中国特色社会主义先行示范区的意见》"支持深圳规划建设一批重大公共文化设施，鼓励国家级博物馆在深圳设立分馆"的精神的同时，深圳可以创新博物馆建设与运营模式，尝试与世界一流博物馆合作建设具有全球影响力、可以迅速提升深圳的国际文化能见度和知名度的标志性博物馆。①研究论证引进建设国际著名博物馆在深圳设立分馆。主动策划联络，出台支持办法，力争国际一流博物馆在深圳设立分馆。②实施国际著名博物馆系列展陈计划。与国际一流博物馆合作，在深圳开展常设展、特展、青少年项目和公共艺术教育活动等，促进中外艺术人文以及不同艺术门类之间的学术交流和人才交流，助推中国现当代艺术的国际传播，增强深圳本土博物馆运营能力，提升深圳的国际形象和文化影响力。③创新博物馆运营机制。一是创新博物馆内容建设，在艺术、建筑及收藏、研究等观念上谋求突破。借鉴"毕尔巴鄂的奇迹"是从艺术、文化、建筑、旅游领域，扩展为财经、都市计划、人口变迁与文化研究等领域的热门研究话题。建立具有创新意义的多学科艺术博物馆群。二是探索公私合作伙伴关系建设和运营博物馆设施。改变过去只能由政府运用财政资金来开展公共文化服务项目的做法，在公私合作伙伴模式下，由非政府的企业主体、民间资本、社会资金进入实施，形成特许权管理框架下的有效供给，实现公共文化领域管理模式创新。三是注重博物馆建筑设计的旅游目的地和城市地标意义，打造当代国际艺术与地区艺术共生之地。

10. 提升城市创意指数

参照国际标准建立深圳创意指数，跟踪评估深圳创意活力，确保城市创意指数的不断提升和可持续进步。重点评估和抓好以下方面。①加大科技研发投入，进一步提高专利申请数量和水平，提升高新技术产业的发展水平，并有效促进高新技术产业与文化创意的结合，提升深圳的研发指数、创新指数和高科技指数。②配合产业多样化、就业多样化、收入多样化及居住人群多样化，创造更多机会，提供更多便利，吸引、聚集和养育创意阶层这一支撑城市创意的关键人群。抓住生活方式这一吸引创意阶层的关键因素，努力满足文化创意人才追求经济收益和生活方式

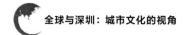

的平衡，在为文化创意人才提供良好工作机会的同时，包容能够激发灵感和创意的多样性生活方式，提升深圳的创意阶层指数、人力资本指数和科技人才指数。③有效利用和发挥正在形成的移民文化之长，继续保持开放心态，强化宽容意识，拒斥排外心理，善于兼收并蓄、博采众长，丰富文化多样性，加快建设形式多样的公共创意空间，形成有利于创意的社会、文化和地理氛围，提高深圳的宽容指数。

主要参考文献

〔美〕艾博·索瓦尔:《"创意阶层"的崛起是城市发展的助推器还是灾难?》,《IT 经理世界》2017 年第 12 期。

〔英〕安东尼·吉登斯:《现代性的后果》,田禾译,译林出版社,2011。

〔法〕贝纳德·马尔尚:《巴黎城市史》,谢洁莹译,社会科学文献出版社,2013。

〔英〕查尔斯·兰德利:《创意城市:如何打造都市创意生活圈》,杨幼兰译,清华大学出版社,2009。

〔英〕查尔斯·兰德利:《游牧世界的市民城市》,姚孟吟译,(台北)马可波罗文化,2019。

〔英〕查尔斯.兰德利:《创意城市打造——决策者指南》,田欢译,社会科学文献出版社,2019。

常青:《纽约是如何成为新的世界艺术中心的》,《走向世界》2016 年第 23 期。

车达:《法国"大都会 – 城市"文化管理经验研究》,《文化科技发展报告 (2017)》,社会科学文献出版社,2017。

陈超、祝碧衡、周玉红:《世界大都市的文化特征及发展路径》,《上海文化发展报告 (2009)》,社会科学文献出版社,2009。

陈端、聂玥煜、张涵:《英美日数字创意产业发展差异》,《经济》2019 年第 6 期。

陈敏:《析英国戏剧产业运营对中国戏剧业发展的启示》,《艺术评鉴》2018 年第 18 期。

都市计划班课题组:《美国文化治理调研报告》,2016 年 11 月,未刊稿。

方映灵:《文化创新是深圳城市文明城市典范的关键》,《深圳特区报》

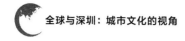

2019 年 9 月 24 日。

〔美〕弗雷德里克·杰姆逊：《后现代主义与文化理论》，唐小兵译，陕西师范大学出版社，1986。

傅才武：《新兴移民城市发展的文化"跟进 – 引领"范式：深圳叙事》，《山东大学学报》（哲学社会科学版）2021 年第 1 期。

〔德〕格奥尔格·西美尔：《大都会与精神生活》，《城市文化读本》，北京大学出版社，2008。

葛桦：《深圳先进文化形成发展的五个阶段》，《深圳信息职业技术学院学报》2019 年第 5 期。

郭强：《"3E""3 优"：英国创意教育的实施路径探析》，《文化产业研究》2017 年第 3 期。

胡苏云：《新〈伦敦规划〉：未来伦敦人生活愿景》，《国际城市发展报告（2016）》，社会科学文献出版社，2016。

季爱民、邹顺宏：《论后现代文化观的发展困境》，《西南民族大学学报》2015 年第 8 期。

蒋慧：《巴黎数字角：以竞争力集群实现创意产业大发展》，《华东科技》2013 年第 6 期。

〔美〕凯特·D. 莱文：《纽约：城市文化建设及其面临的挑战》，《毛泽东邓小平理论研究》2012 年第 6 期。

李冰洁、马爱萍：《探析百老汇的文化产业运营机制》，《歌剧》2019 年第 7 期。

李凤亮、宗祖盼：《文化与科技融合创新：演进机理与历史语境》，《中国人民大学学报》2016 年第 4 期。

李明超：《英国创意城市兴起的基础与启示》，《国际城市规划》2010 年第 4 期。

李小甘：《坚定文化自信，推动深圳文化繁荣兴盛》，《深圳社会科学》2018 年第 1 期。

李小甘主编《深圳文化创新之路》，中国社会科学出版社，2018。

〔美〕理查德·佛罗里达：《创意阶层的崛起——关于一个新阶层和城市的未来》，司徒爱勤译，中信出版社，2010。

联合国教科文组织、联合国开发计划署编《创意经济报告（2013）——拓展本土发展途径》，意娜等译，社会科学文献出版社，2014。

刘山山：《城市文化建构及其创新发展研究》，《新闻传播》2018 年第 5 期。

〔美〕刘易斯·芒福德：《城市文化》，宋俊岭等译，中国建筑工业出版社，2009 年。

刘轶：《文化创意人才、文化管控与文化创意生态关系浅析》，《上海文化》2013 年第 12 期。

〔英〕罗伯特·保罗·欧文斯等：《全球城市文化报告 2012》，黄昌勇、候卉娟、章超等译，同济大学出版社，2013。

〔德〕马克斯·韦伯：《新教伦理与资本主义精神》，于晓、陈维纲等译，三联书店，1987。

〔美〕迈克尔·巴尔：《中国软实力》，石竹芳译，中信出版社，2013。

〔美〕曼纽尔·卡斯特尔：《信息时代的城市文化》，《城市文化读本》，北京大学出版社，2008。

〔英〕尼尔·肯特：《圣彼得堡传》，钱杨静译，新星出版社，2019。

〔英〕尼克·凯斯托：《布宜诺斯艾利斯传》，毕然译，新星出版社，2019。

〔美〕乔尔·科特金：《新地理：数字经济如何重塑美国地貌》，王子平、王泽译，社会科学文献出版社，2010。

秦维宪：《21 世纪：东方文化全面复兴的新世纪——东方学大师季羡林访谈录》，《学术与争鸣》2002 年第 1 期。

任珺：《深圳文化产业发展现状及对策建议》，《开放导报》2018 年第 2 期。

任明：《伦敦：以文化战略助推城市经济转型》，《上海文化发展报告（2012）》，社会科学文献出版社，2012。

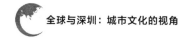

任明：《耀眼的历史遗产与丰富的文化活动——伦敦公共文化一瞥》，《南方论丛》2014 年第 2 期。

任明：《重视人才培养、观众培育及文化推广——伦敦电影产业发展的启示》，《上海文化发展报告（2013）》，社会科学文献出版社，2013。

任一鸣：《巴黎公共文化发展及其启示》，《文化艺术研究》2012 年第 4 期。

任一鸣：《大都市文化交流发展战略》，《上海文化发展报告（2009）》，社会科学文献出版社，2009。

任一鸣：《纽约二十一世纪以来城市文化发展观测》，《上海文化》2014 年第 5 期。

余向军：《美国公共文化设施建设管理的主要特点及启示》，《中外文化交流》2019 年第 1 期。

申立、陆巍、王彬：《面向全球城市的上海文化空间规划编制的思考》，《城市规划学刊》2016 年第 3 期。

申立、张敏：《集群化与均等化：全球城市的文化设施布局比较研究》，《上海城市管理》2019 年第 3 期。

深圳博物馆编《深圳特区史》，人民出版社，1999。

深圳市人大教科文卫委：《关于我市文化体育设施建设情况的调研报告》，2018。

深圳市社会科学院课题组：《深圳打造具有全球影响力的文化创意名城研究报告》，2020 年 7 月，未刊稿。

深圳市社会科学院课题组：《深圳建设全球区域文化中心城市研究报告》，2018 年 8 月，未刊稿。

深圳市社会科学院课题组：《深圳市福田区建设国际化文化核心城区调研报告》，2013 年 12 月，未刊稿。

深圳市统计局：《深圳市 2018 年国民经济和社会发展统计公报》，2019 年 4 月 19 日。

沈正文：《推进文化创新 建设文化都会》，《中国文化报》2016 年 12

月 1 日。

〔德〕斯宾格勒：《西方的没落》，齐世荣、田农译，商务印书馆，2001。

苏艳丽：《深圳文化实践及其先进性分析》，《深圳职业技术学院学报》2018 年第 6 期。

孙群郎：《美国城市文化的兴起与城市居民的现代化》，《社会科学战线》2001 年 3 期。

王京生：《一座城市文化基因的生成与绽放——我们的文化何以自信自觉自强》，《深圳特区报》2020 年 9 月 15 日。

王为理：《文化发展与现代化国际化创新型城市建设》，《特区实践与理论》2015 年第 5 期。

王湘穗：《世界多极化发展与中国的应对之策》，《经济导刊》2019 年第 6 期。

王振等：《上海——全球城市坐标的文化战略》，上海社会科学院出版社，2018。

魏家雨等：《美国区域经济研究》，上海科技文献出版社，2011。

吴忠、王为理：《城市文化论》，海天出版社，2014。

〔德〕夏尔·皮埃尔·波德莱尔：《波德莱尔美学论文选》，郭宏安译，人民文学出版社，1987。

夏杰长、王丽华：《把创意经济培育为上海经济增长新动能》，《中国发展观察》2018 年第 1 期。

肖林主编《上海 2050：发展愿景与挑战》，格致出版社、上海人民出版社，2016。

谢晓霞：《当代文学生态中的深圳文学》，《文艺争鸣》2013 年第 11 期。

谢新洲：《新媒体推动世界文化变革与重构》，《人民日报》2015 年 9 月 20 日。

杨宏海：《文化视角中的深圳文学》，《特区理论与实践》1995 年第 3 期。

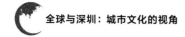

杨建：《文化创新与深圳城市话语建构》，《深圳特区报》2017 年 12 月 19 日。

〔美〕伊丽莎白·科瑞德：《创意城市：百年纽约的时尚、艺术与音乐》，陆香、丁硕瑞译，中信出版社，2010。

意娜：《创意经济、创意城市与城市可持续发展》，《中国文化报》2019 年 12 月 21 日。

〔英〕约翰·霍金斯：《创意经济：如何点石成金》，洪庆福、孙薇薇、刘茂玲译，上海三联书店，2006。

臧志彭：《数字创意产业全球价值链：世界格局审视与中国重构策略》，《中国科技论坛》2018 年第 7 期。

〔美〕詹姆斯·加德纳：《布宜诺斯艾利斯传》，赵宏译，中译出版社，2019。

张军：《推动深圳文化发展质量再上新台阶》，《特区实践与理论》2019 年第 3 期。

张蕾：《百老汇、西区与上海戏剧观众拓展比较分析》，《上海戏剧》2019 年第 2 期。

郑维雄、马天宗：《百老汇音乐剧的市场运营与产业机制》，《中国文艺评论》2018 年第 11 期。

中共深圳市委、深圳市人民政府：《深圳市建设中国特色社会主义先行示范区的行动方案（2019～2025 年)》，2019 年 11 月。

《中共中央、国务院关于支持深圳建设中国特色社会主义先行示范区的意见》，人民出版社，2019。

钟晟：《文化城市建设的理念与启示：基于"欧洲文化之都"的政策实践》，《文化软实力研究》2018 年第 3 期。

钟雅琴：《文化产业升级与城市文化更新》，《深圳大学学报》（人文社会科学版）2016 年第 6 期。

All New York's A Stage：NYC Small Theater Industry Cultural and Economic Impact Study，2019.

Angela Giovanangeli, "Marseille, European capital of culture 2013 Ins and Offs: A case for rethinking the effects of large-scale cultural initiatives", *French Cultural Studies*, 2015, 26 (3).

Charles Landry, "Distinctiveness and place: Culture and creativity," Martín Fernández-Prado and Luis Domínguez Castro edited, *City Policies and the European Urban Agenda*, Palgrave Macmillan, 2019.

Chien-Chi Lin, Fang-Ping Chen, Hsiang Chen, "The influence of cultural IQ and performer's involvement on organizational attraction," *International Journal of Business and Information*, 2018, 13 (4).

Claiborne Pell, *Survey of United States and Foreign government Support for Cultural Activities*, 1971.

Close, A. G., Finney, R. Z., Lacey, R. Z., & Sneath, J. Z., "Engaging the consumer through event marketing: Linking attendees with the sponsor, community, and brand," *Journal of Advertising Research*, 2006, 46 (4).

Erik Henningsen, Lars Ha°konsen & Knut Løyland, "From institutions to events-structural change in Norwegian local cultural policy," *International Journal of Cultural Policy*, 2017, 23 (3).

Gibson Cand, Davidson D., "Tamworth, Australia's 'country music capital': Place marketing, rurality, and resident reactions," *Journal of Rural Studies*, 2004, 20.

G. Richards and J. Wilson, "The impact of cultural events on city image: Rotterdam, Cultural Capital of Europe 2001." *Urban Studies*, 2004, 41 (10).

Hughes, G., "Urban revitalization: the use of festival time strategies," *Leisure Studies*, 1999, 18 (2).

Irina Van Aalst, Rianne van Melik, "City festivals and urban development: does place matter?," *European Urban and Regional Studies*, 2001, 19 (2).

José Manuel Hernández-Mogollóna, Paulo Alexandre Duarteb, José Antonio Folgado-Fernándezc, "The contribution of cultural events to the formation of the

271

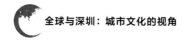

cognitive and affective images of a tourist destination," *Journal of Destination Marketing & Management*, 2018, 8.

Mayor's Office: Cultural Metropolis: The Mayor's Cultural Strategy – 2012 and Beyond, 2010.

Mayor's Office: Cultural for All Londoners—Mayor of London's Cultural Strategy, December 2018.

Pepa Ninou, O., Montserrat Crespi-Vallbona & Greg Richards, "The meaning of cultural festival," *International Journal of Cultural Policy*, 2007, 13 (1).

Quinn B., "Arts festivals and the city," *Urban Studies*, 2005, 42.

Shimp, T. A., *Promotion Management & Marketing Communications: Instructor's Manual and Test Bank*, Dryden Press, 1993.

Van Heerden, C. H., *Factors Affecting Decision-Making in South African Sport Sponsorships*, University of Pretoria, 2002.

Zukin S., *The Cultures of Cities*, Oxford: Blackwell Publishers, 1995.

图书在版编目（CIP）数据

全球与深圳：城市文化的视角／王为理主编. --
北京：社会科学文献出版社，2021.10
ISBN 978 - 7 - 5201 - 8946 - 0

Ⅰ.①全… Ⅱ.①王… Ⅲ.①地方文化 - 文化事业 -
发展 - 研究 - 深圳 Ⅳ.①G127.653

中国版本图书馆 CIP 数据核字（2021）第 178982 号

全球与深圳：城市文化的视角

主　　编／王为理

出 版 人／王利民
责任编辑／周雪林
责任印制／王京美

出　　版／社会科学文献出版社
　　　　　地址：北京市北三环中路甲 29 号院华龙大厦　邮编：100029
　　　　　网址：www.ssap.com.cn
发　　行／市场营销中心（010）59367081　59367083
印　　装／三河市东方印刷有限公司

规　　格／开　本：787mm × 1092mm　1/16
　　　　　印　张：17.75　字　数：211 千字
版　　次／2021 年 10 月第 1 版　2021 年 10 月第 1 次印刷
书　　号／ISBN 978 - 7 - 5201 - 8946 - 0
定　　价／89.00 元

本书如有印装质量问题，请与读者服务中心（010 - 59367028）联系